Ivan Ivanji

Titos Dolmetscher

Bibliografische Information der Deutschen Bibliothek
Die Deutsche Bibliothek verzeichnet diese Publikation in der Deutschen Nationalbibliografie; detaillierte bibliografische Daten sind im Internet über http://dnb.ddb.de abrufbar

2., unveränderte Auflage 2008

Umschlaggestaltung: Gisela Scheubmayr
Lektorat: Erhard Waldner
Druck: AZ Druck und Datentechnik GmbH
Printed in Germany
ISBN 978-3-85371-272-6

Fordern Sie einen Gesamtprospekt des Verlages an bei:
Promedia Verlag, Wickenburggasse 5/12
A-1080 Wien, Fax: 0043/1/405 715 922
E-Mail: promedia@mediashop.at
Internet: http://www.mediashop.at

PROMEDIA

IVAN IVANJI

Titos Dolmetscher

Als Literat am Pulsschlag der Politik

Inhaltsverzeichnis

Der Autor

Ivan Ivanji wurde am 24. Januar 1929 in Zrenjanin in eine jüdische Ärztefamilie hineingeboren. Verhaftet in Novi Sad, verbrachte er über ein Jahr in den Konzentrationslagern Auschwitz und Buchenwald. Dem nationalsozialistischen Grauen entronnen, studierte Ivanji Germanistik in Belgrad. Er war Lehrer, Journalist, Verlagslektor, Dramaturg und Direktor mehrerer Belgrader Theater. Von 1974 bis 1978 arbeitete er als Botschaftsrat Jugoslawiens in Bonn und danach bis 1981 im jugoslawischen Außenministerium. Von 1982 bis 1988 war Ivanji Generalsekretär des jugoslawischen Schriftstellerverbandes. Seit 1992 lebt er in Wien und Belgrad.

Zu seinen bekanntesten Romanen, die in deutscher Sprache erschienen sind, gehören „Kaiser Diokletian“ (1976), „Schattenspringerin“ (1993), „Barbarossas Jude“ (1996) sowie „Die Tänzerin und der Krieg“ (2002).

Einleitung

Als ich mit der Aufzeichnung meiner Erinnerungen über mein Gastspiel in der Welt der Diplomatie und über meine Dolmetschertätigkeit begann, wählte ich als Arbeitstitel zuerst das Wort „Spurensuche". Leider musste ich feststellen, dass der Titel schon vergeben war. Mein alter Freund Wolfgang Leonhard hatte sein zweites autobiografisches Werk – es war schon lange in meinem Besitz, ich hatte das aber vergessen – genau so genannt.

Einen tiefen Eindruck hinterließ auf mich seinerzeit ein Buch von Paul Schmidt: „Statist auf diplomatischer Bühne". Dieser Schmidt war Hitlers Chefdolmetscher und hatte einen hohen SS-Rang inne. In Nürnberg war er kein Angeklagter mehr, sondern bereits wieder Dolmetscher und danach Leiter der Sprachenschule des Auswärtigen Amtes der Bundesrepublik Deutschland. Auch seinen Buchtitel hätte ich mir gern angeeignet, er trifft perfekt mindestens einen wesentlichen Teil von dem, was ich glaube, hier erzählen zu sollen.

Allein schon die Titelfindung schien mir genauso schwierig wie die bevorstehende Arbeit. Sollte es eine Anekdotensammlung, nur die Beschreibung der Charaktere einiger Politiker und Dichter, eine Sammlung zusammengewürfelter Erinnerungsfetzen oder meine Lebensgeschichte werden? Eine wunderbar einfache Betitelung hat ein Großer schon gebraucht, er nannte eines seiner Werke so: „Schreib es auf, Kisch!" Deshalb darf ich nur ganz leise und zugebend, wer es bereits auf so treffende Weise gesagt hat, andeuten, dass auch bei mir ein Imperativ bestanden hat, der mich zu diesem Versuch bewogen hat: „Schreib es auf, Ivanji!"

Der größte Teil des vorliegenden Buches handelt davon, wie ich Politiker gesehen habe, denen ich als Dolmetscher bei Begegnungen mit Tito und anderen jugoslawischen Politikern zu Diensten stand. Günter Grass ermunterte mich vor Jahrzehnten, diesen Versuch zu wagen. Er sagte mir, Dolmetscher gebe es zwar viele, aber kein Literat sei in einer solchen Position gewesen.

Keinesfalls erhebe ich den Anspruch, mein Zeitalter historisch oder gar kritisch zu beleuchten. Deshalb klammere ich meist bewusst – ich werde darauf zurückkommen – den politischen Inhalt der Gespräche aus, die ich zu übersetzten hatte. Ich will nur einige Menschen, die auf die Geschichte und damit freilich auch auf unser Schicksal Einfluss genommen haben, ein wenig unter die Lupe nehmen. Im Scherz habe ich öfter behauptet, der Dolmetscher, der auf jede Nuance der Sprache sehr genau aufpassen muss, sehe seine „Klienten" „intellektuell in Unterwäsche". Eine solche Betrachtungsweise kann nur subjektiv sein – warum aber nicht?

Leider habe ich nie ein Tagebuch geführt und nach interessanten Gesprächen, an denen ich als Dolmetscher teilnahm, keine privaten Aufzeichnungen gemacht. Oft musste ich Erinnerungsprotokolle für meine Arbeitgeber – Tito oder andere jugoslawische Politiker – anfertigen, behielt aber nie eine Kopie für mich. Schade!

Man hat mich öfter gefragt, ob ich einen Eid leisten musste, über Dinge zu schweigen, die ich als Dolmetscher erfahren würde. Es mag merkwürdig klingen, aber das habe ich nicht. Natürlich gehe ich davon aus, dass mich der jugoslawische Geheimdienst gründlich durchleuchtet hat, aber gemerkt habe ich es nicht. Ich glaube, meine Generation jugoslawischer Kommunisten (die Betonung liegt mehr auf *jugoslawisch* als auf *Kommunisten*) wusste einfach, was ein Geheimnis war und als solches bewahrt werden sollte. Übrigens – falls jemand ein solches Tabu brechen will, werden ihn keine feierlichst ausgesprochenen oder vor Zeugen unterzeichneten Phrasen daran hindern.

Ein Problem für das vorliegende Buch war, dass ich schon früher meinen Romanhelden einiges angedichtet habe, was mir als Dolmetscher widerfahren ist. So etwa trifft in meinem Roman „Barbarossas Jude" der Held Marko den DDR-Minister Erich Mielke, was ich hier als mein eigenes Erlebnis wiederholen muss. In solchen Fällen kommt es vor, dass ich gezwungen bin, genau zu überlegen, was ich erfunden und was ich erlebt habe, wie ich Dichtung und Wahrheit voneinander unterscheiden soll.

Das meiste dessen, was ich aufzeichnen darf, habe ich oft in verschiedenen Kreisen erzählt und es ist immer gut angekommen. Mein Sohn, selbst Journalist und deshalb des Aufschreibens kundig, hegt gewisse Zweifel an meiner Fähigkeit, aufrichtig und objektiv zu sein. Nun – auf so genannte Objektivität lege ich keinen besonderen Wert, aber aufrichtig möchte ich doch sein. Ich weiß aber, dass zwischen Plauderei und Literatur ein selten bewältigbarer Unterschied liegt.

Ganz besonders schwierig wird es mit der Wahrheitsfindung. Wenn man schwatzt, muss man nicht so genau aufpassen, was man sagt, es kommt mehr auf den Geist der Erzählung als auf die Tatsachen, auf die „wahre Wahrheit“ an. Ein Geschichtenerzähler im heiteren Kreis ist etwas ganz anderes als ein Historiker oder gar Dichter. Mitunter redet das Gesicht mit und sagt, was der Mund nicht aussprechen geschweige denn die Feder – oder die Maschine auf meinem Tisch, das unheimliche Wesen mit dem Namen Computer – aufschreiben kann. Deshalb muss ich mich wohl mit dem Problem herumschlagen, ob man sich überhaupt an die Wahrheit – die ganze Wahrheit und nichts als die Wahrheit – heranpirschen kann, ohne die Sicherheit, am Ende Erfolg zu haben.

Was den Titel des Buches angeht, so ist die einfachste Lösung wohl die beste: Nach dem Namen des Autors soll stehen, was er war, um Bericht erstatten zu können – Titos Dolmetscher.

Ivan Ivanji
Wien, im Mai 2007

Zum ersten Mal bei Tito

Wie wird man, wie wurde man zumindest im kommunistischen Jugoslawien unter Tito Dolmetscher für den Staatschef? Diese Frage stellte man mir oft. Im Hauptberuf war ich nie Dolmetscher, aber die interessanten Begegnungen und aufregenden Situationen, die Bekanntschaft mit Persönlichkeiten wie Willy Brandt, Helmut Schmidt, Helmut Kohl, Hans-Dietrich Genscher und Herbert Wehner, mit Bruno Kreisky und Kurt Waldheim sowie auf der „anderen Seite" mit Walter Ulbricht, Erich Honecker oder Erich Mielke, die damit verbundenen Annehmlichkeiten und der Ärger haben es mir ermöglicht, dass ich zur Zufriedenheit hoher Politiker mit der Sprache jonglieren konnte.

Das ist mir in den Schoß gefallen. Die deutsche Sprache wurde mir sozusagen in die Wiege gelegt. Nicht nur in meiner Familie in meiner Geburtsstadt Zrenjanin im Banat (die Deutschen nannten sie Groß Betschkerek) wurden drei Sprachen gesprochen, meine Eltern unterhielten sich untereinander auf Ungarisch und mit uns, also mit meiner Schwester und mir, auf Deutsch, während die Umgangssprache auf der Straße vor allem Serbisch war und in den Schulen natürlich auch auf Serbisch unterrichtet wurde. Ich habe in meiner Kindheit keinen Menschen gekannt, der nicht diese drei Sprachen gesprochen hätte. Weder die Blumenhändlerin noch der Friseur, weder der Rechtsanwalt noch die Hebamme hätten ihr Auskommen gefunden, wenn sie sich mit ihren Kunden nicht in deren Muttersprache verständigt hätten.

Meine Eltern, beide Ärzte, die in Deutschland studiert hatten, waren jedoch damit nicht zufrieden. Sie fanden, in unserer Umgebung sei kein gutes Deutsch im Gebrauch. Also bekam ich ein österreichisches Kinderfräulein. Dieser meiner Lehrerin habe ich in meinem Roman „Das Kinderfräulein" ein kleines Denkmal aus Papier gesetzt. Ich konnte Goethes „Erlkönig" und Schillers „Bürgschaft" auswendig, noch bevor ich in die Schule kam. Auch die längst vergessene deutsche Sütterlinschrift lernte ich gleichzeitig mit der kyrillischen und lateinischen. Bei uns nannte man sie damals noch die gotische Schrift, nicht deutsche Kurrentschrift, wie sie wohl richtig heißt. Um nicht zu weit auszuschweifen, sei nur gesagt, dass ich, da ich nun einmal Deutsch sprach, aus Bequemlichkeit – um das Ding nicht beim Namen, nämlich Faulheit, zu nennen – das begonnene Studium der Architektur bald aufgab und auf Germanistik umsattelte.

Meine relativ unwichtigen Erfahrungen als Lehrer in den technischen Oberschulen in Belgrad und Čačak (Zentralserbien) lasse ich beiseite. Danach wurde ich Journalist und begann für die Zeitung *Omladina* („Die Jugend“) zu arbeiten. Noch lernte ich überall mehr, als ich leistete, obwohl ich glaubte, aus vollen Zügen zu leben.

Die Zeitung erschien dreimal wöchentlich und war eng an das Zentralkomitee der Jugendorganisation gekoppelt. Schon 1952 konnte ich zum ersten Mal als Reporter nach Deutschland fahren. Auslandsreisen bedeuteten damals die Möglichkeit, Verschiedenes anzuschaffen, das man in Jugoslawien nicht kaufen konnte. So erwarb ich mein erstes Radio der Marke „Blaupunkt“, das ich mir ausgerechnet dank eines Honorars beim Hamburger Sender, der damals noch NWDR hieß, leisten konnte. Der Generalintendant war der Dichter Ernst Schnabel, und während ich in seinem Vorzimmer auf ein Interview mit ihm wartete, stellte ich fest, wie hübsch seine junge Sekretärin war. Aber ich bin der Überzeugung, dass Liebesgeschichten nicht in dieses Buch gehören, sonst würde ich jeden erträglichen Rahmen sprengen.

Jedes Jahr fand ich mindestens einmal eine Begründung für besonders wichtige Reisen ins Ausland, um für meine Zeitung zu berichten. Im Jahr 1956 war ich zweimal in Ungarn, das zweite Mal während des Aufstandes im Oktober.

Schon Anfang der 1950er Jahre begannen sehr intensive Kontakte der jugoslawischen Jugendorganisation mit jungen Sozialdemokraten, den „Falken“ und den „Jusos“, in der Bundesrepublik Deutschland. Wir waren die Vorreiter unserer Parteien. Damals lernte ich viele Persönlichkeiten kennen, die in der deutschen Politik später eine Rolle spielen sollten: Hans-Jürgen Wischnewski, Harry Ristock, Fred Gebhardt und Lorenz Knorr.

Als eine wichtige Tätigkeit sah ich das anfangs nicht und dachte nicht einmal daran, dass es so etwas als Beruf geben könnte. Alles kam von selbst. Es waren die Zeiten nach dem Zweiten Weltkrieg, als ein jeder tat, was er konnte oder glaubte zu können. Wir hatten in der Redaktion auch noch keinen „technischen Redakteur", das Wort „Layout" war uns unbekannt, der „Redakteur vom Dienst" machte mit dem „Metteur" in der Druckerei den „Umbruch". So war es auch bei der internationalen Verständigung. Es dolmetschte, wer irgendeine Sprache konnte. Wo man mit Worten nicht weiterkam, halfen Grimassen und Gesten. Und es funktionierte. Es funktionierte vielleicht besser als heute. Oder scheint mir das nur deshalb so, weil ich damals so unglaublich jung war?

Eines Tages rief mich ein früherer Kollege aus der Zeitung an, der nun im Bundesinformationsministerium tätig war.

„Traust du dich, für den Genossen Petar Stambolić zu dolmetschen?" Stambolić war damals Ministerpräsident Jugoslawiens.

„Wieso nicht?", fragte ich zurück.

„Gut, man wird dich gleich aus seinem Büro anrufen …"

Mir wurde mitgeteilt, eine österreichische Delegation, angeführt von Bundeskanzler Josef Klaus, der auch Außenminister Bruno Kreisky angehören würde, käme von 23. bis 26. März 1965 zu Besuch nach Jugoslawien. Ich sollte mich zu einer bestimmten Uhrzeit am Hauptbahnhof einfinden.

Was heute verwunderlich erscheinen mag – das war alles. Niemand belehrte mich, wie ich mich benehmen und was ich anziehen sollte. Niemand wies mich an, über alles, was ich hören würde, strenges Stillschweigen zu bewahren. Diese zwei kurzen Telefongespräche waren schon alles. Am Bahnhof wurde ich Stambolić vorgestellt. Er gab mir die Hand, sagte, er habe von mir als Dichter gehört, der Sonderzug fuhr ein und hielt vor dem roten Teppich. Ich war wohl so verwirrt, dass ich mich an sonst nichts mehr erinnern kann.

Die Gespräche begannen im Regierungsgebäude, im so genannten Palast der Föderation. Man hieß mich links vom Ministerpräsidenten Platz nehmen, rechts von ihm saß unser Außenminister Koča Popović, weiter links und rechts viele Beamte. Auf der anderen Seite des Tisches nahmen die Österreicher Platz. Der Gast wurde gebeten, als Erster das Wort zu ergreifen.

Wenn ich über solche Gegebenheiten berichte, verwende ich unwillkürlich auch heute noch gespreizte Phrasen. Klaus sprach, ich dolmetschte. Dann antwortete Stambolić. Der österreichische Kollege übersetzte. Ich hörte angespannt zu. Mehrmals schien mir, er habe nicht korrekt übersetzt, einiges ausgelassen, anderes meiner Meinung nach nicht richtig wiedergegeben. Ich wusste nicht, was ich tun sollte oder durfte; in einem Augenblick korrigierte ich ihn laut, mehr instinktiv als absichtlich, und erschrak gleichzeitig darüber; ich wusste ja nicht, ob sich das schickte. Also warf ich hinter Stambolićs Rücken einen flehenden Blick in Richtung Popović, von dem ich wusste, dass er sprachgewandt war. Er nickte mir kaum merklich zu – ich verstand, ich solle nur ruhig eingreifen. Das tat ich nun eifrig, ohne mich um die Reaktionen der Gäste zu kümmern. Klaus und Stambolić hatten nur kurz, mehr protokollarisch und höflich gesprochen. Nun hielt Popović eine ausführliche politische Rede und mein österreichischer Kollege verhedderte sich immer mehr, sodass Kanzler Klaus ihm schließlich Einhalt gebot und sich direkt an mich wandte: „Ach, gehn S', übersetzen Sie bitte weiter. Ich möcht' doch gern wissen, was der Herr Außenminister wirklich sagt …"

Dieser Auftrag wurde meine Feuertaufe. An Einzelheiten kann ich mich nicht erinnern, schon gar nicht, worüber verhandelt wurde. Der österreichische Kollege tat mir Leid, aber stolz war ich auch. Als die Sitzung beendet war, kam Popović auf mich zu und reichte mir die Hand: „Ich habe von Ihnen gehört, aber nicht gewusst, dass Sie so gut sind. Jetzt nehme ich Sie mit zu Tito."

Später sagte man mir, dass Popović ansonsten mit Lob eher sparsam umging, seine Beamten fürchteten seine beißende, ironische Kritik. Vor dem Krieg war er einer der Anführer der literarischen Bewegung des Surrealismus in Jugoslawien gewesen und hatte Essays und Manifeste verfasst. Er stammte aus einer steinreichen Familie, wurde jedoch Kommunist und Spanienkämpfer, während des Krieges in Jugoslawien Kommandeur der 1. Proletarischen Brigade, danach eine Zeit lang Chef des Generalstabes und ab 1953 Außenminister. Er sprach besser Französisch als Serbisch und schrieb später seine Memoiren auf Französisch.

Wir fuhren ins so genannte Weiße Schloss, Klaus und Kreisky sollten etwas später nachkommen. Der Minister ließ mich in der Halle stehen und ging zu Tito, um ihm über die bisherigen Gespräche zu berichten. Da stand ich nun mit einigen Protokollbeamten, Gardeoffizieren, Kellnern, wurde diskret von der Seite her beobachtet und gaffte. Niemand sprach mich an, niemand gab mir einen Ratschlag oder eine Weisung. Dann kamen Tito und Popović aus dem inneren Salon heraus. Sie würdigten mich keines Blickes und gingen vor die Tür zum Treppenansatz. Ich ihnen nach. Die Autokolonne kam an, die Gäste stiegen aus. Tito ging ihnen entgegen, ich ihm nach. Er begrüßte den österreichischen Bundeskanzler auf Deutsch und ich zuckte zurück; ich fand es irgendwie unanständig, mich zu ihnen zu gesellen, als wollte ich lauschen …

Tito bat die Gäste hinein. Mir sagte niemand etwas, aber ich ging hinterher in Richtung Bibliothek. Hier wies mir ein Protokollbeamter den Stuhl links von Tito zu, links von mir nahm unser Außenminister, rechts vom Staatschef unser Ministerpräsident Platz. Über den Tisch hinweg unterhielt sich Tito bestens gelaunt mit Klaus weiter auf Deutsch über Wien und das Wetter. Die Kameras surrten, die Fotografen knipsten. Endlich wurden die Journalisten hinauskomplimentiert, es entstand ein Augenblick Stille. Tito sah mich zum ersten Mal von der Seite direkt an und flüsterte: „So, und jetzt spreche ich unsere Sprache, du übersetzt und ich kontrolliere …“

Tito sagte *naški* – „unsere“ (Sprache). Die offizielle Bezeichnung „Serbokroatisch“ mochte er nicht und vermied sie wann immer möglich. Heute, im Jahr 2007, wird diese Sprache fast nur noch in Österreich ab und zu so genannt. Die Serben beharren darauf, dass sie Serbisch, die Kroaten, dass sie Kroatisch, die Bosniaken, dass sie Bosnisch, und in der letzten Zeit sogar die Montenegriner, dass sie Montenegrinisch sprechen. Eine Abhandlung über meine private Meinung über diese südslawische Neuauflage von Babylon möchte ich mir hier ersparen; dafür bräuchte man ein Semester an einem Lehrstuhl für Slawistik für jene Studenten, die wirklich nichts Gescheiteres mit ihrer Zeit anfangen können. Das einzige Gute daran ist: Die Übersetzer und Dolmetscher, die früher mit nur einer Sprache, Serbokroatisch, arbeiten konnten, können sich jetzt rühmen, polyglott zu sein und vier Sprachen zu beherrschen. Ich für meinen Teil halte *naški* auch weiterhin für gut.

Ich habe nie Lampenfieber, hatte es auch vor Prüfungen an der Universität nie gehabt. Im Theater, wo alle großen Künstler vor ihrem Auftritt vor Lampenfieber sterben, sagte mir einmal ein bekannter Schauspieler, das sei deshalb so, weil ich kein Talent hätte. Auch nach Titos Worten verspürte ich kein Herzklopfen, meine Stimme bebte nicht, ich dolmetschte halbautomatisch, aber nach der Sitzung stellte ich fest, dass mein Hemd durchgeschwitzt war, als wäre ich angezogen unter einer Dusche gestanden.

Das war allerdings nicht meine erste Begegnung mit Tito. 1958 arbeitete ich als Chefredakteur der Sonderzeitung, die mein Verlag im Rahmen der Arbeitsaktion der Jugend für den Bau der Autobahn Zagreb–Ljubljana herausgab. Die Leitung – wir nannten sie: „der Stab“ – hatte sich in einem verfallenen Schloss auf einer kleinen Insel des Bergflusses Krka eingerichtet, Otočec ob Krke, das wir renoviert hatten; später wurde es ein gutes Motel. Tito stattete der Aktion einen Besuch ab. Ich lief ständig neben ihm her, um zu beobachten, mit wem er sprach, zu hören, was er sagte und was die jungen Leute zu ihm sagten, um darüber zu schreiben. Zur Mittagszeit kamen wir vor unserem Stab an. Titos Adjutant, General Žeželj, pflanzte sich vor ihm auf und meldete: „Genosse Marschall, es ist ein Raum für Sie eingerichtet, Sie können sich zurückziehen …“

„Ich mag nicht", meinte Tito.

Der General stand noch strammer, versperrte ihm den Weg zum Saal, wo das Mittagessen stattfinden sollte, und wiederholte etwas lauter: „Genosse Marschall, es ist ein Raum für Sie eingerichtet, Sie können sich zurückziehen!"

„Lass mich durch, Žeželj!", brummte Tito.

Der General rührte sich nicht vom Fleck, im Gegenteil, er schien sogar zu wachsen und breiter zu werden und sagte sehr laut: „Genosse Marschall, Sie sind verschwitzt und müssen Ihr Hemd wechseln!"

Tito gab nach. Damals merkte ich zum ersten Mal, dass auch Staatschefs und Diktatoren manchmal von jemandem herumkommandiert werden, nämlich von ihren Adjutanten und Protokollchefs.

Als ich Tito kennen lernte, war er schon ein ziemlich alter Herr und duldete das alles. Seine Leute erzählten mir aber, dass er früher unter dieser Bewachung, die auch eine Art Bevormundung war, gelitten hatte.

Im Lauf seines ersten Staatsbesuchs in Ägypten soll es ihm in Alexandria gelungen sein, zu entfliehen und mutterseelenallein am öffentlichen Strand zu baden. Man sei schrecklich besorgt gewesen und als er wieder auftauchte, hätten ihm seine Mitarbeiter und Leibwächter heftige Vorwürfe gemacht, er habe sich gefährdet, dazu habe er kein Recht, er aber habe sie lachend zurückgewiesen: „Ihr habt ja keine Ahnung von illegaler Arbeit! Wer hätte mich an einem öffentlichen Strand vermutet? Nirgendwo bin ich sicherer als an solchen Orten, sicherer als mit euch …"

Daran mag sich heute keiner seiner noch lebenden Mitarbeiter erinnern. Man wollte mir diese Anekdote nicht bestätigen, ich lasse sie jedoch stehen, weil ich sie für glaubwürdig halte – zumindest ist sie aber, auch wenn sie nicht wahr sein sollte, charakteristisch für jene Zeit. Die nächste jedoch hat sicher stattgefunden: In Belgrad setzte Tito sich im Hof seiner Residenz in der Straße *Užička ulica* plötzlich allein in ein Auto und fuhr los; den Wachposten blieb nichts anderes übrig als zu salutieren. Er fuhr geradewegs den Berg hinunter und hielt vor einem kleinen Wirtshaus nahe der Eisenbahnstation *Topčider*. Dort stellte er fest, dass er kein Geld eingesteckt hatte, aber Eisenbahner erkannten ihn und zahlten sein Bier.

Noch einiges andere ist mir aus dem Jahr 1958 in Erinnerung geblieben, weil ich mehrmals in Titos Gesellschaft war, obwohl er mich damals sicher noch nicht persönlich bemerkte.

Zu seinem Geburtstag wurde in Belgrad wie jedes Jahr ein Fest im Garten des Weißen Schlosses veranstaltet; eine Delegation unserer Arbeitsaktion war eingeladen. Da waren der Kommandant der Aktion, wie wir ihn nannten, sein Stellvertreter, der Parteisekretär, ich und einige „einfache Jugendliche", ich weiß nicht, wer sie ausgewählt hatte, unter ihnen ein einziges Mädchen, eine kleine, hübsche Bäuerin aus Bosnien. Gleich am Anfang, als Tito in den Garten gekommen war, suchte uns ein Beamter des Protokolls auf und sagte: „Der Präsident möchte, dass ihr als Erste zu ihm kommt ..."

Zivile Beamte redeten Tito mit „Präsident" an, Militärs mit „Marschall", die nächsten Mitarbeiter aus früherer Zeit nannten ihn *druže stari,* was soviel wie „alter Genosse" heißt, seine Mitkämpfer aus der Frühzeit, aus dem Partisanenkampf, sprachen ihn mit *stari,* also einfach mit „Alter" an und duzten ihn; ganz wenige, etwa Kardelj, aber auch einige weniger wichtige Personen, die schon vor dem Krieg mit ihm eng bekannt gewesen waren, sagten *Joža,* das ist eine Koseform von *Josip* (Josef). Eine einzige Person sagte zu ihm „Tito" und „du": seine Frau Jovanka.

Wir rannten los. Das schüchterne Mädchen blieb weit hinter uns Übrigen zurück. Tito stand auf, sah uns strafend an und sagte: „Also, zu meiner Zeit hat man Damen den Vortritt gelassen!"

Unser Staatspräsident, Marschall, Generalsekretär der Partei und was er sonst noch war, wartete ab, bis das Mädchen mit ihren roten Backen vortrat, und nahm erst Platz, nachdem sie sich gesetzt hatte. War das angeborene Höflichkeit oder österreichisch-ungarischer Drill aus seiner Militärzeit? Für uns jedenfalls ein Denkzettel.

Am Ende der Arbeitsaktion wurde in Slowenien in einem Badeort ein Festessen mit ihm und der dortigen Staats- und Parteiführung veranstaltet. Nach dem Nachtisch begannen die Anwesenden zu singen, Partisanenlieder, unter anderem solche, die Tito feierten, manche mit wirklich blödem Text wie „Genosse Tito, du bist ein weißes Veilchen …" Ich sah, wie sich sein Kopf senkte, wie er immer ärgerlicher wurde, und schließlich sagte er: „Wenn ihr nichts anderes könnt, hört auf, aber mich lasst endlich in Ruhe!"

Empfand er den Kult, der mit seiner Person getrieben wurde, immer als lästig und duldete er ihn nur, weil er glaubte, primitive Leute bräuchten einen Führer – oder war er so eitel, dass er es genoss, auch wenn es manchmal lästig war? Ich weiß es nicht.

Zurück zum ersten Staatsbesuch im März 1965, bei dem ich dolmetschte. Man war zufrieden mit mir und ich natürlich stolz darauf. Die österreichische Delegation besuchte unter anderem das Institut für Außenpolitik in der Straße *Makedonska ulica*. Als wir nach dem ziemlich komplizierten Gespräch die relativ enge Treppe hinunterstiegen, ging ich zufällig neben Kreisky, der mich fragte: „Wieso sprechen Sie eigentlich so gut Deutsch?"

Frech geworden wegen des Erfolges, ein wenig euphorisch, antwortete ich unschicklich: „Weil ich auch ein Jud' bin wie Sie, Herr Minister!"

Er schaute mich groß an, nahm es aber nicht übel. Im Gegenteil – ich glaube, das prägte sein Verhältnis zu mir. Er behandelte mich danach außerordentlich freundlich, fast möchte ich sagen: bevorzugt. Manchmal brachte er mich mit seiner Liebenswürdigkeit auch in Verlegenheit, so bei einem SPD-Kongress in Deutschland. Ich stand neben dem Chef der jugoslawischen Delegation, Stane Dolanc. Kreisky ging direkt auf mich zu und streckte mir die Hand entgegen, ohne Dolanc zu berücksichtigen: „Wie geht es Ihnen, Ivanji?"

„Danke, Herr Bundeskanzler, darf ich vorstellen, Herr Dolanc …"

Ich weiß nicht, wie oft ich für Kreisky dolmetschte – sicher sehr oft. Einiges ist mir besonders in Erinnerung geblieben.

Die Probleme mit den Kärntner Slowenen und den Ortstafeln auf Grund des Staatsvertrages nahmen zu. (Ein Ende genommen haben sie bekanntlich auch vierzig Jahre später noch nicht, obwohl es Jugoslawien nicht mehr gibt und sowohl Slowenien als auch Österreich Mitglieder der Europäischen Union sind.) Tito wollte damit so wenig wie möglich direkt zu tun haben. In dieser Situation äußerte Kreisky, längst Bundeskanzler, den Wunsch, zwischen Weihnachten und Neujahr 1975 inkognito nach Jugoslawien zu kommen, um mit Tito darüber zu sprechen. Tito war zu dieser Jahreszeit gerade in Slowenien, im Schloss Brdo bei Kranj, also ließ es sich leicht arrangieren. Auf den Wunsch Kreiskys, der irgendwo – ich glaube: in Vorarlberg – Urlaub machte, verabredete man, dass er mit dem Auto nach Basel fahren und dort in die jugoslawische Linienmaschine einsteigen werde. Die Medien sollten auf keinen Fall davon erfahren. In der österreichischen Botschaft in Belgrad war nur Botschafter Alexander Otto eingeweiht, und zwar nicht über das Außenministerium, sondern über die Zentrale der SPÖ.

Botschafter Otto mochte ich sehr gern. Ich war damals Stellvertreter des Intendanten des Belgrader Nationaltheaters, zu dem auch die Oper gehörte. Otto besuchte die Oper regelmäßig; er sagte, das sei ihm wichtiger als diplomatische Verpflichtungen. Ich fragte ihn oft unter vier Augen nach seiner Meinung über einzelne Aufführungen und Sänger. Sein unabhängiges, aber sachverständiges Urteil war mir wichtig.

Ich wurde nach Ljubljana beordert und nahm an einem Vorbereitungsgespräch bei Kardelj teil. Er sagte, für die jugoslawische Seite sei das Ganze peinlich, politisch würde es Pluspunkte nur für die Österreicher geben, aber da könne man nichts mehr machen. Bei uns in Jugoslawien war es üblich, den Dolmetscher schon zu Vorbereitungsgesprächen an der Spitze heranzuziehen, damit er sich auf Probleme vorbereiten und eventuell Fragen stellen konnte. Ich weiß nicht, wie es anderswo gehandhabt wird – meines Wissens nehmen

Dolmetscher an solchen Spitzengesprächen der eigenen Seite nicht teil, sie werden mehr als Werkzeuge oder Automaten und weniger als Persönlichkeiten behandelt. Für die Sache ist es aber nützlich, wenn man sich konkret vorbereiten kann.

In Jugoslawien wurde sorgsam die Besatzung für die Maschine nach Basel ausgewählt. An Bord waren mehrere Sicherheitsbeamte, die auch zurückfliegen sollten, denn Kreisky wollte mutterseelenallein kommen, sogar ohne Leibwächter. Dann war es so weit. Die Protokollbeamten und ich fuhren zum Flugplatz. Botschafter Otto war schon da. Wir saßen im Empfangssalon und auf einmal stürzte der Direktor des Flughafens herein: „In Basel ist Nebel, unsere Maschine konnte nicht landen. Sagen Sie dem Genossen Kardelj, er braucht vorerst nicht zu kommen …"

Die Protokollbeamten benachrichtigten Kardelj. Wir erfuhren, dass das jugoslawische Flugzeug statt in Basel in Zürich gelandet war, aber auch dort sei inzwischen Nebel aufgezogen und die Maschine könne nicht starten. Da saßen wir, sahen einander an und wussten nicht, was wir tun sollten, und vor allem nicht, wo Kreisky steckte. Also sagte ich zu Otto: „Herr Botschafter, Sie sind am Zug. Es bleibt Ihnen nichts anderes übrig, als den Flughafen Basel anzurufen und ausrufen zu lassen: ‘Den Passagier, der inkognito fliegt, aber eigentlich Bundeskanzler Kreisky ist, ans Telefon, bitte!'"

Otto sah mich anfangs hilflos an, telefonierte aber dann doch mit Basel und ließ „Doktor Kreisky" ausrufen. Ja, sagte ihm der österreichische Bundeskanzler, da sitze er nun, er habe seinen Fahrer dummerweise sofort zurückgeschickt. Niemand könne sagen, wann es eine Möglichkeit geben werde zu fliegen. Er wolle noch ein wenig abwarten und dann sehen, ob er vielleicht eine Privatmaschine chartern könne. Unsere Protokollbeamten benachrichtigten die Vertretung von JAT in Basel. Ich ergriff wieder die Initiative und fragte die Slowenen: „Ihr habt doch sicher ein Mittagessen vorbereitet?"

„Natürlich, hier in der Nähe im Schloss Strmol."

„Warum fahren wir dann nicht hin, bevor die Suppe kalt wird?"

Das taten wir. Nichts Schöneres als ein Staatsbankett ohne Staatsmänner, nur für die Begleittruppe. Heute bedauere ich fast mehr, dass ich die Menüs mit den Speisefolgen auf Staatsbanketts nicht gesammelt habe, als dass ich mir keine Aufzeichnungen über politische Gespräche gemacht habe. Ich glaube, was man wo bei solchen Gelegenheiten zu essen und zu trinken bekam, sagt auch etwas über Staat und Staatsform aus. Zum Glück waren wir schon beim Nachtisch, als uns die Nachricht erreichte, eine Privatmaschine aus der Schweiz habe Überflugsrechte und Landungserlaubnis in Ljubljana angefordert. Wir rasten zum Flugplatz, aber dort stellte sich heraus, dass es sich nicht um Kreisky, sondern um Geschäftsleute handelte.

Dann kam eine neue Nachricht. JAT meldete „Kreisky in unserer Hand", man habe den Bundeskanzler in ein Auto gesetzt und fahre ihn nach Zürich, wo sich der Nebel gelichtet hatte und die Maschine unserer Fluggesellschaft bereit stand. Als Nächstes erhielten wir endlich den Bericht, Kreisky sei an Bord, man fliege ab. Schon wollten wir Kardelj anrufen, um ihm zu sagen, er könne kommen, da erschien jedoch wieder der Unglücksrabe von Flughafendirektor und meinte: „Jetzt schließen wir wegen Nebel!"

„Wieso, die Nachmittagssonne strahlt doch so schön!"

„Ja, aber in zehn Minuten zieht es zu!"

„Und was geschieht mit dem Flugzeug? Das ist doch schon abgeflogen …"

„Wenn wir Glück haben, kann es in Zagreb landen …"

„Und wenn nicht?"

„Na, dann in Split!"

Alles musste neu organisiert werden. In Zagreb – und für alle Fälle auch in Split – wurden improvisierte Empfangskomitees zum Flughafen geschickt und eine Autokolonne mit Begleitfahrzeugen bereit gestellt. Von Split wäre es zu weit für eine Fahrt gewesen, dort sorgte man für eine standesgemäße Übernachtung. Im Geheimen schimpfte jedermann auf Kreisky, der uns das alles mit seinem Beharren auf eine Fahrt wie Harun al Raschid eingebrockt hatte.

Endlich traf Kreisky in Zagreb ein. Die Autofahrt, obwohl nur 140 Kilometer, gestaltete sich wegen immer dichteren Nebels ebenfalls schwierig. Statt zu einem frühen Mittagessen kam ein übermüdeter Kreisky zum späten Nachtmahl. Bis zum nächsten Tag hatte auch die Presse schon Wind von der Sache bekommen. Ich hege den Verdacht, Kreisky selbst habe einige ihm nahe stehende Presseleute eingeweiht. Die Schwachstelle könnte aber auch bei der Fluggesellschaft oder den Flughäfen gelegen sein. Jedenfalls war von einer Geheimhaltung des Treffens keine Rede mehr.

Tito sprach mit Kreisky über alles Mögliche, aber außer einigen Scherzen sagte er nichts über die Probleme der Slowenen. Darüber solle der Herr Bundeskanzler doch freundlicherweise mit dem Genossen Kardelj reden, der selbst Slowene sei … Allerdings fragte Tito, ob Kreisky bemerkt habe, dass die energischsten Kärntner Slowenen deutsche Namen hätten – die Führer der Minderheit hießen damals Tischler und Zwitter –, die deutschnationalen Führer jedoch oft slawische Nachnamen trügen?

Bei den Gesprächen kam nichts heraus, aber Kreisky hatte erreicht, was er gewollt hatte – er hatte gezeigt, wie sehr er sich bemühe, war er doch zur Weihnachtszeit inkognito nach Jugoslawien geflogen. Nach Hause begab er sich dann für alle Fälle doch mit einem Sonderflug.

Wenn ich hier und auch sonst wenig über den Inhalt von Begegnungen berichte, bei denen ich gedolmetscht habe, hat das mehrere Gründe. Ein Tagebuch geführt, Aufzeichnungen für mich gemacht habe ich, wie gesagt, leider nie. Die offiziellen Protokolle sind mir zum Teil nicht zugänglich; wo das Archiv Titos zur Zeit liegt, ist mir unbekannt. Slobodan Milošević ließ aus seiner Residenz und seinen Büros vieles einfach wegschaffen. Außerdem finde ich, ehrlich gesagt, diese Aufzeichnungen langweiliger als die Anekdoten, die man in Zusammenhang mit Staatsbesuchen erzählen kann.

Außerdem merkt sich ein Simultan- oder Konsekutivdolmetscher von einem Gespräch, das er übersetzt hat, fast nichts. Das haben mir auch andere Kollegen und Kolleginnen bestätigt. Anscheinend sind bestimmte Gehirnpartien, die mit dem Übersetzen zu tun haben, so belastet, dass die anderen, die für das Gedächtnis zuständig sind, teils ausgeschaltet werden. Wenn man dem Wortlaut der Sätze, die man zu übersetzen hat, allzu viel Aufmerksamkeit widmet, hat man für anderes die Kraft nicht mehr oder verliert den Faden. Übersetzt man aus der deutschen Sprache, kommt als besondere Schwierigkeit noch hinzu, dass man stets das Ende eines langen Satzes abwarten muss, weil ein „nicht" am Schluss den ganzen Sinn verändern kann.

Erst an dritter Stelle kommt, dass solche Gespräche geheim bleiben sollen. Am wenigsten darf ein Dolmetscher darüber plaudern. Aus meiner ganzen Tätigkeit von über zwanzig Jahren habe ich eigentlich nur zwei, drei Fakten in Erinnerung, über die ich noch etwas sagen könnte, aber ich glaube, dass ich das nicht sollte. Und ich werde es auch nicht tun.

Ein anderes Mal kam Kreisky im April 1980 auf Staatsbesuch nach Belgrad, mit einem Flugzeug von Niki Lauda, der persönlich den Pilotensitz einnahm.

Es war ein roter Teppich ausgelegt, an seinem Ende standen die Gastgeber mit dem Präsidenten des Exekutivrates – dem Ministerpräsidenten – Veselin Djuranović an der Spitze, aber das Flugzeug blieb etwa sechzig Meter vor ihm stehen. Zeit verging. Angestellte des Flughafens und Sicherheitsbeamte winkten so lange, bis Lauda die Situation begriff und bis zum Teppich rollte. Die Tür öffnete sich, in ihr erschien ein verwirrter Kreisky – sonst geschah nichts. Man wartete schweigend. Nach einiger Zeit wurde eine Gangway herangerollt, aber sie reichte bis über das obere Ende der Tür hinaus. Eine niedrigere Gangway gab es nicht. Kreisky befand sich gut zwei Meter über dem Asphalt des Flugplatzes. Das war natürlich viel zu hoch für einen älteren Menschen, um herunterzuspringen, und für seine Gattin erst recht unmöglich.

Allgemeine Verlegenheit, Geschrei, Gelächter – das Nachrichtenmagazin *Der Spiegel* veröffentlichte danach eine Fotografie der peinlichen Szene, die einheimischen Medien höflicherweise nicht. Am Ende bauten Arbeiter aus Kisten eine improvisierte Treppe, auf der der Kanzler und seine Suite an der Hand kräftiger junger Jugoslawen irgendwie hinunter stiegen.

Djuranović forderte eine strenge Untersuchung, ob es ein Fehler der jugoslawischen Seite gewesen sei. Das war nicht der Fall. In allen Handbüchern stand, dass Laudas Flugzeug, ein relativ seltener Typus, eine Gangway mitführt, weil die Höhe der Ausgangstür keinem der üblichen Geräte auf Flugplätzen entspricht. Es handelt sich nicht um eine eingebaute automatische Gangway, sondern um eine mechanische, die man mit der Hand anbringen muss. Lauda hatte sie in Wien vergessen.

Wie es österreichischerseits zu diesem teils peinlichen, teils komischen Vorfall gekommen war und was Niki Lauda heute dazu zu sagen hätte, weiß ich nicht. Für uns war wichtig, dass es nicht unsere Schuld war.

Ein Mitglied der österreichischen Delegation erzählte mir in Zusammenhang mit dem Vorfall, das alles habe mit der Sparsamkeit Kreiskys im Namen des Staates zu tun. Lauda flog aus Prestigegründen billiger als die staatliche Fluggesellschaft AUA. Die österreichische Regierung besaß damals keine eigenen Flugzeuge. Selbst der Präsident der Republik flog mit der AUA und zahlte Economy-Klasse, durfte aber als erster Gast über die Gangway der ersten Klasse aussteigen. Man sagte mir auch, Kreisky sei in jeder Hinsicht genauso geizig, wie es Kaiser Franz Josef gewesen sei. Es würden noch immer die vom vorletzten Kaiser bestellten Gläser für Festbanketts benützt, es seien die kleinsten Champagnerkelche und die größten Wassergläser auf der Welt.

Kreisky erzählte Djuranović bei dieser Gelegenheit, was ich in österreichischen Quellen so nie gefunden habe: Er habe im Vorhinein gewusst, dass er das von ihm unnötigerweise angestrengte Referendum über das Kernkraftwerk Zwentendorf verlieren werde, jedoch sei er sicher gewesen, dass er danach die Parlamentswahlen gewinnen würde. So seien die Österreicher! Nach der Volksbefragung würde er ihnen Leid tun und sie würden ihr negatives Verhalten ihm gegenüber wieder „gut machen". Nicht ganz so direkt, aber immerhin etwas Ähnliches stellt im Jahr 2007 der österreichische Bundespräsident Heinz Fischer in seinem Buch „Die Kreisky-Jahre" fest, in Teilen der Bevölkerung habe es nach der Volksabstimmung „etwas wie eine Art Kompensationsbedürfnis gegenüber Bruno Kreisky" gegeben. Jedenfalls erzielte dieser bei der nächsten Nationalratswahl im Oktober 1979 das beste Wahlergebnis in der Geschichte der österreichischen Sozialdemokratie. Kreisky sagte den Jugoslawen aber auch, was er sonst oft erklärt hatte: Eine hohe Staatsverschuldung sei ihm lieber als mehr Arbeitslose.

Unter den österreichischen Botschaftern in Belgrad gab es immer auch interessante Persönlichkeiten. Botschafter Otto habe ich schon erwähnt. Er wurde Opfer eines tragischen Zwischenfalls. Opfer oder Täter? Tito lud einmal im Jahr alle Botschafter zu einer „Diplomatenjagd" ein. Opernliebhaber Otto war seines Zeichens kein Jäger, aber ein pflichtbewusster Mensch, der glaubte, dass er bei einer solchen Veranstaltung des Staatschefs nicht fehlen dürfe. Er kaufte sich einen entsprechenden Anzug, trug seine für diesen Zweck neu angeschaffte Waffe jedoch so ungeschickt, dass sie losging und den französischen Botschafter tödlich verwundete. Der Franzose war überdies Ottos persönlicher Freund gewesen.

Ganz anders hatte sich einer seiner Vorgänger, Botschafter Karl Hartl, verhalten. Der erschien zur Diplomatenjagd ohne Gewehr, stellte sich brav dort hin, wo es vorgesehen war, sprach aber, anstatt zu schießen, dem Schnaps zu und wartete auf das Mittagessen. Er war ein starker Esser und Trinker. Tito hatte es bemerkt und fragte ihn, ob er nicht jage.

„Nein, Exzellenz! Ich bin doch ein Arbeiterjunge aus Wien. Aus dem Roten Wien, Sie kennen das doch, Exzellenz! Und als ich ein junger Bursch war, wissen S', da konnte ich nicht jagen oder Tennis spielen und so … Jetzt aber, Exzellenz, wo die Weltgeschichte einen Witz gemacht hat und ich das könnte, ich fürcht', das wär' doch komisch, net?", sagte der eine ehemalige Arbeiterjunge, so oft wie möglich die Anrede „Exzellenz“ benützend, zum anderen. Tito schwieg vorerst, seine Antwort folgte jedoch bald.

Der österreichische Vizekanzler und Handelsminister Fritz Bock, Mitglied der christdemokratischen ÖVP, besuchte Jugoslawien. Sein jugoslawischer Partner war Vizepremier Jakov Blažević. Bei Tito waren außer den beiden noch die Botschafter – der jugoslawische Lazar Mojsov und Hartl – sowie der Dolmetscher, ich, anwesend.

Tito begann: „Sie müssen jetzt sehr vorsichtig sein, Herr Vizekanzler. Sie befinden sich ganz allein unter lauter Marxisten. Ihr Botschafter bildet sich nämlich auch ein, einer zu sein!“

Zum Besuch von Bock und seinem Verhältnis zu Blažević fällt mir noch ein, dass der Österreicher sehr gut Französisch sprach, der Jugoslawe hingegen Englisch. Sie ärgerten sich, weil sie auch bei der Unterhaltung über Nebensächlichkeiten meine Hilfe als Dolmetscher brauchten. Am zweiten Tag allerdings – wir waren in Zagreb – hielten die beiden Juristen alter Schule ihre Tischreden auf Lateinisch und führten sogar ihr privates Tischgespräch mit Hilfe dieser klassischen Sprache. Ältere Herrschaften! Auch meine Eltern sprachen bei Tisch manchmal, wenn die Kinder nichts verstehen sollten, Latein miteinander.

Tito mochte Hartl gerade deshalb, weil er sich so benahm, wie er es für richtig hielt, und redete, wie ihm der Schnabel gewachsen war. Ich verehrte Hartl und habe viel von ihm gelernt. Er war jedenfalls ein Unikum – sogar für Österreich: Linkssozialist von seiner Jugend an, Spanienkämpfer und Freiheitskämpfer in Frankreich.

Meine Beziehung zu ihm begann auf wunderliche Art. Meine Frau – sie war gerade schwanger – und ich besuchten ihn zum Abendessen. Auf der Einladungskarte stand *cravatte noir,* also Smokingzwang. Ich telefonierte und sagte, ich könne nicht kommen, weil ich keinen Smoking besäße, und für einen Abend einen ausleihen wolle ich nicht. Der Botschafter entschuldigte sich, den blöden Smoking habe sich der Ehrengast, das war der hohe jugoslawische Funktionär Ales Bebler – ich weiß nicht mehr, in welcher Funktion er damals in Jugoslawien auftrat – gewünscht, deshalb müsse er ihn nun eben als Gastgeber anziehen, aber ich solle doch bitte kommen, wie ich wolle. Meine Frau und ich beschlossen der Einladung zu folgen.

Als das offizielle Essen beendet, der Kognak geschlürft und der Kaffee getrunken war, Bebler sich verabschiedet hatte und wir Übrigen uns ebenfalls anschickten zu gehen, flüsterte mir Botschafter Hartl zu: „Ach, tun Sie mir altem Trottel den Gefallen und bleiben Sie noch ein wenig, wenn die anderen alten Trottel gegangen sind!“

Das gleiche sagte er auch einem deutschen Journalisten, Harry Schleicher von der *Frankfurter Rundschau*. Als wir nun in kleinerer Gesellschaft waren, riss sich Hartl die schwarze Fliege ab, knöpfte sich das zu enge Hemd auf und zog die Jacke aus. Seine Gattin verließ mit einer kleinen Entschuldigung fluchtartig den Schauplatz.

Hartl legte Platten auf, unter anderem russische Lieder, eines mit dem deutschen Text „Ach, wenn die Russen nur wie ihre Lieder wären …“, und wir tranken. Meiner Frau war nicht mehr ganz so wohl und so wurde sie vom aufmerksamen Gastgeber auf einem Sofa platziert, wo sie sich ausstrecken konnte. Vielleicht sind die Beziehungen unseres Sohnes Andrej zu Österreich auch dem Zustand zu verdanken, dass er schon vor seiner Geburt in der Botschafterresidenz in Belgrad auf österreichischem Boden war.

In dieser Atmosphäre besichtigte ich den Bücherschrank des Hausherrn. Zwei Buchdeckel kamen mir irgendwie bekannt vor. Ich holte sie heraus – es waren Sachbücher, die mein Vater mir einmal in meiner Kindheit aus Wien mitgebracht hatte, originell geschriebene Erklärungen naturwissenschaftlicher Phänomene mit gescheiten Zeichnungen. Mein Verständnis vieler Fakten aus der Natur beruhte mein ganzes Leben lang auf dieser Lektüre. Verwundert fragte ich Hartl, wieso er diese Kinderbücher in seiner Bibliothek halte.

„Ich bin der Autor“, sagte Hartl.

Nun habe ich in Erinnerung, dass auf dem Buch ein anderer Name stand und er auf meine Frage, wieso dies so sei, antwortete, als sie erschienen seien, habe er sie nicht unter dem eigenen Namem veröffentlichen können. Seine Tochter konnte mir das freilich 2004 nicht so bestätigen. Hartls Tochter heißt seit ihrer Heirat Weich – Fräulein Hartl wurde Frau Weich. Sie ist insofern meine Kollegin, als sie Dolmetscherin ist. Anlässlich eines Weltkongresses der Archivare in Wien 2004 hat sie mich sogar einmal gedolmetscht. Sie besitzt natürlich die Bücher ihres Vaters aus den 1930er Jahren, aber unter seinem richtigen Namen. Die Titel waren, so sagte und zeigte sie mir, „Wie, warum, wo?“ und „Warum, wozu?“ Als Autor war ihr Vater tatsächlich verboten, aber sein Vater, ihr Großvater, der ebenfalls Karl hieß, galt bei den Behörden als unbescholten und nahm die Tantiemen entgegen, was für die Familie, die sich nach Frankreich gerettet hatte, wichtig war. Ich glaube, Botschafter Hartl erzählte seinerzeit – woran sich auch seine Tochter zu erinnern glaubt –, er habe diese Bücher aus einem einfachen Grund geschrieben: Er brauchte das Geld. Die Überprüfung dessen, woran man sich erinnert oder zu erinnern glaubt, ist oft ein Problem. Jedenfalls hat das für mich eine große Bedeutung gehabt: Die beiden Bücher, die mir mein Vater schenkte und die in meiner Kindheit meine Ansichten über die Natur der Welt prägten, sind Werke dieses österreichischen Botschafters in Belgrad.

„Einen Augenblick noch, jetzt gehen wir die Ausbeuter ausbeuten!“

Botschafter Hartl führte uns in den Keller, in dem eine Unmenge Flaschen mit teuren Getränken standen, und sagte, wir sollten so viel Alkoholika mitnehmen, wie wir tragen konnten. Besonders gut erinnere ich mich an eine Sorte Armagnac mit absichtlich verbogenem Flaschenhals. Dann hieß er seinen Chauffeur uns nach Hause fahren.

Was den Smoking angeht – natürlich trug ihn Hartl, wenn es sein musste, aber einmal auch im bitteren Winter keinen Mantel dazu, dafür nahm er sein Tirolerhütchen nicht ab. Ich musste mir später, als ich mit der Belgrader Oper auf Gastspiel ins Ausland fuhr, doch einen solchen Partyanzug kaufen.

Über Essen und Trinken habe ich viel von Botschafter Karl Hartl gelernt. Über den Schilcher, den essigsauren steirischen Wein, der dem slowenischen *cviček* so ähnlich ist und den ich aus meiner Zeit in Slowenien kannte und mochte, sagte er, das sei kein Wein, sondern eine Weltanschauung. Ich darf anmerken, dass heute, gegen Ende des ersten Jahrzehnts des nächsten Jahrhunderts, zumindest mir sogar der Schilcher nicht mehr so zu sein scheint, wie er war. Die meisten Sorten, die ich heute finde, haben an Säure verloren, haben sich dem allgemeinen Geschmack angepasst. Schade. Der *cviček* hat sich besser gehalten. Bei einem Vergleich, den ein slowenischer Freund und ich in Wien veranstalteten, gewann – zumindest aus meiner Sicht – der *cviček* vor dem Schilcher.

Zum *cviček*: Als Willy Brandt einmal im Frühherbst – es war schrecklich warm – bei Tito weilte und die Kellner mit dem obligatorischen Sekt antanzten, vergewisserte sich Brandt mit einem Blick auf Titos Gesicht, ob er sagen sollte, was ihm am Herzen lag, und fragte dann: „Müssen wir eigentlich Champagner trinken?“

„Nein“, sagte Tito fröhlich, „was wollen Sie trinken?“

„Was schlagen Sie vor?“

Tito flüsterte dem Kellner etwas zu und bald kam dieser mit eisgekühltem *cviček* zurück. Tito und Brand tranken. Ihr beim intimen Gespräch überflüssiger Dolmetscher auch. Die beiden hatten in dieser Hinsicht – ich würde sagen: *auch* in dieser Hinsicht – dieselbe Weltanschauung. Darf ich unbescheiden hinzufügen: ich ebenso!

Zurück zu Hartl: Einmal sagte er mir, im Ruhestand würde er versuchen, noch einen französischen Käse zu kreieren. Zwar gebe es über 500 Sorten, aber wenn ihm das gelänge, würde sein Leben einen Sinn gehabt haben. Meines Wissens hat er keinen neuen Käse geschaffen.

Ich verstehe nicht, wieso man sich in Wien so wenig an diesen wunderbaren, einzigartigen Menschen erinnert, der übrigens auch der erste Gesandte Österreichs in Israel war. Der ebenfalls schnell in Vergessenheit geratene, aus Ungarn nach Österreich gekommene Schriftsteller György Sebestyén hat in seinem Roman „Die Werke der Einsamkeit" Hartl ein Denkmal gesetzt. Natürlich ist die Figur des Helden des Spanienkrieges, Veteranen und Kritikers seiner eigenen sozialistischen Partei, die im Buch Franz Mittler heißt, nicht buchstäblich als Hartl zu verstehen, soll aber bewusst an ihn erinnern. Beschrieben wird er als „trinkfreudiger Koloss". Aber wer weiß in Wien – geschweige denn außerhalb der österreichischen Hauptstadt – noch, dass Hartl und Sebestyén einander kannten und mochten, dass sie überhaupt existicrt haben?

Hartl sah ich zum letzten Mal in Belgrad als Chef der Kulturabteilung des österreichischen Außenministeriums an der Spitze einer Delegation. Chef der jugoslawischen Delegation war mein Freund Žika Berisavljević, zu jener Zeit Minister für Kultur Serbiens, sodass ich von der Sache wusste; ich wollte aber nicht mehr bei jeder Gelegenheit dolmetschen, diese Tätigkeit war mir einfach zu langweilig geworden. Am Nachmittag klingelte mein Telefon.

Hartl: „Hast an Wein zu Hause?"

„Ja, schon …"

„Komm mich abholen!"

„Darfst du denn schwänzen, Herr Botschafter?" Hartl hatte mir längst das Du angeboten, aber nach altösterreichischer Art nichts dagegen, wenn man seinen Titel verwendete.

„Die kommen auch ohne mich aus und mir ist langweilig."

Ihm also auch? So zwängte sich der große, schwere Mann in den kleinen Fiat, den ich damals fuhr, und anstatt über den jugoslawisch-österreichischen Kulturaustausch zu verhandeln, trank er mit uns in unserer bescheidenen Küche Wein.

Ein so geistreicher Ausnahmemensch wie Hartl war der ehemalige österreichische Bundespräsident Franz Jonas in meinen Augen gewiss nicht, aber ich glaube, auch er war ein waschechter Sozialdemokrat.

Anlässlich eines Staatsbesuchs kam man auch auf die Brioni vorgelagerte kleine Insel Vanga, auf der Tito einen winzigen Weinberg mit einem schönen Keller besaß. Damals gelang es mir, einen Blick auf Titos Schreibtisch zu werfen. Ich wusste: Hier machte Tito wirklich Urlaub. Ein aufgeschlagenes Buch lag auf dem Tisch. Ich pirschte mich neugierig heran, weil ich wissen wollte, was Tito privat las. Es handelte sich um ein Fachbuch über Farbfotografieren auf Deutsch.

Etwas später saßen wir in einem kleinen Weinkeller. Jonas, Tito und ihre Frauen hatten an einem Tisch in der Ecke Platz genommen, alle anderen an anderen Tischen. Wir warteten zerstreut auf Wein. Ich war froh, etwas Ruhe zu haben, denn die Präsidenten unterhielten sich direkt auf Deutsch, als Frau Jovanka mich holen ließ, weil sie als Einzige die Sprache nicht verstand. So setzte ich mich und dolmetschte flüsternd nur für sie.

Es wurde gebratener Fisch serviert. Da der Tisch zu klein war, bedeutete ich dem Kellner, mir nicht aufzulegen. Als die Herrschaften gerade zulangen wollten, fragte mich Frau Jovanka: „Und Sie?"

„Nein, danke, ich möchte nichts …"

Sie nahm Tito seinen Bratfisch weg und setzte ihn mir vor: „Tito ist dick genug!"

Tito sah sie und mich verwundert an; da er aber kein besonderer Fischfreund war, machte er keine weitere Bemerkungen. Natürlich habe ich nichts von dieser Portion genommen, aber zufällig ist von dieser Szene ein schönes Foto übrig geblieben.

Eine ähnliche Geschichte passierte bei einem früheren Besuch Ulbrichts. Tito und Ulbricht saßen zusammen und ich bei ihnen, aber sie brauchten mich nicht, weil sie miteinander Deutsch sprachen. Außerdem kannten sie einander aus Moskau nur zu gut. Aber Jovanka konnte mit Lotte Ulbricht an einem anderen Tisch im selben Salon nichts anfangen und rief mich zu sich. Natürlich wäre ich lieber bei den beiden Staatschefs gesessen und hätte ihnen zugehört, aber was konnte ich machen? Die Damen sprachen über die Essgewohnheiten ihrer Gatten. Plötzlich unterbrach sich Jovanka und fragte mich: „Und wie kochen Sie, Genosse Ivanji?"

Das kam so plötzlich, dass ich überhaupt nicht begriff, was sie meinte, und schwieg. Nach kurzer Pause wurde sie genauer: „Kocht man bei Ihnen mit Schmalz oder Speiseöl?"

„Mit Speiseöl …", versuchte ich mich zu erinnern.

„Mit welchem?" Und als ich wieder schwieg, präzisierte sie die Frage: „Mit Sonnenblumenöl oder Maiskeimöl?"

„Ich glaube, mit Sonnenblumenöl …", antwortete ich zögernd.

„Das ist aber falsch!", belehrte mich die Gattin meines Staatspräsidenten. „Wir kochen für Tito nur mit Maiskeimöl. Es ist zwar etwas teurer, aber viel günstiger für Menschen, die zur Dicklichkeit neigen …"

Frau Jovanka war selbst viel zu dick. Ich habe nie begriffen, warum sie Kleider trug, die für ihre Statur viel zu knapp geschneidert und zu kurz waren. Schön war an ihr, als ich sie kennen lernte, nur noch das üppige Haar. Sie benahm sich oft undiplomatisch, auch ihrem Mann gegenüber, der das, soweit ich es an seinem Mienenspiel bemerken konnte, nicht gerade begeistert hinnahm.

Frau Jovanka Broz, geborene Budisavljević, nun schon mehr als ein Vierteljahrhundert lang Witwe, lebt sehr zurückgezogen in Belgrad. Sie bezieht auf Grund eines Sondergesetzes eine Pension in Höhe der jeweiligen Vergütung des Staatspräsidenten und wohnt gratis in einer Villa, die früher einmal Gästehaus der Regierung war. Ich kenne das Haus nur zu gut, weil mir einmal, ausgerechnet während des Aufenthalts von Willy Brandt, in ihrem Vorzimmer mein Mantel gestohlen wurde. Frau Jovanka kann immer ein Automobil des Staates beanspruchen, tut es aber sehr selten, insbesondere seit der Chauffeur, an den sie sich gewöhnt hatte, in Rente gegangen ist. Sie lebt freiwillig so zurückgezogen, dass viele glauben, sie sei in einer Art Hausarrest gefangen. Wie man hört, hat man ihr viel Geld angeboten, ihre Erinnerungen zu schreiben, was sie aber stets abgelehnt hat.

Im Lauf des Staatsbesuchs in Deutschland 1974 war zufällig gerade das Fußballspiel zwischen der deutschen und der jugoslawischen Auswahl angesagt. Tito wollte eigentlich dabei sein, man redete ihm die Sache jedoch aus Sicherheitsgründen aus. Also empfing er nur die jugoslawische Mannschaft in Düsseldorf am Vormittag des Spieles. Es traf sich, dass wir die Übertragung auf der Fahrt zwischen Düsseldorf und Bonn im Salonwaggon des Sonderzuges ansahen. Tito und Jovanka hatten auf zwei Sesseln Platz genommen, wir Übrigen drängten uns hinter ihren Rücken, ich hockte mit Budimir Lončar, damals Botschafter in Bonn, auf demselben kleinen Hocker. In einem Augenblick rief Tito, nachdem die Jugoslawen den Ball verloren hatten, verärgert: „Ich habe ihnen doch gesagt, dass sie nicht so viel dribbeln sollen!“

Jovanka dazu laut: „Warum übernimmst du dann nicht noch das Amt des Bundestrainers, wenn du auch darüber alles besser weißt?“

Als die Drau-Brücke zwischen Radgona in Slowenien und Radkersburg in Österreich eröffnet werden sollte, versammelten wir Jugoslawen uns im grenznahen Badeort Rogaška Slatina. Tito erschien früher als erwartet und die slowenischen Protokollbeamten wollten mich vorstellen. Er winkte ab: „Ich kenne Genossen Ivanji doch schon lange …“

Aber dann musterte er mich und sagte: „Was weiß ich – ich glaube, früher habe ich einen dickeren Dolmetscher gehabt.“

Ich hatte es gerade mit einer Abmagerungskur versucht und Tito, obwohl er weiß Gott andere Probleme hatte, hatte das sofort bemerkt. Er besaß bis zum Schluss einen Blick für alles.

Bei dieser Gelegenheit zeigte er wieder einmal seinen Witz. Präsident Jonas war als Erster hinüber nach Slowenien gekommen und nun fuhren die beiden Präsidenten im Auto über die neue Brücke. Ich saß vorn beim Chauffeur. Natürlich sprachen die beiden Präsidenten Deutsch.

„Eigentlich sollten wir diese Brücke Franz-Josef-Brücke taufen!“, schlug Tito vor.

„Wieso?“, fragte der alte Sozialdemokrat und Republikaner Jonas entsetzt.

„Nun“, erklärte Tito: „Franz Jonas und Josef Broz Tito!“

Deutsche Sozialdemokraten

Im April 1981, knapp ein Jahr nach Titos Tod, kam Willy Brandt auf seinen eigenen Wunsch zu einem kurzen Pfingsturlaub nach Jugoslawien. Die nach dem Tod des langjährigen Chefs verunsicherte Führung des Bundes der Kommunisten Jugoslawiens war hoch erfreut. Die politischen Gespräche in Belgrad waren auf Wunsch des Gastes kurz, dann fuhr er ins Hotel „Maestral“ etwas südlich von Budva an die Adria. Da er Wert auf einen privaten Aufenthalt legte und absolut keinen Trubel wünschte, sollte es keinen „großen Bahnhof“ geben. Es wurde kein „Ehrenbegleiter“ von hohem Rang bestimmt, stattdessen schickte man mich – nicht nur als Dolmetscher, sondern sozusagen als Vertreter Belgrads – mit auf die Reise. Ich hatte früher schon oft für Brandt gedolmetscht und ihn als Journalist seinerzeit interviewt, als er 1960 noch Regierender Bürgermeister von Berlin gewesen war; so war ich ihm schon seit langem bekannt.

Einigermaßen kannte ich die Biografie dieses Mannes, der es sich bescheiden leisten konnte, die Ehren, die ihm meiner Meinung nach durchaus zu Recht erwiesen wurden, ein wenig schmollend abzulehnen. Ich wusste, dass er als uneheliches Kind zur Welt gekommen war, und auch die Kapitel seines Lebens in Spanien, später in Norwegen und Schweden sowie seine Rückkehr nach Deutschland, zu dessen Veränderung er so viel beigetragen hatte, waren mir durchaus bewusst. Ich muss zugeben, ich war eitel; mir behagte es, Chauffeuren und Polizisten Weisungen geben zu dürfen, aber das war sein Verdienst, nicht meines.

Das Wetter war schlecht. Im „Maestral“ hatten Brandt und seine neue, junge Frau Brigitte Seebacher eine Suite bezogen, eine Art Penthouse.

Keine „große Begleitung“, kein Trubel? Mit den Gästen waren zwei deutsche Leibwächter mitgekommen. Aus Belgrad waren außer mir ein Beamter des Protokolls und ein Vertreter der Geheimpolizei als Verbindung zum Personenschutz vor

Ort mit von der Partie. Montenegro stellte ebenfalls einen Protokollbeamten, zwei persönliche Leibwächter und eine sogar mir unbekannte Anzahl von sonstigen Polizisten in Uniform und Zivil zur Verfügung. Außerdem stand eine ganze Flotte von Autos jederzeit für uns bereit. Alle diese Begleiter speisten und tranken auf Kosten der Partei, langweilten sich, spielten Karten oder Schach oder lungerten einfach herum und gingen Brandt auf die Nerven.

Frau Brigitte hatte ich vorher nie gesehen. Ich muss eingestehen: Ich war wie so viele andere, die Rut, die vorherige Gattin Brandts, gekannt hatten, unter deren Bann geblieben. Als wir viel früher – ich hatte eben meinen Dienst als Botschaftsrat für Presse und Kultur angetreten – in Bonn zum ersten Mal das Theater besuchten, betrat Rut Brandt zufällig nach uns das Foyer und wirkte so selbstsicher und strahlend, so fantastisch, dass meine Frau mich fragte, ob das eine große Filmschauspielerin sei. Wenn eine Ballerina wie meine Frau von einer anderen Frau so angetan ist, sagt das schon viel. Mich gingen aber natürlich die Ehen des Gastes nichts an, ich hatte dafür zu sorgen, dass er und seine Begleiterin sich wohl fühlten.

Auch die beiden deutschen Leibwächter, die augenscheinlich viel länger mit Brandt zusammen gewesen waren, sprachen von Frau Rut mit einer solchen Begeisterung, dass man nicht überhören konnte, wie wenig sie die „Neue“ mochten. Da wir – das heißt: die Jugoslawen, die dabei waren – mit den beiden stämmigen Deutschen öfter Tischtennis spielten und so miteinander ins Gespräch gekommen waren, konnten wir das ohne weiteres feststellen. Um die Atmosphäre zu beschreiben, füge ich hinzu, dass unsere Polizisten den deutschen Leibwächtern dabei einmal die Pistolen, die sie unvorsichtig abgelegt hatten, klauten und wir uns köstlich amüsierten, als sie verwirrt begannen, diskret nach ihren Waffen zu suchen, aber nicht gleich zugeben wollten, was ihnen da abhanden gekommen war.

Grau auf grau brandeten große Wogen auf Fels. Das Wetter war schlecht, das Baden im Meer selbst für die abgehärteten

Gäste aus dem Norden unmöglich. Das war in dieser Gegend, wo im Februar bereits die Mimosen duften und blühen, wirklich ungewöhnlich. Man musste mit dem relativ kleinen Pool im Hotel vorlieb nehmen. Ausflüge in die Umgebung konnten wir nur einmal mit einer Jacht auf die See hinaus, ein anderes Mal mit den Automobilen hinauf auf den Berg Lovćen und in die alte Hauptstadt Cetinje machen.

Den Brandts war angeboten worden, in ihren Gemächern zu speisen, sie zogen es jedoch, wahrscheinlich schon aus Langeweile, vor, die Mahlzeiten im Restaurant zu nehmen. Außer ihnen gab es wenige Gäste im Hotel. Die beiden bekamen natürlich den besten Tisch in einer Ecke am großen Fenster und ich platzierte die Sicherheitsbeamten in Zivil an das Ende des Saals, den Protokollmenschen und mich in höflicher Entfernung, aber in Sichtweite der Brandts, wurde jedoch stets zu ihnen gebeten. Diese wenigen Tage hatte ich Zeit, mit Brandt über vieles zu reden.

Ermuntert durch das private Zusammensein fragte ich ihn Verschiedenes und veröffentlichte, natürlich mit seiner Erlaubnis, einiges später als Gespräch mit ihm in der Tageszeitung *Dnevnik* in Novi Sad. Hier möchte ich nur zwei Themen erwähnen.

Ich fragte Brandt, wie er sich als ehemaliger Publizist gefühlt habe, als andere begannen, seine Reden zu schreiben. Schlecht, sagte er. Noch als Regierender Bürgermeister von Berlin habe er sich bemüht, alles, was er sagen wollte, selbst zu verfassen, aber als Außenminister habe er dafür einfach keine Zeit gehabt. Er habe jedoch stets die Vorschläge seiner Mitarbeiter noch einmal durchgearbeitet und eventuell etwas hinzugefügt, „… nicht so wie Schmidt, der Dinge vorliest, die er früher nie gesehen und von denen er keine Ahnung hat“. Da war die gegenseitige Abneigung zwischen ihm, Helmut Schmidt und Herbert Wehner zu spüren, von der ich freilich auch schon früher gewusst hatte.

Brigitte Seebacher-Brandt schwieg dazu. Erst später erfuhr ich, dass sie, als sie 1978 in die Pressestelle der SPD-Zentrale aufgenommen wurde, selbst als „hervorragende Redenschreiberin" galt. Der damalige persönliche Referent Brandts, Günther Vieser, hat von einem „hohen Maß intellektuellen Einklangs und sprachlicher Harmonie" zwischen den beiden geschrieben.

In Budva fragte mich Frau Brigitte, ob ich Leninist sei. Besorgt unterbrach Brandt sie und meinte, so etwas frage man nicht. Ich beeilte mich jedoch zu antworten, dass ich mich aus vielen Gründen nie als Leninist bezeichnen würde, obwohl ich glaube, dass der von mir so hoch geschätzte Tito auf eine solche Frage wahrscheinlich mit Ja geantwortet hätte.

Ich wagte im Restaurant des Hotels „Maestral" den Vorstoß: „Ich glaube ziemlich alles gelesen zu haben, was über Ihren Rücktritt als Bundeskanzler veröffentlicht worden ist, aber ich verstehe einfach nicht, warum Sie das 1974 gemacht haben?"

Brandts Antwort war kurz, hart und so geartet, dass man nicht weiter bohren durfte: „Das weiß niemand und ich hoffe, das wird man nie erfahren!"

Hat man es je erfahren? Die Guillaume-Affäre war sicher der Anlass, die Ursache kann sie nicht gewesen sein. War es, wie eine deutsche Zeitschrift 2004 schrieb, Herbert Wehner, der „wie ein finsterer Hagen den strahlenden Siegfried gemeuchelt hat"? Hat Willy Brandt, wie es dort ebenfalls steht, „bösartige Schnüffeleien in seinem Privatleben wegen verfänglicher Frauenaffären und drohend angekündigte Diffamierungskampagnen" einfach nicht mehr ausgehalten? Irgendetwas im Dreieck Brandt–Schmidt–Wehner war sicher das Wesentlichste für seine Kapitulation.

In ihrem 2004 erschienenen Buch „Willy Brandt" beschuldigt Brigitte Seebacher recht offen Hans-Dietrich Genscher und Herbert Wehner, an Brandts Sturz gearbeitet zu haben, Wehner sogar, er sei Agent der Sowjetunion und der DDR gewesen und geblieben. Ich kann hier nur darauf hinweisen, dass im Gespräch mit mir davon nicht die Rede war. Im selben Jahr schrieb Martin Rupps im Buch „Troika wider Willen": „Die Guillaume-Affäre gehört zu den am besten erforschten Ereignissen der so genannten alten Bundesrepublik

…", fügte aber hinzu: „Die historische Wahrheit ist bis heute nicht ermittelt, auf jeden Fall nicht gesagt, und die Chancen stehen schlecht, dass dies noch geschehen wird. Es gibt viele Akten und Protokolle, sie fügen sich aber nicht zu einer schlüssigen, widerspruchsfreien These."

Das stimmt mehr als zwanzig Jahre danach mit dem überein, was mir Brandt sagte oder genauer genommen in Anwesenheit von Frau Seebacher verschwieg.

Wir aus der jugoslawischen Botschaft in Bonn in den 1970er Jahren wussten, wie Hans-Jürgen Wischnewski und Egon Bahr zwischen den drei führenden Sozialdemokraten – dem Parteivorsitzenden Brandt, dem Bundeskanzler Schmidt und dem Fraktionsvorsitzenden Wehner, die miteinander privat nicht mehr reden mochten – hin und her pendelten. Ein Geheimnis war das also nicht einmal für ausländische Vertretungen.

Ich möchte dazu nur eines sagen: Von allen Politikern, die ich als Dolmetscher kennen gelernt habe, Tito inklusive, war Brandt für mich der ehrlichste, aufrichtigste und empfindlichste Mensch, möglicherweise zu gut für diesen schrecklichen Job. Viel wichtiger als mein Gefühl ist natürlich, dass ich weiß, wie sehr Tito Brandt mochte.

Brigitte Seebacher schreibt in ihrem Buch über Wehner: „Er knüpfte … Kontakte zu den Kommunisten, mit denen er gerade gebrochen haben wollte und die ihn als Verräter ansahen. Markus Wolf datiert die ersten Verbindungen ins Jahr 1951, hergestellt mit dem Segen Ulbrichts und nie abreißend. Schon in den 1950er Jahren reiste Wehner gern nach Belgrad …" Natürlich habe ich keine Ahnung, was der „große Kundschafter" Mischa Wolf, der inzwischen auch verstorben ist und uns nichts mehr dazu sagen kann, mit Wehner geplant hatte, aber es macht mich misstrauisch, wenn im selben Absatz übergangslos behauptet wird, dass Wehner „in den 1950er Jahren" gern Jugoslawien besucht habe. Erstens waren damals die Beziehungen zwischen Belgrad und Ost-Berlin so schlecht, dass so etwas eher darauf hingewiesen hätte, man stehe schlecht mit Ulbricht und Co. Zweitens ist es schlicht unwahr, dass Wehner damals in Jugoslawien war, er kam zehn Jahre später zum ersten Mal. Wenn man so etwas liest, zweifelt man auch an allem anderen, das man nicht überprüfen kann.

Vom späteren Streit zwischen der SPD und Frau Brigitte wegen Brandts Nachlass, zum Duell zwischen ihr und Wehners Witwe Greta habe ich später nur gelesen. Gewundert habe ich mich nicht, aber Eigenes hinzufügen kann ich natürlich auch nicht. Beide Damen habe ich nur als Neben- und Begleitpersonen der beiden Großen kennen gelernt.

Das erste Interview und damit die Bekanntschaft mit Herbert Wehner machte ich schon Anfang der 1950er Jahre, als er noch in Hamburg lebte und keine große Aufgaben in der Sozialdemokratie übernommen hatte. Ein junger Mann, Kalli Prall von den sozialdemokratischen „Falken", brachte mich zu ihm. Aber das hatte sich Wehner sicher nicht gemerkt. Übrigens – dieser liebe Mensch und empfindliche Politiker, Prall, trank sich bald danach buchstäblich zu Tode. Er sagte zu mir über die deutsche Sozialdemokratie: „... mit einer Evolution wird bei uns nichts und für eine Revolution sind wir viel zu feig."

Die erste wichtige Begegnung zwischen Wehner und mir fand statt, als Wehner über Vermittlung von Leo Bauer, den ich zur selben Zeit wie ihn in Hamburg kennen lernte, die erste offizielle Delegation der SPD anführte, die vom 31. August bis zum 6. September 1970 den Bund der Kommunisten Jugoslawiens besuchte. Eine kleine Rolle bei der Vorbereitung dieser Reise hatte auch ich gehabt.

Kurz zu Leo Bauer (1912-1972) als Vermittler zwischen der SPD einerseits und dem Bund der Kommunisten Jugoslawiens (BdKJ) andererseits. (Bauer stellte auch die Kontakte zwischen seiner Partei und der KP Italiens her.) Ich nenne hier, was für mich damals wichtig schien: Er war schon 1932 Abgeordneter der KPD, später in Frankreich im Exil und interniert, nach dem Zweiten Weltkrieg in der DDR Chefredakteur des dortigen Deutschlandsenders. 1949 wurde er verhaftet, unter anderem, weil er auch nach der Resolution des so genannten Informbüros (auch kurz Kominform genannt, das Informationsbüro für kommunistische und Arbeiterparteien) behauptet hatte: „Natürlich bleibt Tito ein großer Kommunist." Es heißt, er habe einmal sogar Ulbricht öffentlich widersprochen. In einem Schauprozess legte er ein Geständnis ab, weil ihm dafür, wie er mir erzählte, von einem Russen „eine kleine Strafe" versprochen worden war. Er wurde aber zum Tode verurteilt und danach zu 25 Jahren Gefängnis „begnadigt", von denen er sechs Jahre in Sibirien absitzen musste. Erst 1955 wurde er freigelassen, gelangte in die Bundesrepublik, wurde freier Mitarbeiter der illustrierten Zeitschrift *Stern* und später, von 1966 an, Berater Brandts und für die SPD „Mitarbeiter für besondere Aufgaben" sowie Chefredakteur der SPD-Zeitschrift *Neue Gesellschaft*.

Ich weiß nicht mehr, wie oft wir, Bauer und ich, uns in Deutschland und Jugoslawien trafen. In der Friedrich Ebert Stiftung habe ich einmal flüchtig seine Aufzeichnungen durchgeblättert und so festgestellt, dass er Ende 1968 ein Interview mit Kiro Gligorov machte, das ich übersetzte. Der mazedonische Altkommunist Gligorov (später erster Präsident der nach dem Zerfall selbstständig gewordenen Republik Mazedonien) war damals der für Wirtschaft zuständige Vizepremier Jugoslawiens.

Bauer, aber auch mir fiel auf, dass Gligorovs Standpunkte oft nicht mit dem übereinstimmten, was in Titos öffentlichen Reden gesagt worden war. In einer Aktennotiz Bauers für Brandt vom 5. Januar 1969 steht unter anderem: „Ein Teil der vorsichtig formulierten, aber dennoch klaren Antworten von Gligorov stehen in einem gewissen Widerspruch zur Rede Titos in Jajce. Diese Feststellung wurde durch die anderen Gespräche, die ich in Belgrad hatte, bestätigt." Mindestens eines dieser „anderen Gespräche" zu diesem Thema führte er mit mir.

Damals war Bauer auch bei uns in der Wohnung und mein vierjähriger Sohn Andrej stellte fest: „Dieser Onkel sieht aus wie ein Wolf!" Bauers Sohn hieß übrigens auch André. Für die *Neue Gesellschaft* durfte ich dank Bauer auch selbst manchmal schreiben und habe außerdem für ihn Texte von Edvard Kardelj, Stane Dolanc, Marko Nikezić und Savka Dapčević-Kučar übersetzt.

Für die Jugoslawen war Bauers politische Vergangenheit natürlich kein Hindernis, sondern sogar ein Vorteil, sie öffnete ihm leicht alle Türen. Er interessierte sich besonders für die Selbstverwaltung, Blockfreiheit und Liberalisierung und nannte uns „Wunschkommunisten".

Ich habe diesen Mann sehr gern gehabt. Für uns beide ist wahrscheinlich gleichermaßen charakteristisch, dass Judentum und Jude-Sein nie ein Thema für uns war. Erst lange nach seinem Tod, als ich, wie gesagt, kurz in seinem Nachlass wühlte, erfuhr ich, dass er, wie es in manchen Kreisen hieß, „aus einer jüdischen Kleinbürgerfamilie" stammte. Das könnte man wohl auch von mir sagen.

Apropos Juden und Politiker füge ich hier ein, dass es nicht jedermann so sah wie wir beide. Viel später wurde Karl Kormes zum Botschafter der DDR in Jugoslawien ernannt. Ich war als Dolmetscher engagiert, als er Tito sein Beglaubigungsschreiben überreichte. Danach war ich bei seinem Antrittsbesuch bei Kardelj anwesend und einige Tage später trafen wir einander zufällig bei einem Empfang in der ungarischen Botschaft. Kormes kannte erst wenige Leute im Lande, hielt sich deshalb an mich und fragte: „Entschuldigen Sie – ich kenne hier die Sitten nicht, darf ich Sie einmal einladen?"

„Warum nicht?", antwortete ich verwundert.

„Ich meine, dürfen Sie zu mir in die Botschafterresidenz kommen?"

„Natürlich!"

„Und auch Ihre Frau darf mit zu Besuch kommen?"

„Aber ja!"

Er senkte die Stimme: „Sie sprechen so gut Deutsch – entschuldigen Sie, sind Sie zufällig Jude?"

Jetzt musste ich schon lachen: „Ja."

„Macht nichts. Ich auch! Und Ihre Frau – ist Ihre Frau Jüdin?"

„Nein."

„Macht nichts, meine auch nicht!"

Diese beiden „Macht nichts!" sind mir unvergesslich. Später wollte er von mir wissen, ob der damalige Vorsitzende der staatlichen Planungsbehörde, Rikard Steiner, Jude sei. Ich sagte, das wüsste ich nicht, er komme aus Subotica, spreche Serbisch mit ungarischem Akzent und könne dem Nachnamen nach Jude, aber auch Volksdeutscher sein. Kormes, der Kommunist aus der ach so deutschen „Demokratischen Republik", konnte nicht begreifen, wieso ich so etwas nicht wusste, wieso mich nie interessiert hatte, was Steiner war. Ich fragte nach. Es stellte sich heraus: Jawohl, er war Jude.

Nun, die Frage, wer Jude war oder nicht, interessierte auch Bauer nie. Er setzte den ersten Besuch einer Delegation der SPD durch. Es kamen Herbert Wehner, Annemarie Renger, Ernst Schellenberg, Volkmar Gabert, Jochen Steffen und außerdem Greta Burmester, damals noch als Stieftochter und nicht als Gattin Wehners. Jemanden von der Stieftochter zur Ehefrau aufsteigen zu lassen war zumindest etwas Originelles, das sich nur ein Wehner leisten konnte.

Wehner hatte den Wunsch geäußert, eine Begegnung mit Vlajko Begović, einem bekannten jugoslawischen Funktionär, zu arrangieren, den er von irgendwoher gut kannte. Begović war jedoch gerade nicht im Lande. Wehner glaubte es einfach nicht. Er war uns gegenüber schrecklich misstrauisch. Am ersten Abend hatte die Delegation in ihrem Hotel ein „privates Abendessen". Wehner wünschte jedoch, ich solle dabei sein, und hackte in seiner mürrischen Art auf mich ein: „Ich verstehe nicht, warum Sie mir hier die Begegnung mit einem alten Freund vorenthalten!"

Da er das mehrmals mit verschiedenen Worten streng wiederholte und ich keine Ahnung hatte, was ich antworten sollte, er aber damit natürlich nur mich als einzigen anwesenden Jugoslawen ansprach, hatte ich am Ende genug und sagte: „Was kann ich dafür? Das ist die Sache von Apparatschiks wie Ihnen und Ihren Gastgebern!" Prompt wendete er sich von mir ab und sprach kein Wort mehr mit mir. Ich wusste nicht, dass er „Apparatschik" als schweres Schimpfwort empfand.

Bauer kam von der anderen Seite des Tisches zu mir und flüsterte mir ins Ohr: „Du musst dich dafür entschuldigen, dass du ihn einen Apparatschik genannt hast!“

Das hatte ich aber natürlich so gar nicht und wollte mich deshalb auch nicht entschuldigen.

Wir fuhren los. Am ersten Reisetag stand ein Besuch bei Tito auf der Insel Brioni auf dem Programm. Als wir am Kai von Fažane auf dem Festland gegenüber der Insel ankamen, stand zur großen Überraschung nicht nur unserer Protokollbeamten, sondern sichtlich auch Wehners und der übrigen Delegationsmitglieder Hans-Jürgen Wischnewski, seines Zeichens Generalsekretär der SPD, mit Frau, Tochter und Pudel lächelnd da, mit der Absicht, in unser Boot zu steigen und mitgenommen zu werden. Das hatte Stane Dolanc eingefädelt. Er war mit Wischnewski, der formal mit Familie Urlaub in Jugoslawien machte, eng befreundet. Wischnewski und Dolanc sahen einander übrigens auch physisch recht ähnlich.

Es war nichts zu machen. Auf der Insel Brioni fand man einen gut aussehenden Gardeoffizier, um Frau, Tochter und Pudel Wischnewski Gesellschaft zu leisten. Er selbst schloss sich der Gruppe an, die zu Tito auf die andere Seite der Insel hinüberfuhr und dort, bei ihm, führte dann zuerst Wischnewski das Hauptwort. Tito ließ Gäste immer zuerst reden. Wehner schwieg noch mürrischer als sonst. Das dauerte gut eine Stunde lang. Schließlich legte Tito seine Hand auf Wehners Arm und schaute mich so an, dass ich sofort verstand, was er wünschte. Mit Hilfe des Protokollbeamten, der wohl auf einen geheimen Knopfdruck Titos erschienen war, scheuchte ich den Rest der Delegation inklusive Wischnewski aus dem Raum. Draußen wurde uns mitgeteilt, Tito habe Wehner privat zum Mittagessen eingeladen. Die beiden kannten einander aus der Zeit im Hotel „Lux“ in Moskau gut.

Wir aßen im Hotel am Strand, wo auch Frau, Tochter und Pudel Wischnewski mit dabei waren. Wischnewski sprach wieder viel und dem erlesenen Wein zu. Unter anderem wollte er zeigen, wie gut er Jugoslawien kannte, und empfahl der Delegation, unbedingt das ehemalige Konzentrationslager

Begunje in Slowenien zu besuchen, wo im Lauf des Krieges die Deutschen Tausende von Geiseln erschossen hatten. Wehner kam schweigsam von Tito zurück, wo beim Mittagessen kein Dolmetscher notwendig gewesen war. Wir setzten die Reise Richtung Slowenien fort. Wischnewski mit seinem Anhang verabschiedete sich; er hatte seinen Urlaub nur unterbrochen, um sich bei Tito aufzudrängen. In Bled wurde das Abendessen im Restaurant eingenommen, wo auch sonst viele Gäste, Touristen, vor allem Deutsche, speisten. Der slowenische Protokollbeamte bat mich, Wehner zu fragen, ob er das ehemalige KZ besichtigen wolle. Ich gab die Frage weiter. Wehner sehr laut: „Welches Konzentrationslager?"

Ich, ihn schon kennend, mit bittender Stimme, leise, denn an den Nachbartischen hörte man zu und hatte Wehner sicher erkannt: „Herr Wischnewski hat doch empfohlen …"

„Was für ein Wischnewski?"

Ich, eindringlich: „Wenn Sie es wünschen sollten, müssten wir morgen eine Stunde früher aufbrechen …"

Wehner, absichtlich so laut, dass es viele im Saal mitbekamen: „Wischnewski war am Ende des Krieges NS-Führungsoffizier. Er soll ruhig Konzentrationslager besichtigen. Ich war Mitglied des Politbüros der Ka Pe De, ich gehe in keine Konzentrationslager!"

Über die Inhalte der von mir übersetzten Gespräche schreibe ich, wie gesagt, fast nichts auf. Will man Konkretes über die politische Entwicklung erfahren, kann man in entsprechenden Berichten, falls sie erhalten sind, nachschlagen. Über diese Reise der SPD-Delegation könnte ich zwar zufällig mehr sagen als sonst, weil ich den vertraulichen Bericht von Leo Bauer gesehen habe und Wehners lustige handschriftliche Korrekturen in ihrer ersten Version in der Friedrich Ebert Stiftung studieren durfte. Aber da mir für die meisten anderen Situationen, über die ich berichte, solche Unterlagen fehlen, lasse ich es auch an dieser Stelle bleiben.

Genau erinnere ich mich hingegen an einen Abend in Dubrovnik nach dem Abendessen im Hotel „Exzelsior". Wehner saß mit Greta nachdenklich auf der Gartenterrasse. Die Sterne funkelten, wie es nun einmal ihr Geschäft ist, der September duftete noch nach müdem Sommer, der Mond beschien Palmen und die kleine Insel Lokrum gegenüber. Selbst Wehner war in einer solchen Situation zugänglicher als sonst.

Damals erzählte er mir auf meine Bitte hin über seine Bekanntschaft mit Tito. Sie war oberflächlich, weil es im Hotel „Lux" in Moskau nicht üblich war, Freundschaften zu schließen. Er habe mit der Komintern „Schwierigkeiten" bekommen, erzählte Wehner leise, so etwas wurde schnell bekannt und die meisten kapselten sich noch mehr von einem jeden ab, um dessen Haupt sich düstere Wolken zusammenzogen. Aber gerade damals besuchte ihn einmal am Abend Tito – von dem er nur wusste, dass er aus Jugoslawien stammte und dass sein Pseudonym Walter war – absichtlich in seinem Zimmer. Sie sprachen nur über Unwichtiges, über Literatur, und vermieden jede Politik, aber Wehner meinte, es habe ihm damals viel bedeutet. Jemand habe mutig zu ihm gehalten, das könne er nie vergessen.

Ich dachte, die Panne zwischen uns beiden am ersten Abend sei nach diesem schönen Gespräch vergessen, aber als wir uns vor dem Flugzeug, mit dem die Delegation aus Dubrovnik nach Hause flog, verabschiedeten, sagte mir Wehner zum Abschied grimmig: „Und verzeihen Sie mir, dass Sie mich für einen Apparatschik halten ..."

Noch zweimal kam er darauf zurück. Jahre später, im Sommer 1974, als Tito auf Staatsbesuch in Deutschland war, erschien Wehner etwas verfrüht im Schloss Gymnich, das die Residenz unseres Präsidenten und Schauplatz unseres Empfanges war. Botschafter Lončar bat mich, ich solle mich um ihn kümmern. Da ein Politiker wie Wehner sehr viele Menschen kennen lernt, sagte ich, als ich auf ihn zutrat und mich vorstellte: „Ich weiß nicht, ob Sie sich an mich erinnern ..."

„Natürlich kann ich das. Sie sind der, der mich für einen Apparatschik hält ..."

Als ich ihn wieder Jahre später bei einem Empfang in unserer Botschaft einmal etwas fragte – ich kann mich nicht mehr erinnern, was; etwas, das mit der deutschen Politik zu tun hatte –, antwortete er: „Obwohl Sie glauben, dass ich ein Aparatschik bin – das weiß ich auch nicht!"

„Sie können mir das nicht vergessen?"

„Nie!", erklärte er, aber damals glaubte ich, doch einen Schimmer Humor in seiner Miene zu erkennen.

Als Tito im Frühling 1980 im Sterben lag, bat Wehner, in die jugoslawische Botschaft kommen zu dürfen. Er erschien, obwohl es Vormittag war, im schwarzen Anzug und mit schwarzer Krawatte zum blühend weißen Hemd, erklärte Botschafter Radovan Makić, wie schrecklich es sei, dass heutzutage wegen der modernen Medizin Menschen nicht ruhig und in Würde „gehen könnten", holte einen schwarz umrandeten Umschlag aus der Tasche, überreichte ihn dem Botschafter und erklärte, er wolle, „wenn es so weit sei", unbedingt der Erste sein, der wegen des Todes seines „großen Freundes und Genossen" das Beileid ausspreche. Wie gesagt – in diesem Augenblick atmete Tito noch.

Ich müsste die verschiedensten Archive untersuchen, um genau festzustellen, wie oft ich Brandt begegnet bin oder für ihn übersetzt habe, sowohl in seiner Eigenschaft als Regierender Bürgermeister von West-Berlin, als Außenminister, später als Bundeskanzler und als Vorsitzender der SPD. Ich befand mich in Begleitung Titos oder eines der vielen anderen Funktionäre des jugoslawischen Staates oder der Partei, die mit ihm bei uns oder in Deutschland sprachen, Bakarić, Dolanc, Grličkov, sicher mehrmals, Djuranović … Ohne auf die Reihenfolge zu achten, erzähle ich nur einige Anekdoten, die mir für ihn oder seine Partner charakteristisch scheinen oder sich mir besonders eingeprägt haben.

Beginnen wir mit den Hunden. Titos Besuch in Bonn 1974, Abendessen in Brandts Villa am Venusberg. Im Garten gesellte sich Brandts Hund zu uns, ein seltsamer Mischling mit dem Kopf eines Bernhardiners und dem Körper eines Basset. Er hieß Bastian. Die beiden Politiker und Hundefreunde unterhielten sich mehr darüber, wie dieses Tier entstanden sein mochte, wer Vater, wer Mutter sein konnte, als über Staatsprobleme und kamen zu dem Schluss, ein Bernhardiner könne keine Basset-Dame bespringen; das Umgekehrte könne man sich jedoch vorstellen, wenngleich es komisch sein müsse. Die Rede war übrigens auch von Brandts Papagei, der schlimme Schimpfworte auf Norwegisch sagen konnte, was zum Glück die meisten Gäste nicht verstanden.

Rut Brandt erzählt in ihren Erinnerungen mit Sympathie über diese Begegnung: „Einige Wochen, nachdem Willy zurückgetreten war, kam Tito mit seiner Frau auf offiziellen Besuch nach Bonn. Wir wohnten noch im Kiefernweg auf dem Venusberg, und sie luden sich selbst an einem Abend zu uns ein. Es war ein schöner Bonner Sommerabend, und nachdem die meisten Gäste gegangen waren, setzten wir uns auf die große Terrasse …“ Stunden vergingen und Tito erzählte von seinen Wanderjahren. Rut Brandt schreibt: „… als Zimmermann“ auf der Walz – was nicht stimmte, der junge Broz und spätere Tito war Schlosser. Aber das tut nichts zur Sache, außer dass ich auch in dieser Hinsicht bemerken muss, wie vorsichtig, wenn nicht skeptisch man Behauptungen in Memoiren gegenüber zu sein hat. Rut Brandt fiel auch auf, dass Tito einen „korrekten blauen Anzug“ trug, einen Ring mit Diamanten am Finger hatte und viel Whisky trank. Wie viel ihr Willy trank, berichtet sie nicht und ich kann mich beim besten Willen nicht daran erinnern.

Damals, im Juni 1974 in Bonn, sahen Tito und Brandt einander noch ein zweites Mal. Titos offizieller Gastgeber war Bundespräsident Gustav Heinemann, sein wichtigster Gesprächspartner Bundeskanzler Schmidt. Da aber Brandt Präsident der SPD war und Tito Präsident des Bundes der Kommunisten Jugoslawiens, hatten sie Grund, einander mehrmals offiziell zu treffen. Bei solchen Besuchen legt man großen Wert aufs Protokoll. Meiner Erfahrung nach war das für kommunistische Staaten – und in dieser Hinsicht war unser Jugoslawien einer – wichtiger als im Westen, dem es eher auf das Wesentliche ankam.

Brandt war ins Schloss Gymnich gekommen. Man saß im Schatten schöner Bäume im Garten. Dann verabredeten sich die beiden, ein wenig spazieren zu gehen. Ich als Dolmetscher sowie einige Leibwächter beiderseits ihnen nach. Tito gab mir einen leichten Wink mit der Hand und ich verstand sofort. Ich blieb außer Hörweite zurück und sorgte dafür, dass die „Gorillas“ ebenfalls nichts von dem Gespräch mitbekommen konnten. Ich glaube, damals wollte Tito Näheres über Brandts Rücktritt und seine Beziehung zu Schmidt erfahren.

Diese Begebenheit erinnerte mich an Brioni, als Tito Wehner privat bei sich behalten hatte, um mit ihm zu reden, und ebenfalls ich es war, der die anderen Deutschen hinauskomplimentieren und fern halten musste. Übrigens waren das die beiden einzigen Male, bei denen ich nicht dabei war, wenn Tito sich mit Deutschsprachigen unterhielt. Sonst wollte er mich auch dann bei sich haben, wenn er das Gespräch nicht übersetzen ließ – auch schon deshalb, weil ich danach ein Gedächtnisprotokoll zu verfertigen hatte.

Bei einem Gegenbesuch im slowenischen Kranj war Titos Pudel Billy zum Abendmahl zugelassen, setzte sich aber demonstrativ zu meinen Füßen. So etwas wundert ein jedes Hunde-Herrchen und Tito ärgerte sich sogar: „Was hat er?“

„Ich habe eine Pudelin, die gerade läufig ist – vielleicht riecht er das an meinem Hosenbein“, erklärte ich.

„Na, dann soll er“, gab sich Tito beruhigt.

Billy beehrte uns auch einmal auf der Insel Brioni. Es war Sommer, die offiziellen Gespräche fanden im Freien im Schatten herrlicher Bäume statt. Das Mittagessen war gleich in der Nähe angerichtet. Nachdem man aufgestanden war, fragte Brandt, etwas nervös von einem Bein auf das andere steigend, ob man sich nicht irgendwo die Hände waschen könne. Ein Gardeoffizier lief voraus, um ihm die Toilette zu zeigen; ich, den es auch schon mächtig drängte, folgte ihm eilig. Ich erinnere mich, wie Tito uns ironisch lächelnd nachblickte. Er, der um so viel Ältere, „musste“ noch nicht.

Tito und Brandt gingen sehr freundschaftlich miteinander um. Wie gesagt – ich weiß, dass Tito den Deutschen wirklich schätzte. In einer ersten Version dieses Manuskriptes habe ich geschrieben: „...geliebt hat“. Das habe ich einem langjährigen nahen Mitarbeiter Titos, Blažo Mandić, gezeigt, um einiges überprüfen zu lassen, und hier hat er mich korrigiert: „Geliebt hat Tito niemanden, das kannst du so nicht stehen lassen ...“

Titos Staatsbesuch in der Bundesrepublik Deutschland war schon fix geplant, als am 6. Mai 1974 Brandt als Bundeskanzler zurücktrat und Helmut Schmidt ihm zehn Tage danach in diesem Amt folgte. Am liebsten hätte der jugoslawische Marschall die ganze Geschichte verschoben, weil er von Schmidt wenig wusste und sich auf Brandt gefreut hatte, aber das ging natürlich nicht.

Am ersten Nachmittag war eine Begegnung der beiden Delegationen im Plenum vorgesehen; gleich nach der Ankunft im alten Bundeskanzleramt in Bonn schlug Schmidt jedoch erst einmal ein Vieraugengespräch vor, um einander besser kennen zu lernen. Tito war einverstanden. Also zogen sich die beiden, ohne sich vorher mit ihren Begleitungen zu verständigen, in das Büro des Kanzlers in den ersten Stock zurück.

Ich besitze ein Foto, das ich sehr gern habe. Tito und Schmidt stehen schon im Gespräch – der Jugoslawe, ehemaliger Gastarbeiter im österreichischen Wiener Neustadt und im deutschen Mannheim, sprach fließend Deutsch –, ich aber lehne mit fragendem Blick im Türrahmen, weil ich nicht weiß, ob ich gebraucht werde.

Tito winkte mich herein. Schmidt hatte seinen außenpolitischen Berater Loeck dabei, der gut Serbisch sprach. Ich kannte ihn als früheren Gesandten in Belgrad. Tito wollte nicht, dass ich, Schmidt übersetzend, wiederholte, was der Deutsche sagte. Hingegen sprach er, wie er das stets nannte, „unsere Sprache“, sodass ich in Richtung Schmidt übersetzte. Loeck hatte Zeit, sich Notizen zu machen.

Schmidt fragte Tito, wie er eigentlich regiere. Es wirkte, als stelle ein begabter Geselle einem alten Meister Fragen über die Zunft. So erkundigte sich Schmidt zum Beispiel: „Was lesen Sie am Morgen zuerst?“ „Von wem lassen Sie sich wann über was beraten?“ Tito war, wie gesagt, ziemlich skeptisch nach Deutschland gekommen. Sein erstes Gespräch mit dem neuen Partner hatte er sich sicher ganz anders vorgestellt, aber er ließ sich einnehmen. Mit seiner höflichen Art, die, wie ich später hörte, sonst keineswegs seine Eigenschaft war, gewann Schmidt Titos Sympathie im Flug, was er augenscheinlich beabsichtigt hatte.

Man sprach auch über August Bebel, dessen Porträt an der Wand hing. Tito erkannte den legendären früheren Führer der Arbeiterbewegung sofort und Schmidt wunderte sich, dass sein Gast über deutsche Geschichte so gut Bescheid wusste. Das gab übrigens auch mir später den Mut, auf dem Flug von Bonn nach Hamburg Tito zu erzählen, dass ich eben ein Schauspiel über Ferdinand Lassalle unter dem Titel „Der unzuverlässige Freund“ schrieb, und ihn zu befragen. Kommunisten zitierten früher gern aus der Korrespondenz zwischen Marx und Engels über Lassalle und waren ihm gegenüber negativ eingestellt, aber dieses Zitat ist aus dem Zusammenhang gerissen, es geht nämlich so weiter: „… mag er gewesen sein, persönlich, literarisch, wissenschaftlich, wer er war, aber politisch war er sicher einer der bedeutendsten Kerle in Deutschland“. Demzufolge war für mich Lassalle eine positive Erscheinung, der eigentliche Gründer der Sozialdemokratie, auch wenn er sich von Bismarck über den Tisch ziehen ließ und in einem überflüssigen Duell von Janko Rakovica – einem Mann, der sich einen rumänischen Bojaren nannte, aber eigentlich ein serbischer Zigeuner war – erschießen ließ. Tito bestärkte mich in meiner Meinung.

Als die erste Begegnung mit Schmidt, die überraschenderweise ziemlich lange – ich glaube: fast zwei Stunden – gedauert hatte, zu Ende gegangen war, fragte ich Loeck, ob er mir nicht seine Aufzeichnungen geben könne, er habe ja Muße dafür gehabt, ich sei leider nicht dazu gekommen, mir etwas aufzuschreiben. Natürlich ging ich auch davon aus, dass möglicherweise irgendwo Mikrofone installiert waren und die deutsche Seite über den präzisen Wortlaut des Gesprächs verfügte. Loeck war einverstanden und schickte mir etwas später seine Notizen, bat mich jedoch, niemandem „außer dem Chef" etwas davon zu sagen, denn bei den Deutschen würden nur noch Brandt und Genscher dieses Papier erhalten.

Der arme Loeck erlitt kurz danach eine entsetzliche Panne. Seine Sekretärin wurde als Spionin aus dem Osten enttarnt und er wurde darauf irgendwohin in die Ferne versetzt. Das war aber Mitte der 1970er Jahre keine Seltenheit in Bonn. Ich erinnere mich gut an eine Karikatur, veröffentlicht, glaube ich zumindest, im *Stern*: Ein Mann mit verzweifeltem Gesichtsausdruck sitzt an einem riesigen Schreibtisch mit vielen Telefonen und seufzt: „Jetzt steht endgültig fest, dass ich keine wichtige Person bin. Es hat sich definitiv herausgestellt, dass meine Sekretärin keine Agentin aus der DDR ist!"

Im Lauf der Nacht setzte ich mich dann mit dem Stenodaktilographen Titos, Mita Murgaški, zusammen, der ermächtigt war, auch die vertraulichsten Angelegenheiten abzuschreiben. Wir machten die Niederschrift auf Serbisch in nur zwei Exemplaren und ich überreichte beide nach Mitternacht an Titos Sekretär Aleksandar Šokorac. Am nächsten Morgen beim Frühstück im Hotel war unser Außenminister Miloš Minić wütend. Er wandte sich nicht direkt an mich, sprach irgendwie in die Luft, sagte aber sehr laut, er wisse nicht, warum er überhaupt mit auf diese Reise gekommen sei. Was habe er hier zu suchen, wenn er nicht einmal erfahren dürfe, was der Genosse Präsident mit dem Bundeskanzler besprochen habe? Im Unterschied zu anderen sei er dann wohl überflüssig. Ich wunderte mich sehr – war der mächtige Mann auf mich eifersüchtig? In meinem ganzen Leben war ich stets viel zu frech, als dass ich so etwas auf mir hätte sitzen lassen, und sagte also ebenso laut: „Genosse Minić, wenn Sie mich gemeint haben, muss ich doch fragen: Wer bin ich, um über die Verteilung von geheimen Papieren zu verfügen? Ich habe die Notizen dem Genossen Šokorac gegeben. Wem er sie weitergereicht hat, ist nicht mehr meine Sache …"

Der Minister sagte dazu nichts. Als aber am Vormittag das Gespräch der beiden Delegationen auf der Tagesordnung stand, ergriff er immer wieder das Wort, machte zu Schmidts

Ausführungen sogar kritische Bemerkungen und stellte im Namen Jugoslawiens Forderungen an Deutschland. Tito ließ ihn schmunzelnd gewähren. Der bekanntlich oft überempfindliche Schmidt antwortete Minić einmal ziemlich ungefällig: „Ich bin meinen deutschen Wählern verantwortlich, nicht Ihnen!“

Tito schien sich bei diesem Wortgefecht zu amüsieren.

In Hamburg hatte ich später die Gelegenheit, den deutschen Premier und den jugoslawischen Außenminister miteinander zu versöhnen. Es fand eine Besichtigung des Hafens statt. Schmidt ließ die Hamburger Honoratioren dem hohen Gast vom Schiff aus die Sehenswürdigkeiten erklären und stand etwas abseits. Ich wurde nicht gebraucht, weil sich Tito direkt auf Deutsch unterhielt, also erzählte ich Minić, Schmidt sei vor vielen Jahren zur Zeit einer großen Flutkatastrophe Innnensenator von Hamburg gewesen und noch heute stolz auf seine damalige allseits anerkannte Leistung; man könne ihn doch danach fragen, um ihn ins Gespräch zu ziehen. Der Minister begriff und erzählte, wie viel Fabelhaftes er über den Herrn Bundeskanzler gehört habe, ich dolmetschte und schmückte den Wortschwall weiter aus. Jedermann freut sich, wenn er über Erfolge erzählen kann, und die beiden schlossen Frieden. Ein Dolmetscher kann manchmal einiges bewirken, wenn er nicht nur Wort für Wort übersetzt.

Die Beziehungen zwischen Tito und Schmidt nach dem Staatsbesuch würde ich als korrekt bis freundschaftlich bezeichnen. Für einen alten Partisanen, wie der jugoslawische Marschall einer war, war es stets von einer gewissen Bedeutung, dass Brandt in Norwegen im antifaschistischen Widerstand gekämpft hatte; Schmidt hingegen war Offizier in Hitlers Wehrmacht gewesen. Brandts Gefühle Tito gegenüber dürften differenzierter gewesen sein. Das erkennt man in einigen seiner Bücher, wo er Begegnungen mit Tito ziemlich reserviert beschreibt, die Pracht, die um den jugoslawischen Präsidenten enfaltet wurde, kritisiert und ihn als einen Diktator betrachtet. In seinen 1989 erschienenen „Erinnerungen“ schreibt Brandt über Tito, der zu diesem Zeitpunkt schon fast zehn Jahre lang tot war, unter anderem: „Bei all seinen Eigenarten, die dem Feudalismus entlehnt schienen, habe ich ihn sehr geschätzt, nicht nur weil er mein Bemühen um Entspannung und Kooperation in Europa zu würdigen wußte. Tito verdiente hohen Respekt wegen der mutigen Kämpfe, die er hinter sich hatte – erst gegen die Okkupanten, dann gegen Stalins versuchte Gleichschaltung –, und wegen des energischen Bemühens, einen modernen Bundesstaat zu schaffen, der auch im Interesse der mediterranen Stabilität lag. Leider erfüllte sich die Sorge, daß der Vielvölkerstaat es noch schwer haben würde …"

Ich wüsste nur zu gern, wie Willy Brandt zum Bombardement Serbiens durch die NATO gestanden wäre. Hoffentlich wäre er dagegen gewesen, anders als sein Nach-Nach-Nachfolger Schröder. Er hätte möglicherweise begriffen, dass diese militärische Aktion damals nur Slobodan Milošević nützte und auch noch ein Jahrzehnt später serbischen Ultranationalisten Argumente liefert. Aber solche Gedankenspiele gehören nicht in das Erinnerungsbuch eines Dolmetschers.

Manches über Tito steht in einigen Folgen im *Spiegel*, so zum Beispiel am 9. 8. 1976, als über einen „'Geheimkrieg' zwischen antititoistischen Emigranten und dem jugoslawischen Geheimdienst" geschrieben wurde. Ich war als dafür zuständiger Diplomat geschickt genug gewesen, die Texte noch vor ihrer Veröffentlichung in die Hand zu bekommen, und, das muss ich nachträglich eingestehen, unangenehm berührt. Bestürzt zeigte ich sie sofort Botschafter Budimir Lončar.

„Tito würde traurig sein", stellte er fest und fragte mich: „Kann man mit Brandt irgendwie reden, ihn bitten, dass er das verändert? Könnte Djuka Julius mit ihm darüber offen sprechen?"

Julius war Korrespondent der größten Belgrader Tageszeitung *Politika* und tat, als stehe er Brandt besonders nahe, was nicht der Fall war. Deshalb verneinte ich und sagte, ein persönlicher Freund Brandts sei Leon Davičo, der frühere Korrespondent der *Politika*, damals Mitarbeiter der UNESCO oder UNICEF. Lončar rief ihn in Paris an. Davičo war sofort bereit, sogar auf eigene Kosten nach Bonn zu kommen. Er sprach mit Brandt, sein Ansinnen wurde jedoch abgelehnt. Wenn er jetzt etwas verändere, sagte Brandt, würde das auffallen und nur für noch mehr Ärger und Aufsehen sorgen.

„Wir müssen das nach Belgrad melden!“, sagte ich meinem Botschafter.

„Das ist nicht gut. Es ist nie angenehm, Unangenehmes zu berichten.“

„Aber müssen wir das nicht Tito zur Kenntnis bringen, da wir es nun einmal in Erfahrung gebracht haben?“

„Lass mich überlegen …“

Eine der Weisheiten, die ich von diesem hervorragenden Diplomaten hörte, der nicht zufällig am Ende seiner Laufbahn der letzte Außenminister Jugoslawiens werden sollte, lautete folgendermaßen: „Jede Depesche, die du schreibst, muss eine Nacht im Safe verbringen. Am nächsten Morgen hole sie hervor, korrigiere sie und schicke sie ab. Wenn du aber feststellst, dass sie gut ist, bedeutet es nur, dass sie noch einmal im Safe übernachten muss, denn perfekt ist sie bestimmt nicht und schrecklich eilig ist nie etwas, es sei denn, der Krieg ist ausgebrochen.“

Diesmal fand er folgende Lösung. Er spielte den Text indirekt und heimlich dem Korrespondenten der Zagreber Tageszeitung *Vijesnik*, Djordje Zelmanović, zu, der sofort zu uns gerannt kam, um es dem Botschafter zu berichten. Ich war anwesend. Lončar tat, als habe er davon nie etwas gehört, und warnte: „Du weißt, dass du das nicht in deiner Zeitung veröffentlichen solltest?“

„Nun ja!“, sagte der Journalist aufgeregt und enttäuscht.

„Weißt du, was wir machen? Du fliegst sofort nach Zagreb und berichtest dem Genossen Bakarić. Er wird mit dir sehr zufrieden sein, weil du so etwas als Erster erfahren hast.“ Bakarić war damals Präsident des Bundes der Kommunisten Kroatiens und ein alter, enger Vertrauter Titos.

Als Zelmanović weg war, sagte Lončar zu mir: „Soll Bakarić sehen, ob er es Tito sagt oder nicht. Jedenfalls sind wir den schwarzen Peter los.“

Meist wollen Diplomaten – wie übrigens auch Journalisten oder Geheimagenten – die Ersten sein, die eine Nachricht in die Welt setzen oder ihren Vorgesetzten mitteilen. So aber gönnte der kluge Botschafter diesen Vorzug lieber dem Zeitungskorrespondenten, als sich mit einer unangenehmen Geschichte unbeliebt zu machen.

Von Lončar konnte man viel lernen. Ein anderes Mal sollte ich unter anderem die Namen der Teilnehmer einer Delegation nach Belgrad melden. Ich fand es idiotisch, dies mit einer chiffrierten Depesche zu tun, und meinte zu Lončar, die deutsche Seite wüsste ohnehin, wer fahren würde – wozu also die Geheimhaltung? Außerdem würde damit doch der Geheimcode gefährdet, weil sie ihnen bekannte Namen chiffriert erkennen würden. Lončar sagte: „Hiermit bist du ermächtigt, alles, was du willst, per Fax mit deiner Unterschrift direkt offen zu schicken. Wenn du aber wünschst, dass jemand das, was du berichtest, auch wirklich aufmerksam liest und beachtet, musst du es quasi geheim halten, sonst nimmt es in Belgrad niemand ernst. Und was chiffriert geht, muss nun einmal auf Grund der Vorschriften ich unterzeichnen …"

Als ich viel später in einer Abteilung des Außenministeriums saß, in der alle – oder zumindest fast alle – Depeschen gelesen werden durften, begriff ich, wie Recht er hatte. Es gab so viele Berichte von überall her, dass die meisten überhaupt niemand zur Kenntnis nahm. Zum Beispiel machten wir uns einen Spaß daraus, die Berichte eines unserer Botschafter über Benehmen und Aussehen der kubanischen Botschafterin zu lesen, in die er heimlich verliebt war. Wir erfuhren viel über ihre Garderobe und ihr Dekolleté, ernst hat jedoch gerade deswegen die Meldungen dieses hohen Vertreters unseres Landes niemand genommen. Mit der diplomatischen Depesche hat es eben in manch einer Hinsicht eine ähnliche Bewandtnis wie mit der Literatur. Davon, wie man anfängt, hängt ab, ob wirklich weitergelesen wird.

Geheimhaltung oder Geheimnisse zu erfahren gehört nun einmal zum Geschäft von Journalisten, Diplomaten und Spionen. Muss man in solchen Angelegenheiten vornehm sein oder jede Lage energisch ausnützen? Dafür ein schönes Beispiel.

In seiner Zeit als Außenminister vergaß Brandt einmal seine Aktentasche im Büro seines damaligen jugoslawischen Kollegen Marko Nikezić. Kaum war der Gast weg, entdeckten wir das Diplomatenköfferchen unter seinem Stuhl. Nikezićs Bürochef, Botschafter Zdenko Svete, ein ehemaliger Geheimdienstmann, beugte sich über die Beute mit einem Gesichtsausdruck, wie ihn Hunde zeigen, wenn sie eine besonders saftige Wurst wittern, aber unser Minister warnte: „Nicht anrühren! Erstens tut man so etwas nicht. Zweitens – wer weiß, ob sie es nicht absichtlich dagelassen haben, um zu sehen, wie wir uns verhalten? Sofort anrufen, Brandt soll jemanden schicken, um seinen Kram zu holen!"

Ich weiß nicht, wie das in anderen Ländern ist, aber in Jugoslawien wurde und wird die Diplomatie noch immer für einen Traumberuf gehalten. Ich habe sie nie so positiv erlebt, wirklich nicht, und sage gern, nach meinem „Aufenthalt" im Konzentrationslager und dem Militärdienst sei es die „drittschlechteste Zeit" in meinem Leben gewesen. Ist es tatsächlich ein so großes Privileg, zollfrei alkoholische Getränke und Benzin kaufen und ungesühnt falsch parken zu dürfen?

In Bonn, einer für so viele diplomatische Vertretungen zu kleinen Stadt, war das Parken an verbotenen Stellen im Stadtkern tatsächlich zum Problem für alle geworden. Wenn wir Diplomaten „sündigten", wurde an die Scheibenwischer unserer Autos eine besondere, höfliche Warnung gesteckt, wir sollten so etwas bitte nicht mehr tun. Strafzettel erhielten wir nicht, aber jeden Januar schickte die entsprechende Behörde an die Botschafter Listen mit den Kennzeichen der falsch geparkten Autos mit dem Ersuchen, etwas zu unternehmen. Außerdem brachten Zeitungen Artikel darüber. Lončar war erbost und forderte, man solle ihm sofort eine Aufstellung machen, wer von uns wie oft welche Verkehrssünden begangen hatte. Es stellte sich heraus, dass für fast die Hälfte aller Vergehen aller Botschaftsmitglieder zusammen seine eigene Ehefrau verantwortlich war. Jetzt rächte es sich, dass der Botschafter absolut dagegen gewesen war, dass sie seinen Dienstmercedes privat benützte. Deshalb hatte er ihr einen gelben Volkswagen gekauft und den hatte sie geparkt, wo immer es ihr gerade eingefallen war.

Lončar ging sehr scharf gegen unnötige Privilegien vor. Einmal hatte er ein Geschäft zwischen einer deutschen und einer jugoslawischen Firma vermittelt. Die deutsche Firma wollte ihm deshalb einen Motor für ein Motorboot schenken. Sie hatte wohl in Erfahrung gebracht, dass er aus Dalmatien stammte, und gefolgert, ein jeder von der Küste müsse ein oder mehrere Boote besitzen. Er bat mich, für ihn einen Brief an die Firma zu schreiben, wie gern er für sie etwas getan habe und warum er nie und nimmer ein wertvolles Geschenk annehmen wolle.

„Weißt du – meine Sekretärin würde das nicht mit genügend Takt machen können, ich will die Leute ja nicht beleidigen …"

Ich schrieb den Brief und die Firma schickte Lončar einen silbernen Schreibstift mit eingraviertem Namen, den er dankend annahm.

Ein anderes Beispiel: Als er, schon als Außenminister, zu einem offiziellen Besuch in Bonn weilte, schenkte ihm Genscher einen der modernsten Fernsehapparate. Lončar ließ schön danken, zuckte mit keiner Wimper, nahm das Gerät jedoch nicht mit nach Belgrad, sondern gab es dem damaligen jugoslawischen Botschafter mit der Weisung, es einem Klub unserer Gastarbeiter zu schenken. Einige Zeit später war ich mit meiner Frau privat in Bonn. Wir wohnten in der Botschafterresidenz. Ist es ein Missbrauch der uns damals erwiesenen Gastfreundschaft oder eine Huldigung an die Wahrheit, wenn ich jetzt erwähne, dass ich im Gästezimmer des neuen Botschafters einen Fernseher genau desselben Typs vorfand? Zufall? Auch möglich.

Es hat sich wohl zur Zeit der Kaiser und Könige eingebürgert, bei Staatsbesuchen Geschenke zu machen. Tito sah alles, was er so erhielt, als Geschenke für Jugoslawien an und regte, da es darunter viele wirklich sehr wertvolle Gegenstände gab, an, ein Museum dafür einzurichten. Die Geschenke, die er vergab, sollten immer auch eine Art Erinnerung und Werbung für Jugoslawien sein: Bilder, kleine Skulpturen, Kunsthandwerk … Darüber wurde zu seinen Lebzeiten streng Liste geführt. Ich selbst bekam zum Beispiel Ende 1958 nach einer Jugendarbeitsaktion, an der ich als Chefredakteur einer Sonderzeitung teilgenommen hatte, in Titos Namen eine schweizerische Uhr der Marke Doxa. Gleichzeitig erhielt der damalige Präsident der Jugendorganisation, Mika Tripalo, der eigentlich mit unserer Tätigkeit nichts zu tun hatte, eine goldene Uhr der Marke Philippe Patek. Viele, viele Jahre später, zur Zeit der Konferenz der kommunistischen und Arbeiterparteien in Ost-Berlin 1976, als ich in der Halle des Hotels „Stadt Berlin“ mit Titos Leuten zusammensaß und die Rede davon war, dass man in seinem Namen wieder einmal Uhren verteilte, mahnte ich auch für mich endlich eine goldene Uhr ein, bekam aber aus dem Stegreif die Antwort, ich hätte doch schon längst eine. Mein Einwand, ich hätte sie doch in einer ganz anderen Funktion gekriegt und es sei ein relativ billiges Exemplar gewesen, nützte nichts. Man ließ mich wissen: „Uhr ist Uhr, insbesondere wenn sie vom Präsidenten geschenkt wird!“

Als Dolmetscher erhielt man ebenfalls Geschenke. Von DDR-Außenminister Otto Winzer bekam ich zum Beispiel einmal mehrere Meter wunderbar geklöppelte weiße Spitzen, Gott weiß, wer auf die Idee gekommen war, so etwas im Namen der DDR zu verschenken, aber meine Frau ließ sie von einem Maler, der Kostüme für das Theater entwarf, mit lustigen bunten Farben aufhellen, trug sie als Abendkleid und vererbte sie später unserer Tochter; sogar unsere Enkelin trug das Zeug zum Abschiedsfest ihrer Reifeprüfung. Eine schöne Uhr hat mir einmal Genscher verehrt; ich gab sie meinem Sohn, der sie bei einem Sommerurlaub verlor. Ein Geschenk soll, wenn der Schenkende feinfühlig ist, wertvoll sein, aber nicht etwas, das der Beschenkte wirklich braucht, sonst käme es fast einer Beleidigung gleich. Auf diese Weise gelangte ich zu einem Perserteppich, den wir unter uns in der Familie „Scheels Teppich" nennen. Wieso?

Walter Scheel, noch als Außenminister, 1970 in Belgrad. An seinen offiziellen Kontakten vorbei unterhielt er sich viel mit mir und stellte mir viele Fragen über Jugoslawien, die er nicht direkt an seine offiziellen Partner richten wollte. In einem Fall konnte ich ihm sogar einen kleinen Rat geben. Er sollte zu einer Privataudienz zu Tito in dessen Residenz in die Straße *Užička ulica* kommen, aber den Journalisten und Pressefotografen aus Deutschland würde die Anwesenheit dabei verwehrt sein, weil der intime Charakter nicht gestört werden sollte. Scheel ärgerte sich, aber trotz aller Proteste gaben unsere Protokollbeamten nicht nach. Mir gefiel das ganz und gar nicht, also schlug ich vor: „Herr Bundesminister, sagen Sie den Leuten, die Sie haben wollen, sie sollen vor das Tor kommen, und drinnen sagen Sie Tito persönlich, da seien vor dem Haus einige deutsche Fotografen, und bitten Sie ihn, er möge sie hineinlassen. Ihnen kann er das nicht abschlagen."

So geschah es dann auch und die Fotos kamen zustande.

Etwas später erhielt ich über die Botschaft der BRD ein Foto von Scheel mit einer sehr persönlichen Widmung: „Herrn Ivan Ivanji mit herzlichem Dank für die wertvolle Hilfe". Es steckte in einem außerordentlich aufwändigen schweren silbernen Rahmen. Bilder in solchen Rahmen brauchen ein entsprechendes Mobiliar und Räume, zu denen sie passen, wie ich sie nie besaß und die auch gar nicht nach meinem Geschmack gewesen wären. Also nahm ich Scheels Konterfei heraus, steckte ein Foto unseres Sohnes in den Rahmen und schenkte es zu einem runden Geburtstag meiner Tante Olga, von der ich wusste, dass sie Gefallen an solchem Silberzeug fand. Bei der nächsten Gelegenheit revanchierte sie sich mit einem Teppich, den wir auch heute noch „Scheels Teppich" nennen.

Mit Aussenministern unterwegs

Es gibt seltsame Zufälle. Gerade als ich in Belgrad die erste Version meiner Aufzeichnungen über den jugoslawischen Außenminister Marko Nikezić und seinen Besuch in der DDR niederschreiben wollte, erhielt ich aus Berlin über meinen Wiener Verlag einen Brief von einem gewissen Konrad Müller, der sich als ehemaliger Diplomat des ostdeutschen Staates vorstellte. Bis zu diesem Augenblick hatte ich nie von ihm gehört.

Müller schrieb mir, er sei seinerzeit „im Vorkommando des diplomatischen Protokolls" in Weimar gewesen und schickte mir, gewissermaßen zur Beglaubigung, eine Seite aus seinen „Tagebuchnotizen".

Nachdem er festgestellt hatte, dass als „erster Spitzenbesucher aus Jugoslawien" Außenminister Nikezić in die DDR gekommen war, berichtete er: „Er besucht auch Buchenwald. Am Modell im Wachgebäude neben dem 'Jedem das Seine'-Tor erläutert ein ehemaliger Häftling. Er stellt sich mit den Worten vor: 'Ich bin Richard Kucharczyk aus Oberschlesien, im Lager bekannt als Bua, als der Wasserscheich oder, um mich entsprechend der damaligen Vorschrift vorzustellen: Häftling Nr. 921.' Nikezić darauf: 'Unter uns ist auch ein solcher ehemaliger Häftling!' und der Dolmetscher, Professor der Germanistik aus Belgrad, Ivan Ivanji geht zu Richard: 'Gestatte, Genosse, dass ich mich ebenso vorstelle: Häftling Nr. 58116, ich war 1945 16 Jahre alt!' Die beiden umarmten sich lange, und wir alle schwiegen erschüttert ebenso lange …"

Im Großen und Ganzen stimmt das, im Detail habe ich die Szene freilich anders in Erinnerung und auch schon zweimal in Büchern beschrieben. Zum ersten Mal auf Serbisch in meinem Essayband „Deutsche Themen" 1975, zum zweiten Mal eingebaut in meinen Roman „Der Aschenmensch von Buchenwald" 1999 auf Deutsch. Hier möchte ich deshalb nur das Wesentlichste wiederholen.

Vorher hatte ich es stets vermieden, mit entsprechenden Delegationen, denen ich zugeteilt werden sollte, meine ehemaligen Lager Buchenwald und Auschwitz zu besuchen. Ich weiß nicht warum. Ich wollte sie nicht wiedersehen. Wovor hatte ich Angst? Als ich nun als Dolmetscher mit Nikezić in die DDR fuhr und im Programm den Besuch von Weimar und Buchenwald gesehen hatte, überlegte ich einen Augenblick lang, ob ich bitten sollte, diesen Teil nicht mitmachen zu müssen, wollte aber dann, wie ich das für mich selbst nannte, „keinen Zirkus" veranstalten. Schon auf dem Flug aus Berlin in einer Sondermaschine war mir mulmig zumute. Während die Autokolonne mit einer Motorradeskorte den Ettersberg hinauf fuhr, dachte ich an meine erste Ankunft im Viehwaggon und konnte natürlich keine Vergleiche finden. Als wir oben angekommen waren, hielt ich mich zurück, erkannte allerdings nichts vom ehemaligen Lager. Null Erinnerung.

Für den Minister übersetzte freundlicherweise ohnehin mein deutscher Kollege, ich glaube, es war Harry Richter. Ich blieb im Hintergrund und hörte also nicht, was der ehemalige Häftling meinem Minister sagte, schon gar nicht behielt ich seinen Namen, aber Nikezić rief tatsächlich fröhlich, was mich wahnsinnig ärgerte: „Wir haben auch so einen! Ivanji, wo sind Sie?"

Also musste ich wohl oder übel nach vorne treten und stellte mich tatsächlich mit „58116" vor. „Gestatte, Genosse!" sagte ich bestimmt nicht, das ist nicht mein Stil. Der deutsche Exhäftling nannte mir seine dreistellige Nummer. Auf Grund dieser Nummern erkannte ich, dass er von Anfang an dabei, also viele Jahre im Lager gewesen war, er wiederum ungefähr, wann man mich eingeliefert hatte. Das gefiel, wie ich nachträglich durchaus verstehe, den anwesenden Radioreportern und sie steckten uns ihre Mikrofone unter die Nase mit der Bitte, wir sollten die Vorstellung wiederholen – was ich schroff ablehnte, weil ich sonst losgeheult hätte.

Dass sich zwei Menschen an Einzelheiten eines Ereignisses, das sie gemeinsam erlebt haben, verschieden erinnern, ist nichts Neues. Ich komme in den vorliegenden Erinnerungen immer wieder darauf zurück. Selbst meine Schwester und ich haben an belanglose Dinge aus unserer Kindheit verschiedene Erinnerungen. Mein Mithäftling, der später als Soziologe und Dichter berühmte H. G. Adler, und ich haben versucht, gemeinsam im Konzentrationslager während des Krieges Erlebtes, an das wir uns wesentlich verschieden erinnerten, zu analysieren; wir versuchten festzustellen, was die Ursache der unterschiedlichen Erinnerung war, und kamen zu keinem logischen Schluss, wieso und wer Recht hatte. Sogar an ein so einschneidendes Ereignis wie unsere gemeinsame Befreiung aus dem Arbeitskommando von Buchenwald Langenstein-Zwieberge erinnern wir uns verschieden – ich glaube, man hat geschossen, er glaubt es nicht …

Dass sich Müller als damaliger Protokollbeamter im Detail anders als ich erinnert, ist nur logisch, und auch, dass er andere Worte wählt. Aber dass ein mir unbekannter ehemaliger Diplomat mir in einem Augenblick schreibt, in dem ich mich ausgerechnet mit jenen Ereignissen beschäftige, die er mir plötzlich glaubt mitteilen zu müssen, das ist … Ich weiß nicht, was das ist … Zufall? Einen Zufall nenne ich eine Schlussfolgerung, deren Ursachen uns unbekannt sind … So bleibe es demzufolge hier einfach nur aufgeschrieben, mit all den hilflosen drei Punkten am Ende der unbeendeten Sätze.

Ich weiß nicht mehr, wie oft ich danach in Weimar und Buchenwald war, stets von der Gedenkstätte eingeladen. Schon längst behaupte ich, ich sei augenscheinlich zu „lebenslänglich" verurteilt, weil ich von dort fast jedes Jahr Einladungen für Feiern oder Tagungen erhalte und es irgendwie für meine Pflicht halte, sie zu befolgen. Viele von uns, die vor mehr als sechzig Jahren da waren, leben ja nicht mehr.

Ich habe mich inzwischen daran gewöhnt, dass diese beiden Orte, die Stadt Weimar und der Berg, auf dem das KZ stand, auf eine unheimliche Art fast eine zweite Heimat für mich geworden sind. Ich habe keine Angst mehr vor ihnen. Im Gegenteil – ich fahre gern hin, obwohl es für mich ziemlich unheimlich ist, in dieser Hinsicht „gern" zu sagen. Aber damals mit Nikezić habe ich zum ersten Mal im Hotel „Elephant“ geschlafen und gewusst, wer hier alles verkehrt hat: Bach, Goethe, Schiller, Heine, Thomas Mann und oft, sehr oft, Hitler. Nikezić logierte also in Hitlers Suite, in meinem Zimmer hatte sicher auch schon der eine oder andere hohe SS-Offizier übernachtet. Danach verfolgte ich auch, wie oft und auf welche Art das Hotel mit der Zeit immer wieder neu renoviert worden ist. Auch eine Lesung aus meinen Büchern durfte ich einmal in der Bibliothek dieser Edelherberge veranstalten.

An jenem Abend speisten wir im Kellerlokal des Hotels und ich kam – eine Freundlichkeit des Protokolls mir, dem Germanisten, gegenüber – neben dem Direktor der Weimarer Museen zu sitzen. Der deutsche Kollege dolmetschte für die hohen Staatsmänner, ich konnte trinken und über Goethe und seine Liebschaften diskutieren. Als Hauptgericht gab es Wildschweinbraten. Und als das Bankett zu Ende gegangen war, sperrte der Direktor – wenn ich mich richtig erinnere, hieß er Dr. Ehrlich – für mich und den Bürochef von Nikezić, Zdenko Svete, der sich uns anschloss, Goethes Wohnhaus auf dem Frauenplan auf, das wir so in aller Ruhe besichtigen konnten.

Es war also nicht nur mein erster Nachkriegsbesuch in meinem ehemaligen Konzentrationslager, sondern auch mein erster nächtlicher Besuch bei Goethe. Obwohl ich später noch zwei oder drei Mal in Goethes Wohnhaus in Weimar gewesen bin, ist mir diese Nacht unvergesslich geblieben. Den politischen Inhalt der Gespräche des jugoslawischen Außenministers mit dem ostdeutschen habe ich hingegen wirklich total vergessen und es tut mir nicht einmal Leid.

Gegenseitige Besuche von Außenministern sind oft konkreter – man möchte sagen: „politischer“ – als die Staatsbesuche der Präsidenten der Republiken oder gekrönter Häupter, die mit viel mehr Protokoll belastet sind. Andererseits werten solche Begegnungen die Botschafter ab, die oft keine richtigen Unterhändler, sondern nur mehr bessere Briefträger sind.

Briefträger insofern, als sie letztlich auch nur die Überbringer von Botschaften sind. Natürlich verfolgen Staaten und ihre Regierungen vor allem ihre eigene Interessen, aber es ist nicht unwichtig, ob, wie man heutzutage so gern sagt, „die Chemie" zwischen den Gesprächspartnern stimmt. Charme kann oft Argumente ersetzen und wenn nicht, so doch ihr Fehlen ausgleichen.

Ich habe für die jugoslawischen Außenminister Koča Popović, Marko Nikezić, Mirko Tepavac, Miloš Minić, Jože Vrhovec, Lazar Mojsov, Raif Dizdarević und Budimir Lončar gedolmetscht, wenn sie mit ihren Partnern aus deutschen Landen – der DDR und, wie man in der DDR halbverächtlich sagte, der BRD – und Österreich, also Scheel, Genscher, Kreisky, Waldheim, Winzer und wie sie alle hießen, verhandelten. So ist das nun einmal im Leben: Die Minister kommen und gehen; die Dolmetscher hingegen bleiben genauso wie die unbekannten Chauffeure, die Köche, die für die Staatsbanketts kochen, oder die Putzfrauen, die ihren Abfall beseitigen und ihre Badezimmer aufwischen.

Ich behaupte gern, dass ein Dolmetscher „seine Klienten" „intellektuell in Unterwäsche" sieht. Buchstäblich in Unterhosen habe ich von meinen Chefs nur Minister Vrhovec gesehen, als wir in München einen Frack für ihn kauften und er ihn vor mir anprobierte, weil er von dort zum Begräbnis des plötzlich verstorbenen Papstes Johannes Paul I. nach Rom eilen musste. Sind alle Staatsmänner so? Wieso eigentlich nicht? Eine Beschreibung ihrer Charaktere würde freilich ein eigenes Buch füllen. Ich möchte mich deshalb hier nur auf jene Anekdoten beschränken, die mir besonders ausgeprägt scheinen und hoffentlich manchmal auch etwas lustig sind.

Natürlich ist auch der Dolmetscher „nur ein Mensch". Ich habe den einen oder anderen meiner Chefs gern gehabt, verehrt oder auch verachtet, einige gingen mir direkt auf die Nerven, aber den Auftrag, für jemanden zu dolmetschen, habe ich nur einmal abgelehnt: Für den jugoslawischen Bundesinnenminister Franjo Herljević wollte ich Mitte der 1970er Jahre nicht übersetzen. Nicht wegen des Ressorts. Für einen seiner Vorgänger, Luka Banović, einen Kameraden aus der Jugendbewegung, dolmetschte ich gern.

„Wie wagst du es, einen Herljević abzulehnen?", fragte man mich. Ich zuckte die Achseln. Geschadet hat es mir nicht.

Mit Banović aber kam es folgendermaßen: Ich war gerade vom Urlaub am Meer zurückgekommen – es muss also im Spätsommer gewesen sein – und sah im Fernsehen, das nach dem Mittagessen gewohnheitsgemäß eingeschaltet war, dass in Belgrad der mir damals noch unbekannte deutsche Innenminister Hans-Dietrich Genscher zu Besuch war. Ich sagte zu meiner Frau: „Die haben mich nicht als Dolmetscher eingeladen – mag sein, sie wussten, dass ich nicht da bin", und schon läutete das Telefon. Am Apparat war Djurica Labović, den wir den „besten Autor unter den Geheimdienstlern und den besten Geheimdienstler unter den Dichtern nannten", weil er beides versuchte und in keinem der beiden Metiers besonders erfolgreich war. Offiziell war er damals für die Öffentlichkeitsarbeit im Innenressort verantwortlich.

„Gut, dass du daheim bist, ich verbinde dich mit dem Minister …"

Luka Banović: „Kannst du sofort herkommen? Wir brauchen dich!"

„Ich kann, schickst du mir ein Auto?"

„Setz dich in deines und komm sofort zu mir ins Ministerium!"

„Aber wo kann man bei euch parken?"

„Du kannst parken, wo du willst, die Polizei wird benachrichtigt sein, aber komm schon!"

Ich fragte nicht mehr, wie die Polizei wissen sollte, in welchem Auto ich kommen würde, denn das hatte er nicht gefragt, die wussten das augenscheinlich schon längst. Also setzte ich mich in meinen kleinen Fiat, raste zum Ministerium und parkte tatsächlich auf dem Gehsteig vor dem Haupteingang, wo ich von salutierenden Polizisten empfangen wurde. Man geleitete mich zum Aufzug.

Ein saalartiges Ministerbüro. Ich fragte: „Ist tatsächlich Aleksandar Ranković hier gesessen?"

„Ja. Ich wundere mich auch noch immer, dass jetzt ich da sitze", sagte Luka Banović.

Ranković, der erste Innenminister und Geheimdienstchef der Nachkriegszeit, war immer noch – nicht nur für mich, sondern augenscheinlich auch für seinen Nachfolger – eine Furcht erregende Respektsperson.

Irgendwie hatte es mit der Dolmetscherei eines braven Beamten des Innenministeriums, den man für die Gespräche mit dem Deutschen eingesetzt hatte, nicht geklappt, deshalb musste ich kommen wie die Feuerwehr. So lernte ich Genscher kennen. Wann das genau war, weiß ich nicht mehr – er war bis 1974 Innenminister, es wird also Anfang der 1970er Jahre gewesen sein. Als er später Außenminister wurde, dolmetschte ich oft für ihn und er, der weltweit erfahrene Chefdiplomat, machte mir das schönste Kompliment, das ich in dieser Eigenschaft je bekommen habe. Er sagte: „Ich weiß ja nicht, wie Sie übersetzen, weil ich Ihre Sprache nicht kann, aber es klingt so überzeugend …"

Er verzichtete, wenn ich für die jugoslawische Seite dabei war, mehrfach auf einen eigenen Dolmetscher, was nicht nur unüblich, sondern für mich mühsam und dem Kollegen gegenüber oft auch peinlich, für mich sicher aber eine Ehre und Auszeichnung war.

Mit einer meiner Sommerfrischen verbunden – gute drei Jahrzehnte lang machte ich mit meiner Familie immer in Budva an der Adria Urlaub – war auch die erste Reise mit Mirko Tepavac als Außenminister nach Deutschland im Juli 1969. Sein Anruf fand mich am Meer und er bat mich mitzukommen.

Tepavac kannte ich noch als Parteisekretär in der Vojvodina, später war er Direktor des Belgrader Radios und des Zeitungskonzerns „Politika". Seine zweite Frau, Renata Ulmanski, war im „Belgrader Schauspiel" – *Beogradsko dramsko pozorište* – engagiert, als ich dort künstlerischer Direktor war. Ihre Mutter war übrigens Klavierlehrerin meiner Frau, als sie die Ballettschule besuchte. Wir kannten einander demzufolge längst und das nicht als Minister und Dolmetscher.

Frau Renata wollte seinerzeit in der berühmten Komödie „Die Frau Ministerin" des serbischen Stückeschreibers Branislav Nušić unbedingt die Hauptrolle spielen, die sie von der Direktion, deren Mitglied ich war, jedoch nicht bekam, weil sie damals einfach zu jung für diese Besetzung war. Sie weinte sogar, sagte, sie könne sich doch so schminken, dass sie älter aussah, aber es nützte nichts. Nun aber konnte ich ihr auf der Reise immer wieder zuflüstern: „Sie können jetzt Tag und Nacht die Frau Minister spielen, aber passen Sie auf, dass es Ihrem Mann nicht so ergeht wie dem Minister im Stück …"

In diesem Lustspiel richtet nämlich die Frau des Ministers die Karriere ihres Gatten zugrunde. Frau Renata spielte allerdings die Frau Ministerin im wahren Leben perfekt. Sie konnte lächeln und ihre geschmackvoll gewählten Garderoben tragen, sie sprach mehrere Sprachen charmant, führte eine gute Konversation und war selbstsicher genug, um sich nicht in Sachen einzumischen, von denen sie nichts verstand. Willy Brandt unterhielt sich mit ihr ausgezeichnet. Tepavac seinerseits machte Rut Brandt den Hof, die bei einem Bankett ein so tief ausgeschnittenes Abendkleid trug, dass die römische Nase meines Ministers fast in ihrem Dekolleté versank. Sie fand an Tepavac ebenfalls Gefallen, es war ein denkwürdiger Abend in Bonn. Rut Brandt schreibt in ihrem Erinnerungsbuch „Freundesland" diskret über Tepavac: „Lebhaft und charmant, wie er war, brachte er den Dolmetscher mit seinen Artigkeiten in Schwierigkeiten …" Artigkeiten? Das war sehr „artig" umschrieben. Wirklich? Ich kann mich nicht mehr an die Unterhaltung erinnern. In Schwierigkeiten war eher sie.

Tagsüber wurde natürlich über Politik verhandelt, aber wie üblich spare ich das aus. Tepavac selbst schrieb viel später in seinen Memoiren, er habe damals großes Lampenfieber gehabt. Davon hatte ich nichts bemerkt.

Vor seinem Kommen hatte die profaschistische kroatische Emigration, die Ustascha, mit Provokationen gedroht. Deshalb bewegte sich unsere Delegation selbst in Bonn – übertrieben würde ich behaupten: sozusagen von Haus zu Haus – in Hubschraubern des Bundesgrenzschutzes. Wir wohnten auf dem Petersberg, Tepavac in einer Suite, die seinerzeit auch Hitler gern benützt hatte. Schon wieder mein Minister in Hitlers Räumen …

Als, wie üblich, Tepavac seinen Gastgeber zu einem Gegenbesuch einlud, nahm Brandt das nicht nur an, sondern sagte: „Richten Sie die Einladung aber bittc nicht an den deutschen Außenminister, sondern an mich persönlich, denn ich werde dann vielleicht schon Bundeskanzler sein!“

So war es dann auch.

Auf dem Rückflug versprach der Minister jenem von uns, der ihm die beste Idee für seine Erklärung auf dem Flugplatz geben würde, eine Flasche Whisky. Wir strengten uns alle an. Ich weiß nicht mehr, wer gewann – ich war es leider nicht.

Apropos Tepavac und Renata: Brandt in Belgrad, Empfang im Hotel „Jugoslavija“ an der Donau. Ich musste als Dolmetscher mit ihm gleich wieder weg und sagte meiner Frau, sie möge sich ruhig beim Ausgang hinstellen, jemand würde sie schon mitnehmen. Das tat sie auch. Tatsächlich fragte sie aus einem großen schwarzen Mercedes heraus ein Herr, ob sie mitwolle. Sie setzte sich zu ihm, betrachtete ihn nachdenklich und stellte dann fest: „Aha, Sie sind der Genosse Nikezić!“

„Nein“, sagte der Außenminister. „Wissen Sie, ich bin der, der nach ihm Minister geworden ist!“

Meine Frau überlegte und sagte dann erfreut: „Jetzt weiß ich es! Sie sind Renatas Mann!“

Für eine Ballerina war der Ehegatte einer bekannten Schauspielerin weitaus bedeutender als ein jugoslawischer Außenminister. Tepavac selbst bestätigte mir diesen Vorfall lachend. Natürlich war er nicht beleidigt.

Renata, die auch im hohen Alter noch eine hervorragende Schauspielerin ist, gab also auch die Rolle der Frau Außenminister glänzend. Dass ihr Mann nicht lange Minister war, sondern bald danach politisch stolperte – besser gesagt: beleidigt und aus Treue zu seinen von Tito abgesägten Vorgängern Popović und Nikezić zurücktrat –, war sicher nicht ihre Schuld. Die beiden gehören zu den wenigen aus jener Zeit, mit denen wir, meine Frau und ich, immer noch manchmal freundschaftlich zusammenkommen.

Kurt Waldheim war zweimal als österreichischer Außenminister in Jugoslawien, einmal in Begleitung von Bundespräsident Jonas im Herbst 1968 und einmal allein. Dazu möchte ich nur sagen, was ich damals über ihn gehört habe. Dass er „irgendeinen Dreck am Stecken" hatte, war uns „Kleinen" in der jugoslawischen Delegation zu Ohren gekommen. Ich dachte aber, der österreichische Minister habe als deutscher Offizier während des Krieges in Russland irgendetwas angestellt. Dass er als Feindaufklärer I-C (Nachrichtenoffizier/Abwehroffizier) in Bosnien gedient hatte und gleich nach dem Krieg jugoslawischerseits sogar als Kriegsverbrecher angeklagt, ja dass er Träger eines hohen Ordens der Ustaschi war, wusste zumindest ich damals nicht.

Mit Miloš Minić als Außenminister hatte ich persönlich keine Probleme, eher im Gegenteil – wir hatten ein ganz gutes gegenseitiges Verhältnis. Im Grunde genommen war er jedoch ein schwieriger, eitler, nervöser Mensch. Mit ihm war nicht gut Kirschen essen. Vor allem fand ich lächerlich, dass er auch in Depeschen den vollen Titel forderte: „An Genossen Miloš Minić, Stellvertreter des Präsidenten des Bundesexekutivrates und Bundessekretär für auswärtige Angelegenheiten". Das war mitunter schon das halbe Telegramm.

Der Kroate Joža Vrhovec, ein kleiner, magerer, drahtiger Mann, gehörte auch nicht zu den Chefs, die ich besonders mochte, aber wir schätzten einander. Er war ein brillanter, schneller Denker, ein guter Analytiker, oft überheblich, ließ sich von Untergeordneten aber auch einiges gefallen. Es traf sich, dass er Minister war, als ich im Außenministerium diente, also war ich nicht nur sein Dolmetscher von auswärts, sondern ein Beamter direkt unter seinem Kommando. Wir blieben einander nichts schuldig. Einmal machte er eine Bemerkung auf Rechnung meiner Körperfülle und ich antwortete: „Alle dicken Menschen sind gut. Damit will ich nicht sagen, dass Sie als Magerer böse sind – aber dass wir gut sind, das ist sicher."

Vor einem Kurzbesuch in Österreich war verabredet worden, dass es keine Kommuniqués geben würde; alles Sagenswerte sollten die beiden Minister durch ihre Trinksprüche verkünden. Die entsprechende Abteilung des Ministeriums bereitete die Thesen für den Toast vor. Vrhovec sah sich das Papier an, erklärte, das sei „Mist", und dabei blieb es. Wir flogen ohne Notizen für seine Rede ab. Am ersten Abend wurden wir zum Heurigen gebracht, die Österreicher steckten mir die morgige Rede ihres Ministers zu und fragten nach der unseren. Ich entschuldigte mich, flüsterte Vrhovec die Frage zu, was ich antworten solle, und er winkte ab: „Morgen!" Entsprechend musste ich die etwas verwunderten Gastgeber vertrösten.

Im prachtvollen Hotel „Imperial" saßen wir spät in der Nacht noch in der Suite unseres Ministers, außer ihm Botschafter Novak Pribićević und ich – ich weiß nicht mehr, wer noch. Man plauderte über Belangloses und trank Whisky. Vrhovec trank viel, aber man merkte es ihm nie an. Mitternacht war schon vorbei, als Vrhovec zu den Übrigen sagte, er wolle sich jetzt um seine Rede kümmern, und zu mir: „Wie lange brauchen Sie, um sie zu übersetzen?"

„Das hängt davon ab, wie lang sie wird."

„Vier Seiten."

„Dann eine Stunde."

„Wie wollen Sie das organisieren?"

„Das muss nicht Ihre Sorge sein …"

„Gut. Dann übersetzen Sie mir doch bitte, was der Österreicher sagen will. Morgen um halb sieben klopfen Sie bei mir an und ich gebe Ihnen dann das Manuskript."

Ich bat, mir in der Früh eine Stenotypistin aus der Botschaft zu schicken. Punkt halb sieben gab mir mein Minister seine mit leserlichen – sogar schönen – großen Buchstaben mit der Hand geschriebene Rede. Sie war gut, wirklich gut. Er tat alles in der letzten Minute, aber ordentlich.

Die österreichischen Journalisten erkundigten sich vor der Pressekonferenz höflich, was sie fragen dürften. Er erwiderte: „Alles. Aber ich darf auch alles, was ich will, antworten!"

Noch schlimmer war es mit ihm einmal in Deutschland, ich glaube im Juli 1981. Wir kamen am Abend mit einer kleinen Sondermaschine in München an. Kaum waren wir ausgestiegen, schlug Genscher vor, Vrhovec solle zu einem seiner Freunde in der Nähe zum privaten Abendessen kommen, dort könnten sie sich in Ruhe unterhalten.

Alles ging sehr schnell. Genscher und Vrhovec setzten sich hinten ins Auto, ich vorn zum Chauffeur, ein Polizeiwagen fuhr voraus. Unsere Begleitung blieb zurück. Ich hatte nicht einmal Zeit gehabt, meinen Koffer aus dem Flugzeug zu holen, und konnte nur hoffen, jemand würde das für mich tun. Vladimir Jovanović, genannt Vlatko, der zuständige Hauptabteilungsleiter aus dem Ministerium, später Außenminister unter Milošević, sowie der Leibwächter des Ministers waren zurückgeblieben. Vlatko nahm freundlicherweise meinen Koffer mit ins Hotel, sonst hätte ich nicht einmal einen Pyjama gehabt. Viele Jahre später, als er selbst Minister war und durch nationalistisches Auftreten auffiel, fragte ich ihn: „Wann hast du eigentlich gelogen – früher, als wir derselben Meinung waren, oder schwindelst du jetzt?“

Das passierte in seinem Büro. Er warf mich nicht hinaus, lächelte sogar, rieb sich die Hände: „Ehrlich gesagt, ich habe mich früher verstellt!“

Zurück zur Fahrt mit Genscher und Vrhovec durch das abendliche Bayern, vorbei an finsteren Bergen und dunklen Seen. Ich weiß wirklich nicht mehr genau, wo wir zu Abend speisten, es war fast eine Stunde vom Flughafen entfernt. Genscher hatte keinen Dolmetscher dabei. Vrhovec sprach zwar gut Englisch und der deutsche Minister auch, aber nicht gut genug für ein ernstes politisches Gespräch. Ich musste in beide Richtungen hart arbeiten.

Es war nach Mitternacht, als wir uns in der Suite unseres Ministers versammelten. Er sprach so wie in Wien, als hätte er nicht schon genug an Bier und Wein und Cognac gehabt, wieder dem Whisky zu, ohne ein Anzeichen von Beschwipstsein zu zeigen, als er mich fragte, ob ich bis zum Morgen eine Aufzeichnung des Gesprächs machen könne. Ich sagte, ich wolle mir nur rasch eine Schreibmaschine besorgen lassen. Draußen vor der Suite langweilten sich zwei deutsche Sicherheitsbeamte und ich bat, sie sollten mir eine Schreibmaschine verschaffen.

„Wann?"

„Sofort, bitte!"

Nach einer halben Stunde wartete eine riesige elektrische Schreibmaschine in meinem Zimmer. Ich hatte eine kleine tragbare erwartet, wie sie bessere Hotels oft ihren Gästen zur Verfügung stellen. Mit den elektrischen Schreibmaschinen ist es, wie man mich in unserem Ministerium belehrt hatte, so, dass man über dic Leitung auf Grund der elektrischen Impulse dieselbe Schrift gleichzeitig auf einer anderen Maschine erhalten kann. In den Botschaften hatten wir deshalb spezielle Zerhacker, die zwischen Maschine und Steckdose geschaltet wurden und genau das unmöglich machten, aber ein solches Gerät hatte ich nicht mit dabei. Sollte ich telefonisch in unserem Konsulat fragen, ob sie mir eines schicken könnten? Das hätte eine Ewigkeit gedauert, dort war man sicher schon zu Bett gegangen. Oder sollte ich mit der Hand schreiben? Wie würde es der Minister lesen können? Oder sollte ich Vrhovec fragen, der sich vielleicht auch schon niedergelegt hatte? Ich beschloss, ruhig draufloszuschreiben, meldete meinem Minister am Morgen die Geschichte und sagte: „Ich bin überzeugt davon, dass mein deutscher Kollege in einem anderen Zimmer im Hotel saß und auf meine Aufzeichnung wartete. Dann musste er sie noch übersetzen. Ich bin davon ausgegangen, dass Genscher zu uns Vertrauen gehabt hat, da er keinen eigenen Dolmetscher mithatte, also warum nicht auch wir zu ihm und seinen Leuten? Außerdem wird er von dem Papier ausgehen, das für Sie vorbereitet ist, und das ist wieder ein Vorteil für uns …"

Vrhovec war nachträglich einverstanden.

Nach meiner Zeit in der jugoslawischen Botschaft in Bonn war ich drei Jahre lang im Außenministerium in Belgrad tätig – nach KZ und Militärdienst die unangenehmste, sicher aber langweiligste Etappe in meinem Leben. Vrhovec war mein

Minister, aber ich hatte nicht viel mit ihm zu tun. Dienstlich war ich an Staatssekretär Lončar gebunden; später ging er als Botschafter nach Washington und ich blieb in der Hauptabteilung für Kultur und Medien hängen. Ab und zu ließ mich Vrhovec in sein Büro bitten, was bei meinen Kollegen einige Aufregung verursachte – was hat der mit dem Minister zu tuscheln? –, es ging aber meist nur darum, dass ich ihm Prospekte für Elektrogeräte aus Deutschland übersetzen sollte.

Zwei Details aus jener Zeit, nur um mein Verhältnis zu ihm zu beleuchten. Vielleicht auch ein wenig seinen Charakter. Einmal jährlich unterbreitete das Außenministerium dem Staatspräsidium seinen Bericht, der in einen Jahresbericht dieses höchsten Gremiums im Lande involviert wurde. Staatssekretär Lončar engagierte mich als Redakteur des Textes, was bedeutete, dass ich die Angaben der Hauptabteilungen sammelte und dann unter der Leitung von Lončar die erste Version zusammenstellte. Diese ging an den Stellvertreter des Ministers, Milorad Pešić, denselben, mit dem ich früher einmal um die Texte der Kommuniqués mit der DDR gekämpft hatte, wovon noch die Rede sein wird. Nachdem auch seine Meinungen und Vorschläge eingebaut waren, bekam Vrhovec das Papier und machte viele handschriftliche Bemerkungen und Korrekturen. Den danach von mir noch einmal sprachlich korrigierten Text schickten wir ans Staatspräsidium und am Ende gingen wir zu dritt – Vrhovec, Lončar und ich – in eine Villa im Stadtteil Dedinje, wo uns zwei Mitglieder des Präsidiums, Cvijetin Mijatović und Fadil Hoxha, mit einem niedrigeren Beamten empfingen. Nebenbei: Fadil Hoxha war Albaner, aber damals war es in Jugoslawien noch ganz normal, dass auch Albaner in den allerhöchsten politischen Funktionen saßen. Später, nach Titos Tod, war der kosovo-albanische Schriftsteller Sinan Hasani sogar Präsident des Staatspräsidiums, also ein Jahr lang jugoslawischer Staatschef. Das ist längst in Vergessenheit geraten. Als ich ihm damals gratulierte und sagte, endlich sei ich mit einem meiner Staatschefs per Du, antwortete er: „Ja, ja, jetzt, wo das nichts mehr bedeutet und nützt!"

Mijatović kannte mich seit langem, seine Frau Sibina war Schauspielerin und hätte in Sarajewo in einem Film nach meinem Drehbuch spielen sollen, der freilich nie gedreht wurde. Nachdem wir einander begrüßt hatten, sagte er im Scherz: „Genosse Ivanji wird schon entschuldigen, wenn wir jetzt an seinem Text herumredigieren, aber das ist ja keine Belletristik …“

Natürlich ging er davon aus, dass ich mitgeschrieben hatte – warum hätte man mich sonst mitgenommen? Vrhovec ärgerte sich sichtlich. Wieso „Ivanjis Text“? Man überprüfte den Report dann Absatz für Absatz und ausgerechnet Vrhovec machte die meisten Bemerkungen. Als er jedoch auf eine Stelle hinwies und mit dramatischer Stimme fragte: „Wer hat diesen idiotischen Satz geschrieben?“, anwortete ich: „Sie persönlich!“

Ich hatte alle Unterlagen mit und zeigte ihm, dass er den betreffenden Satz eigenhändig verfasst hatte. Danach gab er Ruhe.

Ein anderes Mal lud Vrhovec in Belgrad im kleinsten Kreis zum Abendessen für Hans-Dietrich Genscher. Zuvor fuhren wir am Außenministerium vorbei und Genscher fragte: „Wie viele Beamte arbeiten eigentlich bei Ihnen?“

Vrhovec antwortete scherzhaft: „Die Hälfte!“

Ich traute mich nicht, die Aussage richtig zu stellen – meiner Meinung nach arbeiteten nur etwa zehn Prozent meiner Kollegen wirklich.

Nach dem Dessert kamen die beiden Minister auf Literatur zu sprechen, über Bücher, die sie beeindruckt hatten. Ich übersetzte zwar und ein Staatsgeheimnis war es gewiss nicht; da es mich aber wenig interessierte und die Dolmetscherei ja einem gewissen Automatismus unterliegt, habe ich mir nichts gemerkt. Ich weiß nur noch, dass Genscher unter anderem „Aufstieg und Fall des Dritten Reiches“ von William L. Shirer lobte und empfahl, weil auch ich diese Beschreibung des Hitlerstaates für sehr wichtig und gut halte.

Auf der Heimfahrt im Auto sagte mir Vrhovec: „Sie schreiben sicher alles auf, was Sie so mit uns erleben. Das ist in

Ordnung. Aber geben Sie mir bitte eine Kopie von dem, was Genscher und ich heute über Bücher gesprochen haben …"

Leider hatte er Unrecht – ich habe mir nie Aufzeichnungen über solche Dinge gemacht, auch nicht über viel wichtigere.

Vielleicht ein Jahr später kündigte ich im Ministerium. Der Grund scheint mir heute lächerlich: Mir wurde eine Beförderung vorenthalten, die ich erwartet hatte. So etwas können nur Beamte verstehen. Wesentlicher aber war, dass ich mich langweilte. Ich war zu einer ärztlichen Untersuchung bei einem Freund, Dr. Čedomir Brašanac, Chefarzt der Kommission für Frühpensionierungen, nur weil ich dort alle Fachärzte schnell nacheinander aufsuchen konnte. Am Ende teilte er mir mit, er könne mich in Rente schicken, und zwar ohne Abschläge, weil ich ja im Konzentrationslager gewesen war. Das hatte ich nicht erwartet. Er selbst, ebenfalls Schriftsteller, erzählte, die Urkunde über seine eigene Pensionierung trage er längst in der Brusttasche, sie müsse nur noch von einem Kollegen unterzeichnet werden. Es kam aber nie dazu, der arme Mann starb überraschend schnell an Krebs. Ich aber beziehe meine Pension nun schon mehr als ein Vierteljahrhundert lang.

Lončar war inzwischen in Washington. Ich hatte alles mit dem für Personalien zuständigen Staatssekretär erledigt; mein Rang war nicht so wichtig, als dass die Angelegenheit bis zum Minister hätte kommen sollen. An einem meiner letzten Tage im Ministerium lief ich zufällig im Flur Vrhovec über den Weg und er blieb stehen: „Ich höre, Sie wollen uns verlassen?"

„Ja. Das ist fix und fertig."

„Waren Sie irgendwie unzufrieden?"

„Wenn Sie das je interessiert hätte, hätten Sie mich früher danach gefragt."

„Sie sind mir aber eine Aufzeichnung schuldig geblieben …"

Ich war perplex. Ich hatte mich immer für sehr ordentlich gehalten und sagte, ich wüsste nicht, was er meine.

„Das Gespräch mit Genscher über Bücher!"

„Das war doch nicht offiziell. Sie sagten, wenn ich etwas aufschreibe, soll ich es Ihnen geben, das habe ich aber nicht gemacht …"

Es schien mir, er habe mir nicht geglaubt.

Im Unterschied zu Vrhovec mochte ich seinen Nachfolger, Lazar Mojsov, sehr gern. Obwohl ich inzwischen Sekretär des Schriftstellerverbandes Jugoslawiens war, wurde ich auch weiter zu Dolmetschertätigkeiten hinzugezogen. Um zu zeigen, wie ein besonnener Chefdiplomat in heikler Situation agiert, will ich nur einen Fall mit ihm beschreiben. Anfang der 1980er Jahre, wieder einmal in Deutschland, wieder in Bayern. Große Oper in Bayreuth. Natürlich Wagner. Danach Empfang. Eigentlich hatte Franz Josef Strauß eingeladen, aber irgendwie war er verhindert und die Begrüßungsrede hielt der bayrische Innenminister, sein Name ist mir entfallen. Er begrüßte namentlich alle wichtigen Gäste, vergaß aber Mojsov, den er protokollarisch sogar an erster Stelle hätte erwähnen sollen. Ich stand neben Vlatko Jovanović und wir kommentierten leise: Wenn das Vrhovec getroffen hätte, hätte es einen handfesten Skandal gegeben, er hätte sich wütend bemerkbar gemacht. Ich sagte: „Der Zug ist abgefahren!"

Zurück im Hotel fragte Mojsov nach dem deutschen Protokollchef. Der war schon nach Hause gegangen.

„Man soll ihn holen!", befahl der Minister. „Sagen Sie mir Bescheid, wenn er da ist!"

Ich berichtigte mich: „Der Zug ist eben doch noch nicht abgefahren …"

Nach zwanzig Minuten war der deutsche Beamte da. Mojsov rief ihn in einen Salon, ich kam als Einziger mit, hatte aber nichts zu tun, denn Mojsov fragte sofort, ob der Mann Englisch spräche, was natürlich der Fall war.

Mojsov forderte nicht zum Sitzen auf, sondern erklärte stehend und streng: „Herr Ministerpräsident Strauß hat mich zum Opernbesuch und zum danach folgenden Empfang eingeladen. Das war eine große Ehre für mich und ich habe die Einladung gern angenommen. Aber dafür, dass der Herr Innenminister es nicht für nötig befunden hat, die Anwesenheit des jugoslawischen Außenministers zu erwähnen, dafür habe ich keine Worte!"

Der arme Protokollmensch wollte etwas sagen, aber Mojsov ließ es nicht zu, sondern setzte fort. „Mich interessiert nicht, was Sie sagen wollen, aber bitte sorgen Sie dafür, dass Herr Ministerpräsident Strauß meine Meinung erfährt. Sie können gehen!"

Ohne ein Wort über die Lippen gebracht zu haben, verneigte sich der Protokollchef und verließ den Raum. Mojsov mit einer ganz anderen, ruhigen, freundlichen Stimme zu mir: „Wissen Sie, ich habe bemerkt, dass Genscher der Vorfall nicht entgangen ist. Deshalb habe ich überlegt, wie ich reagieren soll. Im Übrigen ist mir das natürlich egal. Aber die Aufführung war gut, nicht wahr?"

Ich weiß nicht ob Strauß etwas über den Vorfall erfuhr und wie er darauf reagierte. Mit Jugoslawien hatte er Pech. Vom Tod seiner Frau bei einem Verkehrsunfall erfuhr er während einer Fahrt zwischen Zagreb und Ljubljana. Man hielt seine Wagenkolonne auf, um ihm die Nachricht mitzuteilen, anstatt abzuwarten, bis er sich irgendwo bequem setzen konnte. Und er starb später mit einem serbischen Gewehr in der Hand.

Das kam so. Serbische Tage in Bayern. Der damalige serbische Premier hatte ihm ein Jagdgewehr aus Kragujevac als Geschenk mitgebracht. Ich machte damals mit Franz Josef Strauß ein Interview für das Belgrader Nachrichtenmagazin *NIN* (Nedeljne Informativne Novine); es sollte das letzte in seinem Leben werden. Ich weiß, dass es ein Freitag war. Strauß flog am Samstag mit einem Hubschrauber zur Jagd, um das Gewehr auszuprobieren, erlitt einen Schlaganfall und starb. Ich faxte aus München für dieselbe Nummer von *NIN*, die erst am nächsten Donnerstag erschien, noch einen Nachruf.

Strauß war sicher ein Mensch und Politiker, der imponieren konnte. Das war freilich auch sein Gegenspieler auf der „schwarzen" Seite der deutschen Politik, Helmut Kohl. Für die beiden habe ich auch ab und zu gedolmetscht, an Kohl aber teilweise verfolgt, wie sehr man sich verändert, wenn man Erfolg, großen Erfolg im Leben hat.

Kohl lernte ich kennen, als er noch Ministerpräsident von Baden-Württemberg war. Während meiner Zeit als Botschaftsrat in Bonn war er Chef der CDU/CSU-Fraktion, damals traf ich ihn öfter. Einmal waren Botschafter Lončar und ich bei ihm im Bundestag. Das Gespräch war sehr freundlich und er geleitete uns bis zum Ausgang, wozu er protokollarisch keineswegs verpflichtet gewesen wäre. Es war gerade Wahlkampf und als wir im Auto saßen, fragte ich Lončar: „Wenn wir beide jetzt Deutschc wären, wen würden wir wählen?"

Er musste spontan lachen, so klar war es, dass uns der Weintrinker Kohl sympathischer war als der nur Coca-Cola trinkende damalige Bundeskanzler, der seinem Ruf als Schmidt-Schnauze stets gerecht wurde. Aber als Bundeskanzler und immer stattlicherer – um nicht zu sagen: dickerer – Mann verlor auch Kohl, zumindest in meinen Augen, immer mehr von seinem Charme.

Budimir Lončar, der später der letzte gesamtjugoslawische Außenminister werden sollte, war mein Freund, noch bevor er mich als Botschafter in Bonn 1974 überredete, als Botschaftsrat für Kultur und Presse zu ihm zu kommen. So wurde ich ein Quereinsteiger im Außenministerium – nicht der einzige, aber als solcher keineswegs beliebt bei den braven Beamten, die die Ochsentour nehmen mussten.

Über Lončar würde ich am liebsten ein gesondertes Buch schreiben, über seine private menschliche Bescheidenheit, seine analytische Brillanz, sein phänomenales Gedächtnis – und natürlich auch über manche seiner Fehler, *nobody is perfect*.

Er ist ein guter Koch und behauptet, die Köche, die auf seiner Insel Ugljan, im Ort Preko gegenüber von Zadar in Dalmatien, geboren sind, seien die besten der Welt, und zählt auf, wer von ihnen wo den Löffel geschwungen hat. Seine Rezepte, insbesondere für Fischgerichte, bewahrt er auf wie Staatsgeheimnisse; nicht einmal seine Frau kennt sie alle.

Sein ganzes Leben lang war er wissbegierig und lernfreudig. Obwohl er nur Matura, also Abitur, hat und nie eine Universität besuchte, weiß er viel über Kunst, Literatur und Musik.

Als Chef ärgerte er sich über unsolide Beamte, schlug sich aber nicht mit ihnen herum, sondern belastete jene umso mehr, die er für fähiger hielt. Er nannte das „kapazitieren" – im Sinn von „jemandes Kapazitäten ausnützen". Ich forderte ihn auf, lieber „ausbeuten" zu sagen, das treffe die Tatsache besser. Wenn er nun glaubte, er habe übertrieben, lud er uns wenige mit unseren Familien zum Abendessen ein, kochte und bediente selbst und schuf wieder Frieden.

Um seinen Charakter zu beschreiben, möchte ich nur noch den einzigen Fall erzählen, in dem er wirklich böse auf mich wurde. Genscher war zu Besuch in Jugoslawien, aber nicht nach Belgrad, sondern nach Dalmatien in die Heimat Lončars eingeladen. Wir waren in einem Hotel auf dem Festland bei Zadar untergebracht, denn auf der bescheidenen Insel gab es keine Herberge, die für den deutschen Minister standesgemäß genug gewesen wäre.

Während der Autofahrt vom Flugplatz ins Hotel verabredeten die beiden Minister, sich nicht offiziell zu kleiden, sondern so, wie es sich für einen schönen Sommernachmittag an der Adria gehört. Lustig war der Anblick, als die beiden Mannschaften in dunklen Anzügen und natürlich mit Schlipsen auf die Chefs warteten und mich finster musterten, der ich nur in hellen Hosen und kurzärmeligem weißen Hemd erschien. Sie waren ganz entgeistert, als die Exzellenzen in Shorts und Shirts auftauchten. Besonders hübsch waren sie beide nicht anzusehen. Lončar, zumindest schlanker und sportlicher gebaut, hat auch recht kurze, krumme Beine.

Man unternahm wunderschöne Ausflüge mit Booten, aß viel Fisch und badete im Meer. Auf Genschers Wunsch musste ich wieder in beide Richtungen arbeiten, obwohl er auch einen eigenen Dolmetscher, Herrn Ernst, mit dabeihatte. Unangenehm in Erinnerung ist mir, dass Genscher anlässlich eines solchen Ausflugs Ernst nicht mit auf unserer kleinen Jacht haben wollte, sodass er mit einem Polizeiboot hinter oder vor uns fahren musste. Hoffentlich wusste er, dass nicht ich ihm das eingebrockt hatte.

Frau Janja Lončar war mit von der Partie, weil auch Genschers Gattin mitmachte. Wir hatten verabredet, dass die Lončars und wir danach gemeinsam auf der Insel Urlaub machen wollten, wo sie ein kleines Haus und wir uns bei ihren Nachbarn eingemietet hatten. Mein Minister musste vorher noch für einen Tag nach Belgrad. So blieb es unter uns dabei, dass ich seine Frau hinüber auf die Insel bringen und er mit meiner Frau am nächsten Tag aus Belgrad anfliegen sollte.

Unser Hotel befand sich genau gegenüber unseres Domizils auf der Insel, in einer Entfernung von vielleicht zwei Seemeilen oder weniger. Für die lange Fahrt zum Hafen hätten wir noch Autos aus der Kolonne der Dienstfahrzeuge zur Verfügung gehabt, danach aber hätten wir die Fähre nehmen und auf der Insel, wo es keine Taxis gab, wieder mit all dem Gepäck einige Kilometer schaffen müssen. Also bestellte ich ein Polizeiboot, das Frau Janja, mich und unser Gepäck vom Hotel hinüber zum Steg vor ihrem Haus brachte.

Am nächsten Tag kam der Minister an und trug höflich auch die Koffer meiner Frau eigenhändig auf die Fähre. Aber als er erfuhr, was ich angestellt hatte, fauchte er mich an: „Du kannst mit der Polizei herumfahren, so viel du willst, aber dass du meine Frau verleitest, noch dazu in meiner Heimat, solche Dienste in Anspruch zu nehmen, das geht nicht. Unerhört ist das!“

Als Minister benutzte er nie ein Sonderflugzeug. Er flog nicht einmal erster Klasse, was die Deutschen verwunderte.

Noch einmal flog er dienstlich nach Deutschland. Ich hatte etwas ausländische Valuta auf meiner Bank, konnte sie aber nicht mehr abheben, nur mit Müh und Not in Schecks von American Express bekommen, die ich dann in Bonn einlösen und auf ein deutsches Konto einzahlte. Als ich Lončar fragte, ob er es auch so gehalten habe, wies er das entsetzt zurück. Das mache man nicht, man müsse Vertrauen in sein Vaterland haben! So viel ich weiß, hat er einen guten Teil seiner Ersparnisse aus Treue verloren.

Nach dem feierlichen Bankett lud Genscher noch in die beliebte Gaststätte der Prominenz, „Maternus", ein. Er trank mit Hans Koschnik ein Bier mit klarem Schnaps nach dem anderen, zwei Knöpfe seines Hemdes waren aufgeplatzt und sein nackter, haariger Bauch trat hervor. Der immer noch elegante Lončar hielt sich vorsichtig an einem Gläschen Cognac fest und wirkte sehr unglücklich, aber die Deutschen schienen es nicht zu bemerken.

Ich riet Lončar, rechtzeitig zurückzutreten, er aber hielt sehr lange durch, auch dann noch, als längst jedermann wusste, dass es mit Jugoslawien zu Ende ging. Deshalb hielten ihn die Serben für einen „kroatischen Faschisten", die meisten Kroaten meinten, er sei ein „Mann Belgrads" und für den serbischen Geheimdienst war er am Ende ein „Agent der CIA". Dann zog er in die USA und war noch einige Zeit für die UNO tätig, später Berater Indonesiens für verschiedene Angelegenheiten. Seine beiden Söhne heirateten in New York, wo sie sich niedergelassen hatten. Mein Sohn besuchte sie noch einmal, weil der Ältere ihn als Trauzeugen haben wollte. Die Enkelkinder werden schon echte Amerikaner sein. Von der Politik kann der über achtzigjährige Lončar noch immer nicht lassen – er wurde ohne Gehalt Berater des kroatischen Präsidenten Stipe Mesić, nur um noch weiter mitmischen zu können.

Zwar sollten wir einander später noch einige Male in Belgrad und Wien sehen, ich erwähne aber hier wieder einen Sommertag am Meer, den letzten in jenem Jahr, das als Datum des Beginns des Zerfalls unseres Landes in die Geschichte eingehen sollte. Wir saßen in Badehosen am Ufer und Lončar unterhielt sich in meiner Anwesenheit per Funktelefon mit seinem Ministerium über den Einsatz von UNO-Truppen in unserem Land. Ich war bestürzt. Er hatte mich gelehrt, wie man mit Geheimsachen umgeht und worauf man aufpassen muss. Als er mit dem Gespräch fertig war, sagte ich: „Du sprichst offen per Funk und vor unserer Nase fahren ein Dutzend Segelboote herum, die mithören könnten …"

Er winkte müde ab: „Jetzt ist schon alles egal!"

Das andere Deutschland im Osten

Im Juni 1965 nahm mich Tito zum ersten Mal ins Ausland mit. Vom 2. bis zum 8. Juni ging es zuerst in die Tschechoslowakei und danach – auch für ihn zum ersten Mal – in die DDR. Wer erinnert sich noch an die Hallstein-Doktrin? Wer an den Bannfluch, den Stalin 1948 gegen Tito schleuderte? Über den Bruch zwischen Jugoslawien und der Sowjetunion sollten noch Bücher geschrieben werden. Ich werde es sicher nicht tun. Für mich war der ostdeutsche Staat ein, wie wir das nannten, „russischer Satellit", dessen Führer und Medien Tito noch vor kurzem „einen faschistischen Kettenhund" genannt hatten. Von der 1955 in Bonn gefassten Entscheidung, die diplomatischen Beziehungen zu allen Staaten abzubrechen, die die DDR anerkennen würden, wusste ich, dass sie bisher nur gegen Jugoslawien und Kuba angewendet worden war. Warum wir volle diplomatische Beziehungen zu der meiner Meinung nach unwichtigen DDR aufgenommen hatten, obwohl dies den Bruch mit dem reichen westdeutschen Staat nach sich zog, wusste ich nicht und verstand ich nicht. Meinte es Tito einfach prinzipiell oder hatte er sich verrechnet?

Die Beziehungen zwischen Jugoslawien und der Bundesrepublik Deutschland in der Zeit von 1955 bis 1968 verdienen sicher ein eigenes Kapitel in der Geschichte der Diplomatie. Die Beziehungen zwischen den Staaten und Regierungen waren quasi abgebrochen, aber die konsularischen blühten auf nie geahnte Weise auf. Ich glaube, das Gegenteil hat es öfter gegeben, dass nämlich die wirtschaftlichen und anderen Kontakte abrissen, doch zumindest formal über Geschäftsträger die Beziehung zwischen den Staatsführungen aufrechterhalten wurde, aber Bonn und Belgrad beschritten neue und, wie mir scheint, ein wenig komische Wege. In Belgrad vertraten die Franzosen die Deutschen und in Bonn die Schweden die Jugoslawen. Von Jahr zu Jahr fuhren mehr Jugoslawen als damals hoch willkommene so genannte Gastarbeiter an Rhein und Ruhr. Dank der tüchtigen Reisebüros wie „Neckermann" kam jedes Jahr eine größere Anzahl von Deutschen an die Adria. Ein wirklicher Schaden für das Land Titos trat nicht ein. Vielleicht hatte er doch richtig kalkuliert?

Für mich war es jedenfalls aufregend, den Koffer für eine solche Reise zu packen, und ich musste schnell noch einige weiße Hemden kaufen. In der Tschechoslowakei hatte ich nichts zu tun. Ich war in einem wunderschönen kleinen Hotel, einem ehemaligen Kloster, nahe dem Hradschin untergebracht und die Gattin des Gesandten Zdenko Svete, eine sehr hübsche Dalmatinerin, hatte Zeit, mich in ihrem kleinen Kabriolett – ich weiß nicht mehr welcher Marke – in Prag herumzufahren. Danach ging es nach Berlin.

Ich wusste nicht, dass Tito und Ulbricht einander aus Moskauer Zeiten aus dem Hotel „Lux" sehr gut kannten und seither nicht leiden konnten. Anlässlich hoher Staatsbesuche wird immer ein kleines Heft gedruckt, in dem der Ablauf eines jeden Tages aufgelistet wird, unter anderem auch, wer in welchem Wagen der Kolonne zu sitzen hat. Der Dolmetscher des Besuchers wird meist gemeinsam mit ihm und seinem Gastgeber in Wagen Nummer 1 platziert, wo er neben dem Chauffeur sitzt. Zum ersten Mal erlebte ich nun etwas, das mir später oft Sorgen machen sollte. Im letzten Augenblick sagte mir Tito, er brauche mich nicht im Auto. Er sprach ja gut Deutsch. Ich musste also die Kolonne entlanglaufen, sehen, wo ich noch irgendwie hineinspringen konnte, und am Ankunftsort wieder nach vorne laufen, um gleich hinter Tito dort hineinzugehen, wo man zu tun hatte. Später einmal in Bonn, als ich so an den Autos vorbeirannte, wurde ich fast von den deutschen Sicherheitsbeamten erschossen, weil sie nicht wussten, wer da so wild herumjagte.

An Titos ersten Empfang in Berlin kann ich mich sehr gut erinnern. Er überschattet in meiner Erinnerung auch heute noch die vielen anderen Staatsbesuche, an denen ich teilgenommen habe. Tito stand auf einer kleinen Tribüne am Flugfeld und eine Ehrenformation der Nationalen Volksarmee marschierte im Paradeschritt an ihm vorüber. Die Musik spielte laut – mit großem Blech, aber auch mit dem in anderen europäischen Militärkapellen unbekannten Schellenbaum. Nachdem die Staatshymnen intoniert waren, erklangen einige Märsche. Mich und, wie ich später feststellte, auch alle anderen Mitglieder unserer Delegation erinnerten die ostdeutschen Soldaten in ihren dem alten Preußen nachempfundenen Uniformen an Hitlers Besatzungsmacht. Da half kein Wissen darüber, dass das Vorbild der martialischen Bekleidung ein viel älteres war und dass man trotz aller Vorbehalte gegen so manches in der DDR sicher nichts in ihr mit den Nazis gleichsetzen durfte. Aber ich fühlte es nun einmal so, so fühlten wir es alle, und dazu mischte sich ein gewisser Triumph, dass die derart gerüsteten und gekleideten Burschen jetzt an Tito, dem Kommandeur der Partisanen, dem ehemaligen Feind auf dem Balkan, vorbeizogen. Was denkt er sich wohl dabei?, fragte ich mich unwillkürlich, aber seine grimmige Miene verriet keine Gefühle. Männer wie er halten es meist für notwendig, ihre Emotionen zu verbergen. Interessant, dass die DDR uns später einen Dokumentarfilm über Titos Besuch schenkte. Am Anfang war verständlicherweise diese Szene festgehalten und der Ansager stellte sich dieselbe Frage: Woran denkt Tito, wenn deutsche Soldaten im Stechschritt an ihm vorbeimarschieren?

Als zweite Impression erinnere ich mich der vielen Menschen, die jubelnd an allen Straßen standen, die wir entlangfuhren. Diese Sympathiekundgebung wirkte wirklich aufrichtig, sie war eine von Herzen kommende Begrüßung, weitaus mehr, als man von Staats wegen organisieren kann.

Seit die Medien der DDR diesen selben Tito mit unflätigen Worten beschimpft hatten, waren noch nicht viele Jahre vergangen. Auf der einen und der anderen Seite standen an der Spitze dieselben Personen: Tito und Ulbricht. Gewandelt hatten sich nach Stalins Tod zuerst die Beziehungen zwischen Jugoslawien und der Sowjetunion. Obwohl Staatsmänner – Tito, wie gesagt, ganz besonders – ihre persönlichen Emotionen prinzipiell nicht zeigen sollen und wollen, erkannte ich an vielen kleinen Gesten und an der Intonation ihrer Gespräche trotzdem von Anfang an sehr wohl, wie es privat zwischen Tito und Ulbricht stand. Später erfuhr ich mehr darüber, zum Beispiel, dass Tito eine hohe Meinung von Wilhelm Pieck hatte, der in Moskau das Balkansekretariat der Komintern geleitet hatte und insofern zeitweilig Titos Chef gewesen war. Als wir Ost-Berlin besuchten, war Pieck allerdings bereits seit fünf Jahren tot.

Ulbricht und Tito duzten einander natürlich, aber das Komische war, dass Walter Ulbricht Tito mit „Walter" ansprach, denn Walter war Titos Deckname in der Illegalität gewesen und unter diesem Namen hatte Ulbricht ihn gekannt. Umgekehrt aber nannte Tito seinen Gastgeber relativ unhöflich beim Nachnamen: Ulbricht. „Du, Ulbricht, was steht jetzt auf dem Programm? …" Das galt nur unter vier Augen, im privaten Verkehr, wobei ich manchmal gezwungenermaßen mitlauschen durfte. Öffentlich sprach man einander natürlich mit „Genosse Präsident" an.

Zu den Gesprächen möchte ich noch sagen, dass ich einige Mühe hatte, mich mit dem Wunsch durchzusetzen, dass ich Titos Worte und der deutsche Dolmetscher Ulbricht übersetzen sollte. Für mich war immer wichtig, die Meinung der „eigenen Seite" wiederzugeben, mit der ich mich identifizieren konnte. Das ist vielleicht unprofessionell, weil der Dolmetscher ja keine eigene Gefühle und Meinungen einsetzen dürfte, aber ich war in dieser meiner Eigenschaft vielleicht doch immer nur ein besserer Amateur. Meinem Begehren setzte man entgegen, dass man die eigene Sprache doch besser könne und also auch ich gefälligst in sie und nicht in die Fremdsprache übersetzen solle. Ich widersprach und behauptete, auf dieser Ebene hätten die Dolmetscher unbedingt stets beide Sprachen gleich perfekt zu beherrschen. Dass es sich bei mir ein wenig komplizierter verhält und ich gar nicht genau weiß, welche meine Muttersprache ist, verschwieg ich in dieser Kombination lieber. Jedenfalls war ich frech und hartnäckig genug, in dieser Sache zu tun, was ich für richtig hielt.

Bei Auslandsbesuchen wird die Hauptperson stets von einer offiziellen Delegation begleitet. Tito nahm immer mindestens eine führende Person aus einer der Teilrepubliken mit, den Außenminister, je nach den Verhandlungen, die man erwartete, andere Minister oder, wenn es, so wie in der DDR, nicht nur ein Staats-, sondern auch ein Parteibesuch war, hohe Funktionäre des Bundes der Kommunisten Jugoslawiens. Neben – besser gesagt: hinter – dieser Gruppe stehen dem Rang nach die Leibärzte, Leibwächter, Adjutanten und andere notwendige Beamte, zum Beispiel für die Kontakte mit den Medien, sowie der oder die Dolmetscher. Der Dolmetscher ist allerdings eine Art Zwitter, denn bei den offiziellen Gesprächen und den Staatsbanketten hat er immer neben dem Chef zu sein, er steht – das heißt: meist sitzt oder schreitet er – protokollarisch an zweiter Stelle. Still beneidet er die anderen, die in Ruhe essen dürfen, weil er übersetzen muss, anstatt speisen zu können wie die anderen Bankettgäste. Wenn aber die Leute aus der ersten Gruppe unter sich sind, isst er mit den anderen, kann kameradschaftlich plaudern und ein wenig ausspannen.

Interessant war für mich in Berlin die Nervosität unserer Leibwächter und Sicherheitsbeamten, die ich näher kennen lernte. Sie waren beunruhigt, weil es trotz aller Anstrengungen der DDR immer Möglichkeiten gab, zwischen West- und Ost-Berlin hin und her zu pendeln und in West-Berlin Ustaschi-Gruppen stark vertreten waren. Der Besuch fand kurz nach dem Mord an Kennedy statt. Deshalb hatten unsere Leute besondere Angst vor den vielen Unterführungen, unter denen unsere Kolonne durchfahren musste. Allerdings hörte ich von ihnen schon damals etwas, das die US-amerikanischen Medien erst viel später andeuteten: dass der als Todesschütze verhaftete und gleich danach ebenfalls ermordete Lee Harvey Oswald den Präsidenten womöglich nicht – unsere Experten sagten „unmöglich" – getroffen haben konnte. Sie sagten, sie hätten mit derselben Sorte Gewehr auf ein Ziel, das sich mit derselben Geschwindigkeit bewegte, aus derselben Entfernung und Höhe Probeschüsse abgefeuert; ein einziger Treffer könne nur reiner Zufall sein, drei Treffer seien absolut ausgeschlossen.

Noch ein Wort zu den Leibwächtern: Heute sieht man keinen Politiker, der sich für wichtig hält, ohne eine Gruppe von „Gorillas". Bei Tito war es undenkbar, dass diese Leute auf Fotos oder einem Film zu sehen gewesen wären, sie hatten sich außerhalb des Blickwinkels zu halten. Als Dolmetscher versucht man, nicht fotografiert zu werden, aber manchmal ist es unvermeidlich, dass man zwischen den Staatschefs erscheint, als sei man die wichtigste Person. Ich habe aber nie ein Bild von Tito gesehen, auf dem einer seiner Leibwächter zu erkennen gewesen wäre, obwohl er oft einer hohen Attentatsgefahr ausgesetzt war.

Es handelt sich anscheinend um eine Art Sicherheitsphilosophie. Die US-Amerikaner bemühen sich angestrengt, dass die Leibwächter – oder zumindest einige von ihnen – sichtbar sind; sie laufen schwitzend und mit Knopfhörern im Ohr meist zu Fuß durch die Gegend. (Ich nehme an, dass die, die wirklich aufpassen, so sind, wie sie bei uns waren: unsichtbar.) Das soll wohl Attentäter abschrecken, hat aber weder Kennedys Leben noch Reagan vor einem Mordversuch gerettet. Ähnliches stelle ich auch in Deutschland fest. In Russland hingegen scheint es zu sein wie einst bei uns: Putins Beschützer sind nie und nirgendwo auf Bildern erkennbar, auch nicht, wenn er sich auf äußerst kritischem Terrain befindet.

Am Ende wichtiger Staatsbesuche werden Kommuniqués veröffentlicht, in denen festgelegt wird, was besprochen und vereinbart wurde. In osteuropäischen Ländern war es üblich, solche Papiere im Wortlaut zu veröffentlichen, westliche Medien hingegen interessierten sich herzlich wenig für diese meist in geschwollener Sprache abgefassten Dokumente. Wir wussten, dass in der DDR auf diese Vereinbarungen besonderer Wert gelegt wurde.

Am zweiten Tag des Besuchs fuhr Tito mit dem größten Teil der Delegation nach Dresden. Diese Stadt hat für die Jugoslawische Kommunistische Partei einen besonderen Stellenwert, weil hier im November 1928 ihr 4. nationaler Kongress in der Illegalität abgehalten wurde. Tito hatte daran nicht teilgenommen, weil er gerade eine vierjährige Gefängnisstrafe in der Heimat verbüßt hatte. Ich wurde leider dazu vergattert, gemeinsam mit Milorad Pešić, dem damals für Osteuropa zuständigen Hauptabteilungsleiter in unserem Außenministerium, das gemeinsame Papier vorzubereiten. Er hatte dafür alle Vollmachten.

Wir beide kannten einander privat noch gut aus der Jugendbewegung. Unser Verhältnis war demzufolge keineswegs so formal wie normalerweise zwischen einem hohen Staatsbeamten und seinem Dolmetscher, sondern kumpelhaft. Uns gegenüber saß der damalige Stellvertreter des Außenministers der DDR, König. Wir wussten, dass die häufige Unterbrechung des Gesprächs, wenn er eilig den Saal verlassen musste, nicht so sehr mit der Prostata eines älteren Herrn zu tun hatte, sondern damit, dass er sicher mit Vorgesetzten, eventuell sogar mit Ulbricht persönlich telefonierte.

Pešić und ich waren verärgert, weil wir nicht den schönen Ausflug nach Dresden mitmachen durften, sondern arbeiten mussten. Er, ein Montenegriner, die als gemächliche Menschen – um nicht zu sagen: als faul – gelten, lehnte sich bequem in seinen Sessel zurück und flüsterte mir zu: „Übernimm du und quäle, so viel du willst!"

Meist geht man von einem Vorschlag der Gastgeber aus. Im Papier der DDR stand etwa, man habe uns davon in Kenntnis gesetzt, dass die DDR eine neue sozialistische Verfassung verabschiedet habe. Ich sagte sofort, das gehe nicht. Überrascht – erstens, weil ich nicht abgewartet hatte, was mein Chef sagen würde, sondern sofort reagierte, mehr aber deswegen, weil es unverständlich war, was wir dagegen haben konnten, dass man uns etwas nur mitteilte – fragte man mich gereizt: Wieso? Ich behauptete: „Das ist schlechtes Deutsch. Eine Verfassung wird gegeben, nur ein Gesetz wird verabschiedet. Richtig wäre: Die Deutsche Demokratische Republik hat sich eine neue sozialistische Verfassung gegeben."

Ich bemerkte, dass ein älterer deutscher Beamter König zunickte. Man beließ es dabei.

An einer anderen Stelle wollten unsere Gastgeber, man solle behaupten, die DDR und Jugoslawien wären bereit, für irgendetwas zu kämpfen. Wie unwichtig dieses Etwas war oder zumindest mir erschien, erweist sich für mich schon aus der Tatsache, dass ich vollkommen vergessen habe, worum es sich eigentlich handelte, mich aber sehr wohl daran erinnere, wie wir uns darum balgten. Wir wollten jedenfalls nicht dafür „kämpfen", sondern uns höchstens dafür „engagieren". König wollte zeigen, wie gut auch er seine Muttersprache beherrschte, und konterte, das sei unmöglich, engagieren könne man etwa eine Schauspielerin, man könne sich nicht für etwas engagieren. Ich bat um entsprechende Wörterbücher. Man schickte jemand, sie zu holen, einen Duden oder sonst ein Fachbuch. Es stellte sich heraus, dass beides möglich war: sowohl „jemanden in Gage zu nehmen" als auch das Wort so zu verstehen: „sich bekennend für etwas einzusetzen". König schlug vor, auf Deutsch solle es „kämpfen" heißen und auf Serbisch, was immer wir wollten.

„Das kann ich nicht zulassen!", erklärte ich.

„Sie?", zischte König wütend. „Wieso Sie? Was sind Sie hier überhaupt?"

Pešić, der leicht vor sich hingedöst hatte, zuckte zusammen. Bisher hatte er ja halbwegs verstanden, worum es ging. Nun fragte er mich, was los sei. Ich erklärte es zuerst ihm und sagte dann den Deutschen: „Für die Sprache bin ich verantwortlich. Wenn in den Texten Verschiedenes stehen soll, können das nur die Genossen Ulbricht und Tito entscheiden, wir hier nicht!"

Wir blieben beim „sich engagieren". Was den DDR-Medien als Wortlaut gegeben wurde, kontrollierten wir nicht, es war uns egal und Tito, wie man gleich sehen wird, kümmerte sich um solche Kleinigkeiten nicht.

Da wir Jugoslawen mit dem angebrochenen Abend nichts Gescheites mehr anfangen konnten, schlugen wir uns die halbe Nacht oder länger mit dem kurzen Text herum. Pešić war jetzt hellwach und nahm eifrig und „engagiert" am „Kampf" um die einzelnen Worte und Phrasen teil. Es ging um Bilaterales und die internationale Situation, aktuell waren Vietnam und die Ereignisse im Kongo. Es war nicht einfach, gemeinsame Worte zu finden über einerseits das, was unsere Gastgeber „westdeutschen Revanchismus und Militarismus" nannten, und andererseits das, was damals innerhalb der Internationalen Arbeiterbewegung als „chinesischer Radikalismus" bezeichnet wurde.

König fühlte sich augenscheinlich nicht wohl. Wie wir später erfuhren, erlitt er kurze Zeit nach unserem Besuch einen Herzinfarkt. Ich sagte zu Pešić: „Daran bist du schuld! Wir beide haben ihn umgebracht!"

Jahre später war Ulbricht zu einem Gegenbesuch in Jugoslawien. Das Kommuniqué wurde auf der Insel Brioni wieder mitten in der Nacht geschrieben, König war nicht mehr da, sondern sein Nachfolger Oskar Fischer, aber auf unserer Seite wieder Pešić. Mir fällt auf, wie oft Politiker aus dem deutschen Sprachraum Fischer heißen, etwa bis vor kurzem Außenminister Joschka Fischer in Deutschland oder der Präsident der Republik Österreich, Heinz Fischer. Die Debatte um den Wortlaut war nicht mehr so heftig wie in Berlin, aber es gab allerlei kleine Unterschiede zu beheben und wir wussten, dass Fischer mehrmals im Lauf der Nacht Ulbricht konsultierte. Bei uns sah sich am Morgen Außenminister Nikezić das Papier kurz an und war einverstanden.

Auf Wunsch der deutschen Seite sollten die beiden Staats- und Parteichefs das Papier sogar vor den Medien unterzeichnen, was bei uns ansonsten unüblich war, aber Tito sagte: „Na meinetwegen …"

Nachdem sich die beiden Staatschefs an den Tisch gesetzt hatten und vor ihnen schon Journalisten, Kameraleute und Fotografen Stellung nahmen, scherzte Tito leise: „Was ist das, Ulbricht? Was wollen die uns unterjubeln? Ist das ein Wechsel oder was?" Ulbricht wusste nicht, was er sagen sollte; er konnte sich nicht vorstellen, dass Tito wirklich keine Ahnung davon hatte, was im Kommuniqué stand, das er öffentlich unterzeichnete.

Wie verschieden diese beiden Politiker waren, wie anders sie entschieden, was wichtig und was nebensächlich war, erlebte ich an einem anderem Beispiel auf eine noch plausiblere Weise. In Belgrad schlenderten die beiden alten Genossen durch die Salons des neuen Regierungspalastes, dessen Wände mit den Werken moderner und ultramoderner jugoslawischer Maler geschmückt waren. Im größten Saal nahm eine Komposition von Petar Lubarda eine ganze Wand ein: „Die Schlacht von Kosovo", ein abstraktes, in grellen Farben gehaltenes Gemälde in einem Riesenformat, vielleicht vier mal acht Meter. Hier hielt es Ulbricht nicht länger aus und blieb merklich entsetzt stehen. Die beiden sprachen miteinander Deutsch, ich hielt mich bescheiden hinter ihnen.

„Ja, magst du denn so etwas?", wollte Ulbricht wissen.

„Ich finde es grässlich", erklärte Tito.

„Warum ist es dann da?", fragte der Deutsche mit einem derartigen Vorwurf in der Stimme, dass nun Tito nicht wusste, wie er reagieren sollte: „Was weiß ich! Es wird wohl eine Kommission gewesen sein, die das beschlossen hat."

Am liebsten hätte ich eingegriffen, um die Staats- und Parteichefs ein wenig aufzuklären. Bei Ulbrichts befand wohl das Politbüro über Kunst. Tito hatte einen altmodischen Geschmack, was sein privates Recht war, mischte sich aber nicht in den Streit über Kunst ein – auch nicht, wenn es um öffentliche Gebäude ging, in denen er selbst agieren musste.

In Zusammenhang damit fällt mir noch ein, dass Ulbricht damals auf Brioni seine erste große Pressekonferenz auch vor westlichen Medienvertetern gab. Kurz zuvor hatte mich in Belgrad der Korrespondent des *Spiegel*, Hans-Peter Rullmann, gefragt, ob eine Begegnung mit Ulbricht für Journalisten vorgesehen sei. Ich sagte, die jugoslawische Seite würde es vorschlagen; ob die Zusammenkunft stattfände, würde freilich vom Gast abhängen. Rullmann kam daher nicht nach Brioni, sondern fuhr nach Dubrovnik auf Urlaub und der *Spiegel* war so bei dieser interessanten Veranstaltung nicht vertreten.

Ich hielt Rullmann deshalb für unseriös. Einige Zeit später, im Januar 1971, wurde er in Jugoslawien auf spektakuläre Weise „als Spion" verurteilt, was zumindest dumm war – man hätte ihn genauso gut ausweisen können. Er hatte sich mit einem Unteroffizier der Armee, einem ethnischen Albaner, für den Geschmack des Geheimdienstes zu eindringlich über Kosovo unterhalten. Schon damals Kosovo! Natürlich musste man Rullmann bald freilassen, formal wurde er von Tito begnadigt. Danach gab er in Deutschland in eigener Regie einen Nachrichtendienst heraus, der vor allem gegen Jugoslawien gerichtet war. Später wurde behauptet, Rullmann habe nicht für die westdeutsche, sondern für die ostdeutsche Seite gearbeitet. Oder für beide? Unterlagen habe ich nie eingesehen, also kann ich in dieser Hinsicht über keine Tatsachen, sondern nur über Gerüchte berichten – aber weit verbreitete Gerüchte werden zum Politikum. Rullman hat später Bücher geschieben: eine Tito-Biografie und eine über Lech Wałesa sowie über den Nazi-Schergen von Treblinka, den Ukrainer Demjanjuk, der in den USA lebte. Ich habe sie aber nicht gelesen und weiß nicht, wie ernst sie zu nehmen sind.

Im Januar 1977 kam Erich Honecker nach Belgrad und wie es der Zufall wollte, war zum Abendessen ausgerechnet unter dem Bild von Lubarda gedeckt.

Plötzlich fragte Tito seinen Gast: „Wie gefällt dir dieses Bild?"

Honecker schaute sich die Wand lange an und meinte: „Interessant! Diese Farben! Dieses Tempo …"

Tito schlug ein anderes Thema an. Später begleitete ich Honecker im Auto zu seiner Residenz. Als Ehrenbegleiter war Vidoje Žarković, damals Mitglied des Staatspräsidiums, dabei; er, ein Montenegriner, war nicht besonders gesprächig und flüsterte mir zu, ich solle den Gast ruhig allein unterhalten. Ich fragte also Honecker, ob er wisse, warum ihn Tito nach seiner Meinung über das Bild gefragt habe.

„Nein!", erwiderte Honecker, „ehrlich gesagt, es hat mich überrascht."

Ich erzählte ihm die ganze Geschichte und er lachte selbstzufrieden: „Also, ein Ulbricht bin ich doch nicht!"

Hohe ausländische Gäste wurden in der DDR im abgesonderten Teil Berlins in Pankow untergebracht, den die dortige

Bevölkerung „Städtchen“ nannte. Die Abwesenheit Titos, als er in Dresden war und auch dort übernachtete, benützte ich, um bei den Gastgebern Architektur und Ausstattung unserer Räume zu loben und zu fragen, ob ich nicht Titos Residenz besichtigen dürfe, da er ja jetzt nicht da sei. Ich durfte. Und dabei stellte ich fest, dass, obwohl es natürlich zwei große Schlafzimmer nebeneinander gab, er und Frau Jovanka dasselbe Ehebett benutzten. Wegen seines Alters kam mir diese Intimität interessant vor. Heute wird in der einschlägigen Literatur behauptet, die beiden älteren Eheleute seien damals schon zerstritten gewesen. Ich kann nur feststellen: Ich habe nichts davon bemerkt. Wie und warum sie auseinander gerieten, weiß ich nicht direkt. Darüber ist in Jugoslawien Verschiedenes veröffentlicht worden, das meiste unzuverlässig. Als ich – noch zu Titos Lebzeiten – einen Freund, der in seiner unmittelbaren Umgebung arbeitete, danach fragte, schnauzte er mich an: „Für dich gilt nur die offizielle Version!“ Die war, wie es Tito selbst erklärt hatte, dass er sich nicht scheiden lassen, aber mit Frau Jovanka nie mehr öffentlich erscheinen würde.

Dass im „Städtchen“ nicht alles blendend funktionierte, stellte ich bei mehreren Gelegenheiten fest. Einmal bewohnte ich eine kleine Suite, in der es eine wunderbare Duschkabine mit Sprühköpfen auf allen Seiten gab, aus allen Hähnen kam jedoch nur siedend heißes Wasser. Selbst im Klosett war die Spülung nur mit diesem dampfenden Wasser möglich, sodass es unbenützbar war. Der Schaden erwies sich als nicht behebbar. Ich durfte in ein anderes Zimmer umziehen, in dem das Wasser im Badezimmer nur eiskalt aus den Röhren floss, aber es bestand doch eher eine Möglichkeit, sich zu waschen, als sich zu verbrühen. Wie man mir erzählte, war neben Titos Bett eine Weckuhr eingebaut, die jede Stunde laut klingelte und nicht abgestellt werden konnte. Um unserem Präsidenten Ruhe zu ermöglichen, musste sie aus der Wand gerissen werden.

Anläßlich seines ersten Besuchs in der DDR empfing Tito in seiner Residenz im „Städtchen“ Max Reimann. Reimann war damals „erster Sekretär“ der in der Bundesrepublik verbotenen KPD und, was nicht so bekannt war und sein sollte, gleichzeitig auch Mitglied des Politbüros der SED. Das sollte schon deshalb nicht verbreitet werden, weil dadurch klar geworden wäre, dass die KPD im Westen keine selbstständige Partei, sondern der SED und Ost-Berlin unterstellt war.

Obwohl sechs Jahre jünger, sah Reimann älter aus als Tito. Die beiden kannten einander aus Moskau, wo sie beide im Hotel „Lux“ gewohnt hatten. Trotzdem schien mir Reimann irgendwie befangen, als die alten Genossen einander begrüßten. Tito mag das auch so empfunden haben, denn er verhielt sich seinem Gast gegenüber ausgesprochen herzlich, wie ich es bei ihm selten erlebt habe. Er fragte gleich: „Ich habe gehört, du seist bis Ende des Krieges im KZ Sachsenhausen inhaftiert gewesen, aber Ende der dreißiger Jahre warst du doch in Moskau. Wie bist du nach Deutschland gelangt?“

Reimann erzählte, er habe in der Sowjetunion „etwas zu viel geplaudert“ und sich vor einer Verhaftung gefürchtet, deshalb habe er sich freiwillig zur illegalen Arbeit in Deutschland gemeldet: „Ich habe nicht geglaubt, dass ich es überlebe, aber ich bin davon ausgegangen, dass es für meine Biografie besser ist, wenn ich von Hitler und nicht von Stalin ermordet werde!“

Tito antwortete auf Deutsch und den harten Klang seiner Stimme werde ich nie vergessen: „Ja, das waren solche Zeiten. Aber im Unterschied zu dir habe ich nie zu viel geplaudert, weil ich nie im Leben einem Menschen geglaubt habe!“ Das waren Worte eines Politikers und führenden Kommunisten …

Einige Zeit danach kam Reimann auf Einladung Titos nach Jugoslawien. Dabei verbrachte er einen kurzen Urlaub in Dalmatien in einer Villa in Split. Als Ehrenbegleiter war der kroatische Politiker Boris Bakrač mit von der Partie. Da der kränkliche Reimann jeden Abend früh ins Bett ging, spielten die Mitglieder seiner Begleitung – ein Sicherheitsbeamter, sein Sekretär und eine Ärztin – Skat, Bakrač und ich hingegen Schach. Er erzählte mir, dass er während des Krieges als

Spion der Partisanen in deutscher Uniform in der Abwehr in Zagreb gearbeitet habe. Einmal wurde er in Bosnien von Partisanen gefangen genommen und fast erschossen; er durfte aber seine wahre Identität nicht preisgeben, nur bitten, man solle ihn zum obersten Stab, zu Tito selbst, überstellen, was zu seinem Glück auch geschah. Er fädelte mehrere geheime Begegnungen ein, die Milovan Djilas und Koča Popović während des Krieges mit den Deutschen führten. Am Tag der Befreiung Zagrebs steckte er noch immer in deutscher Uniform, weil er nichts anderes anzuziehen hatte, und musste sich verstecken, bis höhere Kommandostellen eintrafen, denen er sich offenbaren konnte.

Nach dem Krieg nahm Bakrač viele hohe Ämter ein – er war Oberbürgermeister von Zagreb, Präsident des kroatischen Parlaments und viele, viele Jahre lang Präsident des Olympischen Komitees Jugoslawiens. Ich versuchte ihn dazu zu überreden, seine Erinnerungen aufzuschreiben, wenigstens auf Tonband zu diktieren, er wollte das aber auf keinen Fall: „Ich möchte keinen jugoslawischen Richard Sorge spielen!"

Später einmal, als er gerade Parlamentspräsident in Zagreb war, kam es zur Zeit des „kroatischen Frühlings" zur Verhaftung einiger dortiger Dichter. Ich schrieb ihm, er solle etwas dagegen tun. Er antwortete freundlich: „Ich mag Sie, Ivanji, aber für Politik sind Sie viel zu naiv!"

Reimann erzählte, er habe im Lauf des Ersten Weltkrieges in einer Werft gearbeitet, in der Torpedoboote hergestellt wurden, aber er sei nie an Bord eines solchen Schiffes gewesen. Da Tito gesagt hatte, man solle Reimann möglichst alle Wünsche erfüllen, organisierten wir eine Fahrt mit einem Torpedoboot auf die Insel Hvar und übernachteten dort.

Im Zusammenhang damit drängen sich mir zwei Erinnerungen auf.

Zum Abendessen auf der Insel aß ich so viel Hummer wie nie mehr im Leben und verdarb mir gründlich den Magen. Vom Hummer soll man demzufolge zwei, drei Bissen als Vorspeise nehmen, mehr nicht – es ist nicht nur eine sehr gute und sehr teure, sondern auch eine schwere Speise.

Bei der Rückfahrt nach Split, bei herrlichem, sonnigem Wetter, aber starkem Wind holte der gut aussehende junge Kapitän alles aus seinem Boot heraus, was drinnen steckte. Mit voller Fahrt raste er auf den Kai zu. Ich dachte wirklich, wir würden daran zerschellen. Im letzten Augenblick ließ er die Motoren rückwärts drehen und legte das Ruder um, sodass sein Schiff in einem brillanten Manöver mit der Flanke an der Kaimauer zum Halten kam.

Etwas für mein Leben weitaus Wichtigeres: Aus Split brachten wir Reimann und seine Begleitung nach Zagreb. Von dort kam ich am 16. Dezember 1965 mit einem Linienflug in Belgrad an. Als ich mich mit meiner hochschwangeren Frau zum Schlafen begab, wir uns schon hingelegt hatten und ich noch über die Reise, über Reimann und Bakrač berichtete, unterbrach sie mich auf einmal und sagte ganz ruhig, ich müsse sie jetzt ins Krankenhaus fahren. Die Straßen von Belgrad waren schon für Weihnachten strahlend hell beleuchtet. Am nächsten Tag wurde unser Sohn Andrej geboren.

Zurück nach Berlin und zum Tito-Besuch. Mein Freund, der Dichter Paul Wiens, wohnte damals in der Nähe des abgegrenzten Teils Berlins, wo hinter wohl behüteten Mauern auch ein Teil jener DDR-Prominenz residierte, der nicht fein genug für die Supersiedlung in Wandlitz war, und wo sich auch die Villen für Staatsgäste befanden. An einem Abend, an dem das Programm relativ früh zu Ende gegangen war und Tito sich zurückgezogen hatte, beschloss ich, Wiens zu besuchen – zu Fuß. Die Wachen am Tor wunderten sich. Ich weiß nicht, wie oft jemand da per pedes aus und ein gegangen ist, aber ich hatte ja die entsprechenden Ausweise. Ich wollte einfach nur zeigen, dass ich so etwas durfte; etwas Besonderes mit Paul zu besprechen hatte ich nicht.

Im Zusammenhang mit der DDR wäre noch viel zu berichten, hier aber möchte ich einige Begebenheiten mit Erich Honecker anschließen.

Als Tito im November 1974, etwa fünf Monate nach dem Staatsbesuch in der Bundesrepublik, wieder in die DDR kam, stand bereits Honecker an der Spitze von Staat und Partei und vieles war einfacher. Zwischen Ulbricht und Tito hatte die erwähnte alte Gegnerschaft bestanden, sie waren etwa gleichaltrig, Tito Jahrgang 1892, Ulbricht 1893, und gehörten demzufolge in der internationalen kommunistischen Bewegung zur selben Generation. Honecker war zwanzig Jahre jünger und benahm sich dem Älteren gegenüber wahrscheinlich auch schon deshalb stets mit gebührlichem Respekt, was Tito mit zuvorkommender Freundlichkeit honorierte. Seinen eigenen Genossen im Politbüro gegenüber spielte Honecker freilich auch in unserer Gegenwart den absoluten Führer.

Seltsam ließ sich ein Mittagessen in Leipzig an. Anwesend war fast das ganze Politbüro der SED. Nach dem Dessert begannen die Deutschen am Tisch aus dem Repertoire alter Kampflieder der Arbeiterbewegung zu singen, etwa „Brüder, zur Sonne, zur Freiheit ...", als erster Tenor führend Honecker pesönlich, der auch den Takt angab. Nachdem sie das schon ziemlich lange getan hatten, besann er sich und schlug, sich an Tito wendend, vor: „Wollt jetzt nicht ihr singen?"

Tito warf einen flüchtigen Blick auf uns, seine Begleitung, und meinte: „Ich fürchte, das würde nicht gehen. Bei uns singen nur Leute, die das auch können!"

Später gab es in Berlin auch ein „privates Mittagessen" bei Honeckers, anwesend nur die beiden Präsidenten mit Gattinnen und die beiden Dolmetscher. Vorher abgemacht war, dass nichts Besonderes auf den Tisch kommen sollte, sondern nur das, was die Gastgeber ohnehin gegessen hätten. Es gab die beste Schweinshaxe mit Sauerkraut, die ich je genossen habe. Tito schmeckte es ausgezeichnet. Ich musste mühsam mein Lächeln verbergen, denn als wir vor einem halben Jahr in der Bundesrepublik gewesen waren, hatte eine ähnliche Verabredung mit Heinemann stattgefunden. Bei ihm gab es ein mageres Süppchen und danach etwas, was manche Deutsche für ein Gulasch halten mögen, sowie Kartoffelpüree. Man hätte Titos Gesicht fotografieren müssen, als er diese – für den gaumenfreudigen Epikuräer, der er war – viel zu bescheidene Mahlzeit aufgetischt bekam. Nachdem er begriffen hatte, dass es sonst nichts mehr geben würde, nahm er sich einen zweiten Schlag vom Kartoffelbrei mit einer Geste, die seine Enttäuschung voll ausdrückte. Ich bin überzeugt davon, dass Heinemann wirklich angeordnet hatte, man solle sich an die übliche Tischordnung halten. Bei Honecker bin ich mir nicht ganz so sicher, aber für möglich halte ich es trotzdem.

Die SED war schon damals mit der Ausrichtung einer großen Konferenz der „kommunistischen und Arbeiterparteien" Europas beauftragt und Honecker war sichtlich bemüht, wahrscheinlich von Moskau gebeten, Tito zu einer persönlichen Teilnahme zu überreden. Diese blieb bis zum letzten Augenblick strittig, der Jugoslawe ließ sich nicht definitiv überreden. Im Abschlusskommuniqué stand, man habe „eine große Nähe der Ansichten über aktuelle außenpolitische Fragen" festgestellt. Als Titos Pressesprecher ihn fragte wie er das den Journalisten erläutern solle, welche konkreten Themenbereiche das betreffe, sagte Tito nur: „Diejenigen, die erörtert worden sind …" – was bedeutete: nicht jene, die einfach ausgespart wurden.

Pressekonferenz am Ende des Gegenbesuchs von Honecker in Belgrad. Tito und er saßen, wir Dolmetscher standen neben ihnen. Nachdem Tito dem Gast angeboten hatte, als Erster zu sprechen, holte Honecker einen Stapel Papier aus seiner Brusttasche und begann etwas furchtbar Langweiliges vorzulesen. Wenn ich mich richtig erinnere, auch über die Erfolge der Landwirtschaft in der DDR, was nichts mit diesem Besuch zu tun hatte. Ich merkte an Titos Gesichtsausdruck, dass er sich ärgerte; seine Backenknochen bewegten sich, als kaute er etwas Unverdauliches. Nachdem der Gast seinen Redeschwall endlich beendet hatte, schwenkten Scheinwerfer und Kameras sofort in Richtung Tito. Er brummte unwirsch: „Danach habe ich nichts zu sagen."

Ich übersetzte das nicht. Tito warf verwundert einen Blick zu mir hinauf, der ich neben ihm, dem Sitzenden, stand, ich starrte eisern vor mich hin und schwieg. Tito atmete tief ein und sagte leiser: „Ich habe dem, was Genosse Honecker gesagt hat, nichts hinzuzufügen, aber wenn Sie Fragen an mich haben, bitte …"

Das übersetzte ich natürlich. Man stürmte mit Fragen auf ihn ein. Er antwortete gelassen. Als die Konferenz zu Ende gegangen war, stand Tito auf und drückte mir den Unterarm: „Du hast Recht gehabt, danke!"

Wir hatten einander verstanden. Ich hatte schweigend gefragt: Genosse Präsident, wollen Sie das wirklich so gesagt haben? Ihn konnte ich mit der Übersetzung nicht einfach „verbessern", wie ich es mit manchen anderen Politikern mitunter getan habe – schon deshalb, weil er selbst so gut Deutsch sprach.

Honecker, der in Begleitung von Willi Stoph und Erich Mielke nach Jugoslawien gekommen war, fuhr von Belgrad aus zur Jagd in das Revier Belje. Im Lauf der Vorbereitungsgespräche bei Tito, an denen ich wie gewohnt stumm teilnehmen durfte, fiel mir der damals aktuelle Ministerpräsident – offiziell hieß das Amt „Vorsitzender des Exekutivrates" – Džemal Bijedić zum ersten Mal auf. Neben Tito und ihm war auch Stane Dolanc als Sekretär des BdKJ anwesend. Tito und Dolanc jagten leidenschaftlich und sprachen auch darüber, was für die Gäste in dieser Hinsicht organisiert werden sollte. Bijedić sagte, formal an Dolanc gewandt, aber augenscheinlich auch Tito meinend: „Ich bin ja sicher auch ein Sünder, weil ich Fleisch esse, aber wie ihr diese schönen Tiere persönlich töten könnt, das werde ich nie begreifen …"

Bijedić kam durch ein Flugzeugunglück ums Leben. Es war vor Neujahr, er wollte unbedingt mit seinen erwachsenen Kindern in Sarajewo feiern und überredete den Chefpiloten des Regierungsflugzeugs, trotz schlechten Wetters zu fliegen. Sie zerschellten im Schneesturm an einem Berghang in Bosnien.

Im Sommer darauf kam Helmut Schmidt nach Jugoslawien. Nachfolger von Bijedić war der Montenegriner Veselin Djuranović. Wir, die wir den Besuch vorbereiteten, bekamen es mit der Angst zu tun: Wie würden die beiden miteinander umgehen? Es heißt immer, Montenegriner seien stolz, Schmidt aber benahm sich oft überheblich, um es nicht beim wahren Namen zu nennen: arrogant. Also erzählten wir Djuranović,

Schmidt sei nicht sehr gesund, er könne aufbrausen, das sei aber kein Zeichen von Unhöflichkeit, man dürfe ihm das nicht übel nehmen … Die deutsche Seite hatte anscheinend ähnliche Sorgen. Einer der engsten Mitarbeiter des Bundeskanzlers war Staatssekretär Klaus Bölling, einige Zeit in Belgrad Korrespondent der ARD und mit einer Serbin verheiratet; er kannte die Verhältnisse und Menschen bei uns gut. Ich hörte einmal, neben ihnen sitzend, als Schmidt wie so oft oberlehrerhaft seinen Zeigefinger erhoben hatte, wie Bölling ihm zuzischte: „Nehmen Sie den Finger herunter und setzen Sie sich auf Ihre Hand, Herr Bundeskanzler, damit Sie aufhören zu fuchteln!“ Schmidt tat es gehorsam. Die beiden Ministerpräsidenten gingen jedenfalls miteinander so liebevoll und zuvorkommend um, dass es schon fast wie eine Karikatur wirkte. Wir, die Eingeweihten, mussten heimlich lachen.

Da ein Kurzurlaub am Meer in Hercegnovi eingeplant war, äußerte Schmidt den Wunsch, ein wenig in der Bucht von Cattaro zu segeln. Die Kriegsmarine hatte ein Boot vorbereitet, das jedoch viel zu groß war. Es konnte nicht von einem Mann allein gesteuert werden, doch Schmidt wollte unbedingt allein auf die See hinaus. So liehen die Protokollbeamten von einem im Ort wohnenden Maler eine nette kleine Jolle. Die Sicherheitsmänner nahmen Motorboote von der Küstenwache und kreuzten, um Schmidts Leben zu beschützen, so nahe um ihn herum, dass er von ihren Wellen gestört wurde, sich ärgerte und bald aufgab. Dafür war es wunderschön, mit einem Hubschrauber um den höchsten Gipfel Montenegros, den Lovćen, zu fliegen. Das ist doch eine ganz andere Sicht, als man sie hat, wenn man mühsam hinaufklettert.

Zum Mittagessen in Dubrovnik gab es die herrlichsten Austern, aber Schmidt mochte sie nicht. Ich sah, wie er betrübt seinen unberührten Teller zurückgab. Nur zu gern hätte ich auch seine Portion verschlungen und dachte: Was ist das für ein Anrainer der See, der keine Meeresfrüchte, dafür aber Coca Cola mag …?

Nach dem Besuch von Schmidt, der sich in Dubrovnik verabschiedete, flogen wir mit Djuranović in einem Flugzeug des russischen Typs JAK-40 zurück nach Belgrad. Djuranović erlaubte auch dem Personal, das mit dabei war, mit uns zu fliegen, damit sie nicht die Linienmaschine am Abend abwarten mussten – obwohl der Flugkapitän dagegen war, weil er meinte, die Maschine sei überlastet. Die Hälfte der Passagiere saß auf ihren Koffern zwischen den Sitzplätzen, ohne die Möglichkeit, sich anzuschnallen. Über Bosnien gerieten wir in Turbulenzen und es schaukelte gewaltig. Wir alle erinnerten uns an Bijedić, der letztlich unter ähnlichen Umständen ums Leben gekommen war, weil er nicht auf den Rat des Piloten hatte hören wollen.

Plötzlich ertönte Djuranovićs Stimme: „Warum habt ihr alle die Hosen vollgeschissen? Mit mir an Bord seid ihr sicher. Es ist doch unmöglich, dass im Lauf ein und desselben Halbjahres zwei jugoslawische Ministerpräsidenten durch Flugzeugabstürze ums Leben kommen!"

Zurück zur Jagd der Granden aus der DDR: Dolanc erklärte nach dem Frühstück in Belje, man solle für ihn nichts extra vorbereiten, er kenne sich aus. Schön. Als wir uns zum Mittagessen trafen, hatte Honecker einen Hirsch erlegt, Stoph und Mielke nichts und Dolanc schon gar nichts. Bis zum Abend schossen Stoph und Mielke jeder einen Hirsch, aber keinen so edlen wie ihr Chef. Honecker bekam auch noch ein Wildschwein vor die Flinte, das er mit Bravour erlegte. Dolanc hatte den ganzen Tag über kein Wild gesehen.

Später fragte ich den Direktor des Jagdgutes: „Ich bin vom Theater, ich weiß zu schätzen, wie man Regie führt und wie Sie das bewerkstelligt haben – aber wie, um Himmels willen, inszeniert man so etwas?"

Der gute Mann lachte nur: „Wenn ich das nicht könnte, wäre ich hier fehl am Platz."

Anläßlich dieses Honecker-Besuchs gab es nach dem Abendessen in Belgrad eine kleine Veranstaltung, in deren Rahmen das Studenten-Volkstanzensemble „Ivo Lola Ribar" auftrat.

Ich machte Tito aufmerksam: „Das dort ist meine Tochter!"

Meine Tochter Nadja war damals Solistin der Gruppe. Ich hoffte, Tito würde sie zu uns bestellen und dabei käme vielleicht ein schönes Erinnerungsfoto heraus. Aber er murrte nur: „Von denen hat keiner Ischias!"

Zu dieser Zeit litt er schon oft unter starken Schmerzen, die er vor den ausländischen Gästen und bei offiziellen Anlässen mit viel Kraft und Willenstärke verbarg, aber uns, seiner unmittelbaren Umgebung, gegenüber ertrug er sie kaum noch.

In den letzten Jahren, in denen ich manchmal in seiner Nähe sein durfte, war er oft schlecht gelaunt. Ich würde sagen: Die Maske, die er für die meisten anderen trug, fiel ab, wenn er sich von der Öffentlichkeit unbeobachtet wähnte. Damals glaubte ich, es seien die physischen Schmerzen, die ihm zu schaffen machten. Auch tauchte Frau Jovanka nicht mehr mit ihm gemeinsam auf. Heute bin ich der Meinung, er sah schon den Zerfall Jugoslawiens voraus, seines Lebenswerkes, und wusste nicht, was er dagegen unternehmen könnte.

Weitere Erinnerungen in Bezug auf die DDR schreibe ich hier nicht in der Reihenfolge auf, in der sie sich ereignet haben, sondern in Verbindung mit den Personen, die darin die Hauptrolle spielen.

Eleonore Staimer war viele Jahre lang zuerst Gesandte und danach Botschafterin der DDR in Jugoslawien. Zum Zeitpunkt, als der Rang der Vertretungen auf das Niveau von Botschaften erhoben wurde, wurde sie die erste Botschafterin ihres Landes. Sie war die Tochter des ersten Präsidenten der DDR, Wilhelm Pieck, den Tito als seinen unmittelbaren Chef im Balkansekretariat der Komintern in angenehmer Erinnerung hatte. Außerdem kannten sie und Tito einander ebenfalls noch persönlich aus dem Hotel „Lux" in Moskau. Sie war auch die einzige Frau unter den Missionschefs. Das alles schuf für sie gewisse Vorteile, die natürlich auch den Beziehungen ihres Landes zugute kamen.

Die Erhöhung des Ranges der diplomatischen Vertretungen erfolgte im Lauf von Ulbrichts Besuch in Jugoslawien. Seine letzte Station im Land war Zagreb. Ich erinnere mich genau an sein Gespräch mit Vertretern der kroatischen Wirtschaft und des Parteikomitees der Stadt, in dem vor allem von dem Chaos die Rede war, das die Selbstverwaltung bei uns verursacht hatte, sodass einer der Begleiter Ulbrichts, das für Wirtschaftsfragen zuständige Politbüro-Mitglied Günter Mittag, frohlockte: „Unser System ist doch besser!"

Ulbricht zischte ihn an: „Es ist nicht besser!"

Ich weiß nicht, ob er damit sagen wollte, dass man in Anwesenheit der Gastgeber keine solchen Anmerkungen mache, oder ob das wirklich seine Meinung gewesen sein konnte.

Ulbricht fuhr in seinem Sonderzug wieder Richtung Berlin. Eine Gruppe von uns begleitete ihn in seinem Waggon bis zur kroatisch-ungarischen Grenze. Dort stiegen wir aus und warteten auf eine Verbindung nach Belgrad. Unter uns Jugoslawen war Eleonore Staimer die Einzige aus der DDR, dazu noch die einzige Frau. Da saßen wir im kleinen, vernachlässigten Bahnhofsrestaurant und ich leistete ihr natürlich Gesellschaft. Nach dem Erfolg des Besuchs ihres Staatschefs war sie ein wenig euphorisch, wie ich sie sonst nie erlebt hatte. Sie hatte auch mehr getrunken, als sie es sich sonst gestattete.

Auf meine Bitte erzählte sie mir einiges über das Leben im Hotel „Lux" in Moskau. Dort war es, wie sie sagte, nicht üblich, neue Freundschaften zu schließen. Man sollte nicht zu viel voneinander wissen und schon gar nicht überflüssige Fragen stellen. Viele Bewohner des Hotels fuhren mitunter in ihre Heimat oder in Drittländer zurück, wo sie strenge Illegalität bewahren mussten. Man konnte im Restaurant des Hotels „Lux" speisen, aber auf jeder Etage gab es eine Küche mit genügend Herdplatten. Sie hatte gehört, dass ein jugoslawischer Genosse mit dem Decknamen Walter ein besonders guter Koch sei. Deshalb versuchte sie in der Küche zu sein, wenn er dort am Werk war, um zu erfahren, wie er das machte. So hatte sie damals, wenn auch flüchtig, Tito kennen gelernt. Man wusste, dass Hotelbewohner manchmal verschwanden. Entweder waren sie auf Geheimmission geschickt oder verhaftet worden. Meist kamen sie nicht mehr zurück. Im Lauf der Nacht waren mitunter die schweren Schritte der uniformierten Beamten des Geheimdienstes zu hören. Und einmal pochte es auch hart an ihrer Tür. Man forderte sie auf, sich anzuziehen und mitzukommen. Sie arbeitete in der Organisation „Rote Hilfe“ und ihr Vorgesetzter war bereits verhaftet worden. Die Beamten verhörten sie im Auto und wollten alles Mögliche, das sie nicht wusste, über ihren Chef erfahren. Nachdem sie die ganze Nacht in Moskau herumgefahren waren, brachte man sie zum Hotel zurück.

„Du darfst niemandem ein Wort über unser Gespräch sagen. Jetzt geh zur Arbeit!“

Das tat sie, nervös, angespannt, müde, schläfrig, konnte kaum den Abend abwarten, um in ihr Zimmer zu gehen. Aber kaum war sie eingeschlafen, pochte es erneut. Wieder wurde sie in das Auto gesetzt: „Wenn du jetzt nicht gestehst, wirst du den Morgen nicht erleben!“

Sie hatte schlicht nichts zu gestehen. Man brachte sie früh am Morgen wieder zum Hotel zurück und verwarnte sie abermals streng, niemanden über diese Kontakte zu benachrichtigen.

Eleanore Staimer hielt es jedoch nicht mehr aus und suchte ihren Vater in der Komintern auf. Pieck wohnte als höherer Funktionär nicht im Hotel „Lux“, wo es einfacher gewesen wäre, mit ihm zu sprechen, sondern in einer Datscha. Nachdem sie ihm alles erzählt hatte, schien er sehr erschrocken zu sein: „Das hättest du mir nicht berichten dürfen, die Genossen haben dir das doch streng verboten! Hoffentlich bist du unschuldig, dann wird dir sicher nichts geschehen.“

Ob ihr Vater trotzdem etwas unternahm, wusste sie nicht. Jedenfalls belangte man sie nicht mehr. Sie fragte Pieck nie danach, auch nach dem Krieg nicht, weil man so etwas nicht tat.

Mich erinnerte dieses Gespräch an die Unterhaltung Titos mit Reimann. Tito erzählte bei einer anderen Gelegenheit selbst, sein Sohn Žarko aus seiner ersten Ehe mit einer Russin habe ihn einmal in Moskau besucht und sich über die sowjetischen Behörden beklagt. Žarko war damals noch Schüler. Tito hatte laut und entrüstet geantwortet und seinen Sohn zurechtgewiesen, die Genossen und die Partei hätten immer Recht, aber gleichzeitig hatte er mit dem Zeigefinger in Richtung Decke gezeigt und auf seine Stirn getippt. Damit hatte er Žarko gewarnt, es würde sicher mitgelauscht und man sei verrückt, hier etwas offen zu kritisieren.

Wir in Jugoslawien waren da anders erzogen, zumindest meine Generation. Zwar ging ich immer davon aus, dass Telefongespräche mitgehört werden könnten, aber es kümmerte mich nicht. Oft forderte ich sogar die eventuell „Mithörenden" auf, dies oder jenes besonders zur Kenntnis zu nehmen. Vielleicht genoss ich eine bestimmte Narrenfreiheit. Heinrich Böll schreibt übrigens in seinem Roman „Fürsorgliche Belagerung" über die Intelligenzquote, die auch in der Bundesrepublik mitlauschende Beamte haben müssten, aber eben meist nicht haben. Es war also keineswegs eine Spezialität des ehemaligen ostdeutschen Staates, wenn jemand ungebeten und schweigend an Gesprächen teilnahm. Der Journalist Djuka Julius, Korrespondent der Belgrader Tageszeitung *Politika* in Deutschland zu jener Zeit, als ich als Botschaftsrat in Bonn mein Gastspiel in der Diplomatie gab, und ich telefonierten prinzipiell immer auf Ungarisch miteinander, um die eventuell mithörenden Beamten zu piesacken, weil sie dann einen Dolmetscher für Ungarisch und nicht für Serbisch einschalten mussten.

Ein mit der Abhörfrage zusammenhängender Fall passierte im Lauf eines Besuchs von Außenminister Marko Nikezić in Ost-Berlin. Botschafter war damals der Slowene Bojan Polak, Partisanenveteran und vor seiner Laufbahn in der Diplomatie General der Artillerie. In der Residenz unseres Ministers, natürlich wieder im „Städtchen", angekommen und von den Gastgebern allein gelassen, saßen wir – das heißt Nikezić, Polak, der Gesandte Vesko Lazović, der Bürochef des Ministers, Botschafter Zdenko Svete und ich – im Salon zusammen. Der Minister befragte seinen Botschafter über die jüngsten Ereignisse in der DDR, war aber mit den Antworten unzufrieden, sagte, das habe er längst aus Zeitungen erfahren, und bohrte weiter. Nachdem Polak mehrmals mit „Das weiß ich nicht!“ antworten musste, sagte Nikezić böse: „Warum sind Sie überhaupt Botschafter, wenn Sie nichts wissen?“

Polak wies mit dem Finger auf die Decke, aber Nikezić blieb unnachgiebig: „Sollen die doch auch hören, dass Sie inkompetent sind!“

Obwohl ich Nikezić sehr gern hatte, auch weil er mir gegenüber stets freundlich war, missbilligte ich das im Stillen. Meiner Meinung nach hätte er den Botschafter nur unter vier Augen kritisieren dürfen, keinesfalls in meiner Anwesenheit und der des dem Botschafter unterstellten Gesandten und schon gar nicht vor den Mikrofonen des DDR-Sicherheitsdienstes.

Als Nikezić von Tito im Rahmen einer Säuberung – damals war er schon Präsident des Bundes der Kommunisten Serbiens – aus allen Funktionen entfernt wurde, fiel mir das wieder ein. Nikezić hatte sich zu viele Feinde gemacht, war zu offenherzig und verachtete die Dummheit anderer zu sehr.

Einmal besuchte er mit seiner Frau die Belgrader Oper und langweilte sich. Ich war damals Stellvertreter des Intendanten und leistete ihm im Gästesalon Gesellschaft. Ich fragte ihn nach dem Rapatzky-Plan, so genannt nach dem polnischen Außenminister, von dem damals in der Öffentlichkeit gerade viel die Rede war.

Nikezić: „Ich habe mich mit Rapatzky in New York, abseits der Generalversammlung der UN, in einem kleinem Restaurant unter vier Augen unterhalten. Wenn herauskäme, was wir einander damals erzählt haben, würde man nicht nur ihn in Polen, sondern auch mich hier verhaften!“

Ich fragte ihn, wie er sich in seinem neuen Amt als Parteipräsident fühle, und er antwortete: „Das ist nichts für mich, das wird nicht gut für mich ausgehen …“

Als Nikezić Parteichef war, las ich in der deutschen Wochenzeitung *Die Zeit*, dem serbischen Schriftsteller Borislav Pekić sei der Reisepass entzogen worden. Ich fragte Pekić telefonisch, ob das wahr sei. Ja, antwortete der Kollege, aber nicht er habe es der *Zeit* weitergegeben. Ob er erlaube, dass ich etwas unternähme? Ja, danke, sagte er, ich würde aber nichts erreichen, auch andere hätten schon versucht, ihm den Pass zurückzubeschaffen. Seine Frau habe in London Arbeit als Architektin gefunden und er wolle zu ihr ziehen.

Ich rief im Büro von Kardelj an und sagte, warum ich mit ihm reden wollte. Kurz darauf erhielt ich Bescheid, er habe keine Zeit. Danach war ich klüger und bat um eine Begegnung mit Nikezić, erwähnte aber nicht im Voraus, worum es ging. Als Nikezić mich empfing, meinte ich, man erwarte von mir, dass ich mit deutschen Politikern und Literaten gute Beziehungen unterhielte, so etwas wie die Sache mit Pekić sei aber äußerst ungünstig für solche Kontakte und Jugoslawien. Er gab mir Recht und klagte, er habe mit solchen Dingen nichts zu tun, er werde nicht einmal davon benachrichtigt … Einige Tage später erhielt Pekić seinen Pass zurück. Ob das etwas mit meinem Gespräch mit Nikezić zu tun hatte, habe ich nie erfahren.

Misstrauen und Streicheleinheiten von Tito

Soll sich ein Dolmetscher auf so genannter „höchster Ebene“ nur auf die Worte, die er aus der einen in die andere Sprache zu übertragen hat, konzentrieren und sich sonst keine eigenen Gedanken machen? Darf er sich ganz auf die anderen Dienste verlassen, die sich um hohe Besuche kümmern? Dahingehend hat man mir nie Ratschläge oder Weisungen erteilt, aber ich bin davon ausgegangen, dass ich mich in keine fremden Angelegenheiten einmischen, mir nicht fremde Sorgen machen und mir nicht den Kopf über andere zerbrechen sollte. Es erwies sich jedoch einmal, dass dies falsch sein kann.

Der Anruf lautete, ob ich ein Interview Titos mit dem deutschen Fernsehen dolmetschen wolle. Selbstverständlich. Ob ich mich dann am nächsten Morgen im Hotel „Metropol“ melden könnte? Einverstanden.

Einiges kam mir sofort sonderbar vor, aber ich dachte nicht weiter darüber nach. Der Anruf war vom so genannten „Bundeskomitee für Informationswesen“ gekommen und nicht, wie sonst immer, vom Büro des Präsidenten. Man hatte mir auch nicht wie üblich angeboten, mich mit einem Auto des Protokolls abzuholen, sondern mich vor das Hotel „Metropol“ bestellt.

Vor dem Hotel wurde ich erwartet. Den augenscheinlichen Chef des Unternehmens kannte ich von irgendwoher. Ich wurde den deutschen Fernsehjournalisten kurz vorgestellt, wir setzten uns in zwei Autos – das Fernsehteam in das eine, wir Jugoslawen in das andere – und fuhren ab. Ich konnte an den Kennzeichen leicht feststellen, dass es keine Limousinen eines Staatsdienstes waren, sondern Leihwagen. Das wunderte mich zwar, konnte mir aber egal sein.

Wir fuhren über die Donaubrücke in Richtung meiner Heimatstadt Zrenjanin – durch eine Gegend also, die ich gut kenne. Ich fragte immer noch nicht nach, obwohl ich mir nicht vorstellen konnte, wo in dieser Region Tito deutsche Journalisten empfangen wollte. Ich dachte einfach weiterhin bequem, das würde sich schon herausstellen und mich ginge es ja nichts an.

Nach fast einer Stunde – wir fuhren schon durch Zrenjanin – holte der Mann vom Informationsbüro Landkarten heraus und begann etwas zu suchen. Endlich raffte ich mich auf zu fragen, worum und wohin es ginge.

„Wo ist Karadjordjevo?", fragte er nervös.

„Es gibt zwei Orte namens Karadjordjevo", sagte ich. „Einer ist in dieser Richtung an der rumänischen Grenze, ein unbedeutendes Dorf. Ein anderer Ort desselben Namens liegt ungefähr fünfzig Kilometer westlich von Novi Sad – dort heißt ein landwirtschaftliches Gut so, das vom Militär verwaltet wird und wohin Tito mitunter zur Jagd fährt …"

„Dann hätten wir dorthin fahren sollen!" Der Mann ließ den Fahrer stoppen und wandte sich wieder an mich. „Und wie kommen wir jetzt von hier aus dorthin?"

Ich erklärte, wir müssten ein gutes Stück zurück, dann entweder den Umweg retour nach Belgrad und von dort aus in die entgegengesetzte Richtung nach Novi Sad fahren oder eine Abkürzung über Feldwege und quer durch die Felder suchen. Er kramte einen Zettel aus der Tasche und stellte fest, wir hätten sehr wohl nach Novi Sad und von dort aus Richtung Bačka Palanka fahren sollen, soundso viel Kilometer nach Novi Sad würde an einer Kreuzung ein Polizeiauto auf uns warten und bis zu Titos Sitz vor uns herfahren. Ich dachte im Stillen, dass er diese Angaben auch vorher herausfinden hätte können.

„Wenn man uns gesagt hat, dass wir um zehn dort zu sein haben, meint man dann wirklich zehn Uhr oder bestellt man uns für alle Fälle zu einem früheren Zeitpunkt?"

Das konnte ich nicht mit Sicherheit beantworten. Eine gewisse Zeitspanne Reserve pflegte man schon einzukalkulieren. Ich schlug vor, in Zrenjanin vom Komitee der Partei über die Sonderleitung das Büro des Präsidenten anzurufen, aber der Führer unserer Expedition lehnte dies es ab: „Dann werden die merken, dass wir in eine falsche Richtung gefahren sind …"

„Das werden sie sowieso merken …", murmelte ich leise.

Man entschied sich für die Feldwege. Unsere beiden Autos rasten mit 140, 150 Stundenkilometern dahin. Schön, dachte ich, wenn wir jetzt einen Unfall nicht überleben, kann man uns nichts mehr vorwerfen.

Anstatt vor zehn waren wir um elf an Ort und Stelle. Titos Mediensekretär Blažo Mandić wartete auf uns. Der sonst ausgesprochen ruhige, nie aus der Fassung zu bringende Mann – sonst hätte er es in dieser Stellung nicht 25 Jahre lang ausgehalten, länger als irgendein anderer Mitarbeiter des Präsidenten – war rot im Gesicht und wütend.

„Seid ihr verrückt geworden? Der Präsident hat inzwischen bereits die nächste Gruppe empfangen, die er auf seinem Programm hatte!"

Und was jetzt? Nichts. Nichts als zurück! Wir berichteten, wir seien in Richtung eines anderen Karadjordjevo gefahren. Mandić fauchte mich an: „Du hättest doch wissen müssen, dass sich der Genosse Präsident in diesem Karadjordjevo befindet!"

„Ich hätte es ahnen können, aber ich hätte nichts wissen müssen und mir hat niemand etwas von Karadjordjevo erzählt, sondern nur, dass ich zum Hotel 'Metropol' kommen solle!"

Am nächsten Tag wurde der Mann vom Informationskomitee fristlos entlassen. Für das deutsche Fernsehteam wurde ein anderer Termin gefunden, weil das Interview im Vorfeld von Titos Besuch in der Bundesrepublik ausgestrahlt werden sollte. Das übersetzte ich dann brav.

Eines Tages im Jahr 1973 saß ich in einem Raum im Haus vor dem Eingang zum Park, in dem sich das Weiße Schloss, eine der offiziellen Staatsresidenzen, befindet. Es wurde übrigens im Lauf des NATO-Krieges mehrmals bombardiert. Die Ruine mit dem Grundstück haben inzwischen die USA gekauft, um dort ihre neue Botschaft zu errichten. Wir nannten diese Büros, die für Tito tätig waren, das Marschallat. Ich war am Übersetzen von Titos Tischrede beim ersten Bankett anlässlich eines Besuchs von Willy Brandt als Bundeskanzler. Die kleinen Broschüren mit dem Programm und der Einteilung, wer in welchem Auto sitzen sollte, wer wann wo zu arbeiten und zu essen hatte, waren schon gedruckt. Plötzlich kam der damalige Protokollchef des Präsidenten, Slaven Smodlaka, ins Zimmer, setzte sich neben mich, schwieg eine Weile und sagte dann: „Wir alle schätzen und mögen Sie, Genosse Ivanji, aber Sie werden bei diesem Besuch nicht dolmetschen!"

Für einen Augenblick wurde es sehr still im Zimmer. Ich war aber damals noch ein relativ disziplinierter Mensch. So sagte ich nur: „Ich habe verstanden. Aber da mein Name schon überall steht und ich auch Einladungen von den Deutschen habe, was sage ich? Bin ich krank geworden?"

Smodlaka überlegte einen Augenblick lang, beschloss dann jedoch: „Gehen Sie dort hin, wohin die Deutschen Sie eingeladen, aber nicht, wo wir Sie hinbestellt haben, denn dolmetschen werden Sie nicht!"

„Soll ich die Rede fertig übersetzen?" Das sollte ich.

Am ersten Abend des Brandt-Besuchs kamen meine Frau und ich, wie eingeladen, zum Abendessen, das Brandt im Hotel „Jugoslavija" veranstaltete. An der Tür zum Festsaal Bestürzung bei der deutschen Botschaft: „Wir dachten, Sie kommen nicht. Man hat uns gesagt, Sie seien erkrankt ..."

Smodlaka hatte also seinen Beschluss nicht an andere Stellen weitergegeben. Irgendwie fanden die Deutschen für meine Frau und mich doch Plätze an der Tafel. Ich fürchte, sie mussten eigene Leute niedrigeren Ranges wegkomplimentieren, denn ich sah aufgeregtes Hin-und-her-Rücken der Namenskärtchen, die die Plätze der Gäste kennzeichneten.

Als Dolmetscherin war Aleksandra Djordjević an meine Stelle gerückt. Sie wurde „die schöne Sascha" genannt. Germanistik hatte sie in Frankfurt am Main studiert, wo ihr Vater Vertreter der jugoslawischen Fluggesellschaft JAT war. Sie sprach Deutsch perfekt und akzentfrei und war, wie auch ihr Spitzname zeigt, eine sehr attraktive junge Frau. Allerdings hatte Sascha starkes Lampenfieber und ließ sich von den hohen Politikern, mit denen sie zu tun hatte, zu stark beeindrucken. Wie ich später von Teilnehmern der Gespräche hörte, gab es Probleme, denn es ging um heikle Begriffe wie „Wiedergutmachung" und „Entschädigung" – Worte also, die hier und dort verschieden interpretiert und deshalb bei Übersetzungen vorsichtig und mit Kenntnis der Hintergründe gebraucht werden mussten. Belgrad stellte bestimmte finanzielle Forderungen, die Brandt moralisch durchaus begriff, aber aus politischen Gründen vor der Öffentlichkeit in Deutschland so nicht sagen wollte und konnte.

Tito fühlte sich zu erhaben, um sich in die Niederungen des Feilschens um Geld zu begeben, und so überließ er viel dem damaligen Ministerpräsidenten Džemal Bijedić. Die Folgen dieser Geschichte, die nicht richtig ausgehandelt war, konnten lange nicht überwunden werden.

In Serbien wird auch heute noch ab und zu gefragt, was mit den Milliarden geschah, die aus dieser Begegnung am Ende als sehr günstiger Kredit hervorgingen. Wie wurden sie benützt? Wurden sie je zurückgezahlt und wenn ja, von wem? Man fragte auch mich des Öfteren direkt. Bei späteren Verhandlungen, bei denen ich dolmetschte, stieß ich sehr wohl immer wieder auf dieses Problem. Einmal sprachen Helmut Schmidt und unser Premier Veselin Djuranović darüber. Ich machte mir Notizen, aber Schmidt befahl: „Schreiben Sie sich nichts auf, das ist geheim!" In Serbien sagte ich, ich sei nicht dabei gewesen, und verwies auf die amtlichen Protokolle. Seither sind mehr als dreißig Jahre vergangen – meiner Meinung nach genügend Zeit, um die Protokolle freizugeben, aber das kann nicht ich entscheiden, sondern nur die Regierungen. In Berlin sowieso. Im ehemaligen Jugoslawien, wo die Folgen alle Nachfolgestaaten angehen, wer weiß, wer.

Warum aber war ich sozusagen über Nacht aus allen den Staat betreffenden Verhandlungen ausgeschlossen worden? Natürlich war ich betroffen. Inzwischen war Marko Nikezić, früher jugoslawischer Außenminister und danach Parteipräsident Serbiens, gestürzt worden. Brachte man mich mit ihm und seiner Politik in Verbindung? Einige alte Freunde, auch der schon mehrmals erwähnte Blažo Mandić, waren mir gegenüber merklich kühler geworden. Man fand nicht einmal Zeit, meine Fragen, was ich eigentlich verbrochen hatte, zu beantworten.

Am Ende wandte ich mich an Bekannte vom Geheimdienst Udba. Sie sagten: „Von uns kommt das nicht. Aber wann bist du mit dem Genossen Bijedić in Konflikt geraten?"

„Keine Ahnung …"

„Warum behauptet er dann, dass du nicht das übersetzt, was gesagt wird, sondern das, was du für richtig hältst?"

Ich begriff.

Der Vorfall, dessen Auswirkungen mich nun erreichten, lag mehr als ein Jahr zurück: Besuch des österreichischen Bundespräsidenten Franz Jonas in Jugoslawien im Herbst 1968. In seiner Begleitung Außenminister Kurt Waldheim. Tito weilte auf der Insel Brioni. Die Gäste kamen in Belgrad an und flogen Tito am nächsten Tag in einem jugoslawischen Sonderflugzeug nach. Die Maschine hatte im Heck und vorne je einen Salon, dazwischen normale Sitze. Im hinteren Salon: Jonas, Waldheim, als Ehrenbegleiter Bundesminister Hakija Pozderac, ein Moslem aus Bosnien, und der Dolmetscher, also ich. Nachdem die roten Lämpchen, man solle angeschnallt sein, erloschen waren, erhob sich Hakija auf und forderte im Brummton: „Sage ihnen, ich gehe Zeitungen lesen!"

Ich übersetzte nicht genau, sondern: „Herr Minister Pozderac meint, der Herr Bundespräsident möchte eventuell mit dem Herrn Außenminister allein bleiben, und wenn dem so wäre, würden wir uns erlauben, uns zurückzuziehen …"

Beiderseits freundliches Kopfnicken. Sowie wir aus dem Salon waren, sagte Pozderac: „Du hast zu viel geschwatzt. Du hast nicht übersetzt, was ich gesagt habe …"

„Allerdings. Ich habe übersetzt, was Sie hätten sagen sollen!"

Ich hätte diesen Vorfall am liebsten vergessen, aber es sollte noch dicker kommen. Frech war ich ohnehin, das war immer meine Art gewesen, und Pozderac hielt ich für einen primitiven Aufsteiger, der mich nicht sonderlich interessierte. Im Lauf dieses Besuchs gab es anderes, das ich für aufschreibenswert halte. Zum Beispiel die Pressekonferenz der beiden Präsidenten. Sie saßen bequem in breiten Sesseln am Rand des Meeres. Sonne, Palmen, Möwen … Jugoslawische und österreichische Journalisten. Jonas sprach Deutsch, ich übersetzte ins Serbische – pardon: Serbokroatische, wie man es damals nennen musste –, Tito sprach unsere Sprache, ich übersetzte ins Deutsche. Auf eine auf Deutsch gestellte Frage antwortete Tito gleich auf Deutsch; ich aber, anstatt für unsere Journalisten Frage und Antwort zu übersetzen, wiederholte Titos Worte auf Deutsch. Wie ein Papagei! Konsternation, dann brach Gelächter aus. Ein neuer Beweis dafür, wie automatisch man dolmetscht. Irgendwie waren Teile meines Gehirns darauf eingestellt, dass ich Titos Worte auf Deutsch wiederzugeben hatte. Ich entschuldigte mich, man begriff und alle blieben bei bester Laune.

Auf der kleinen, Brioni vorgelagerten Insel Vanga ging es dann intimer zu. Ich weiß nicht mehr wer – entweder Präsident Jonas oder seine Gattin hatte gerade Geburtstag. Frau Jovanka ließ Kristallgläser bringen, von denen nur sie wusste, dass absichtlich kleine Löcher eingeschliffen waren, sodass man sich das Getränk stets auf den Kragen goß. Man passte auf, dass nicht die höchstgestellten Gäste diese Ulkgläser erwischten.

Auf der Rückfahrt machten die Österreicher in Zagreb Halt. Tito war nicht mehr dabei. Nach einem Empfang zog sich Jonas mit seiner Begleitung bald zurück – der alte Herr war müde –, wir Jugoslawen blieben noch eine Weile zusammen. Und dann brachte sich Hakija Pozderac noch einmal unangenehm in Erinnerung.

In einem Salon saß die Elite, vor allem die kroatischen Gastgeber: Mika Tripalo, damals Chef des Bundes der Kommunisten Kroatiens, Frau Savka Dabčević-Kučar, Ministerpräsidentin des Landes, und was weiß ich, wer noch. In einem anderen Raum die Ärzte, höhere Sicherheitsbeamte und Dolmetscher. Man atmet immer auf, wenn die Arbeit zu Ende ist.

Wenn ich zu dolmetschten hatte, gewährte ich mir nur ab und zu einen Schluck Alkoholisches; jetzt konnte ich nachholen. Für die Damen hatte eine junge Frau gedolmetscht, hieß sie Gordana Čizmić? Wir wussten, dass sie vor einem Monat geheiratet hatte.

Pozderac, schon sichtlich betrunken, wankte aus dem anderen Zimmer zu uns und setzte sich auf die Lehne ihres Sessels: „Sag mal, Kleine, mit wem schläfst du heute Nacht?"

Die junge Frau wurde brennend rot im Gesicht. Die anderen Anwesenden schwiegen, auch der jugoslawische Oberst, der als Ehrenadjutant des österreichischen Präsidenten dabei war. Also hielt ich wieder einmal mich selbst für berufen, einzugreifen, und sagte: „Genosse Pozderac, Sie haben sich in der Gesellschaft geirrt. Sie gehören nicht hierher. Gehen Sie zurück zu Ihren Leuten und fragen Sie Genossin Dabčević-Kučar dasselbe!"

Der Minister sah lauter feindselige Blicke, stand auf, murmelte etwas Unverständliches und ließ uns in Ruhe.

Die Macht in Bosnien und Herzegowina war damals und blieb bis zum Ende der Tito-Zeit tatsächlich in den Händen einiger weniger Familien. An führender Stelle standen die drei Brüder Nijaz, Raif und Faik Dizdarević, die Brüder Hamdija und Hakija Pozderac sowie Džemal Bijedić. Sie alle waren Moslems. Heute sagt man Bosniaken. Ich unterschätzte damals den Einfluss dieser Clique auf die Politik des ganzen Jugoslawien. Tito war alt geworden und ließ die Zügel schleifen. Hakija Pozderac wird sich über mich bei Bijedić beklagt haben und der verlasste, mich als potenziellen Dolmetscher für den Staat von allen Listen zu streichen.

Wollte ich heute etwas dazudichten, könnte ich sagen, dass ich bei dieser Gelegenheit auch schon deshalb nicht dolmetschen sollte, weil die bosnischen Führer das deutsche Geld für sich haben und deshalb den Vertrag entsprechend gestalten wollten. Ich glaube aber nicht, dass sie so weit dachten. Es sollte eine simple kleine Rache sein. Der damalige Kredit aus Deutschland floss tatsächlich vor allem einseitig nach Bosnien.

Ich konnte natürlich weiterleben, ohne für Tito und andere hohe Funktionäre zu dolmetschen, aber ein Schock war es für mich doch. Zugegeben – ich liebte es, wenn man mich mit einer schwarzen Limousine abholte, wenn man mich damit direkt zum Sonderflugzeug brachte, wenn die Polizei mit Motorrädern vor uns herfuhr und mir Hubschrauber zur Verfügung standen, ich war eitel, ich hielt mich für schrecklich wichtig. Und man verdiente mit dieser Tätigkeit auch einiges Geld.

Plötzlich, im Januar 1977, wurde ich wieder eingeladen, für den Staatspräsidenten zu arbeiten. Zwei verschiedene Personen haben mir erzählt, wie es dazu kam: Titos Adjutant General Rapo und Blažo Mandić. Beide sagten, ein Dritter hätte sich für mich eingesetzt; es wird also wahr sein.

Vor einem Besuch Honeckers trafen einander Rapo, Mandić und Protokollchef Mirko Milutinović bei Tito, um über die Vorbereitungen und das Programm zu referieren.

Milutinović sprach stets sehr laut.

Eine Anekdote: Als er Botschaftsrat in London war, wartete in seinem Vorzimmer ein britischer Gentleman. Milutinović in seinem Zimmer brüllte so markerschütternd ins Telefon, dass man es durch die gepolsterte Tür hören konnte. Seiner Sekretärin war das so peinlich, dass sie sich entschuldigte: „Mister Milutinović spricht gerade mit Belgrad …“

Der Brite räusperte sich: „Ich verstehe. Aber warum bedient er sich dabei nicht des Telefons?“

Mirko Milutinović war schon zum zweiten Mal Protokollchef bei Tito. Nach seinem ersten Dienst in dieser Funktion wurde er irgendwo zum Botschafter ernannt und dann ganz schnell zurückbeordert: „Ich brauche dich hier, es geht ohne dich nicht …“, sagte Tito. Einige Zeit vereinigte Milutinović zwei Funktionen: die des Generalsekretärs des Büros des Präsidenten und die des Protokollchefs. Er wusste, wie er etwas durchsetzen konnte, und fragte: „Haben Sie etwas dagegen, Genosse Präsident, dass Ivanji bei dieser Gelegenheit dolmetscht?“

In solche Kleinigkeiten wurde Tito meist nicht eingebunden. Nur selten gelangten nebensächliche Probleme zu ihm.

Bekannt war eine Geschichte in Zusammenhang mit dem ersten Besuch des Präsidenten Indonesiens, Achmed Sukarno. Im Prinzip hatte Tito die Weisung gegeben, den Wünschen des hohen Gastes in jeder Hinsicht entgegenzukommen. Im ersten Gespräch des indonesischen Botschafters mit den Protokollbeamten wurde gesagt, Sukarno wünsche „von Tänzerinnen und Sängerinnen umringt zu sein". Der Wunsch war eindeutig, aber für unsere Verhältnisse ungewöhnlich. Niemand wagte zu entscheiden, weder abzulehnen noch zuzustimmen. So endete eine Notiz über das Problem auf Titos Schreibtisch und er schrieb eigenhändig dazu: „Einverstanden, unter der Bedingung, dass die Tänzerinnen und Sängerinnen im selben Alter wie Präsident Sukarno stehen!" Die Protokollbeamten begriffen. Sukarno war der einzige Staatschef, der demzufolge nicht im Schloss auf dem Berg Dedinje residierte; für ihn wurde eine ganze Etage im Hotel „Metropol" eingerichtet. Hoteldirektor Jakov Šarenac, der einschlägige Erfahrung besaß, weil an der Nachtbar des Hotels Damen des ältesten Gewerbes ihren Beruf ausübten, sorgte für die gewünschte Begleitung. Er bekam als Trinkgeld dafür sogar ein Goldstück, das er nachher lachend herumzeigte.

Sukarno war über Österreich nach Jugoslawien gekommen. Später einmal hatte ich die Möglichkeit nachzufragen und erfuhr, dass die dortigen Protokollbeamten seine Wünsche nach Damenkontakten angeblich erfüllten. Übrigens wird in Josef Roths Roman „Die Geschichte von der 1002. Nacht" beschrieben, wie in Wien ein fescher Offizier dem persischen Schah auf Staatsbesuch eine Prostituierte beschaffen muss, die einer Hofdame ähnlich sieht, die der Herrscher des Pfauenthrons begehrt. In der Hauptstadt der Operetten war so etwas nicht einmal ungewöhnlich.

Als mein Freund Budimir Lončar zum ersten Mal Botschafter – und zwar ausgerechnet in Indonesien – werden sollte, sagte ihm Tito, der damals noch alle hohen Diplomaten persönlich verabschiedete und instruierte: „Sukarno wird dir gleich Weiber schicken. Wehe dir, wenn ich erfahre, dass du das missbraucht hast!"

Kaum war Lončar in Djakarta angekommen – seine junge Frau, schwanger mit ihrem ersten Sohn, war noch in Belgrad –, schickte Sukarno zwei bildhübsche junge Mädchen, Zwillingsschwestern, zu Lončar.

Zurück zu mir. Milutinović erklärte mit gespielt besorgter Miene: „Genosse Bijedić hat gesagt, dass Ivanji schlecht dolmetscht, dass er nicht das übersetzt, was gesagt wird, sondern seine eigene Meinung einflicht …"

„Seit wann versteht Džemo etwas vom Dolmetschen? Er spricht doch keine einzige Fremdsprache. Ivanji dolmetscht sehr gut …"

Damit war ich wieder im Geschäft.

Wer freut sich nicht, wenn er Lob über sich hört? Und noch dazu von „ganz oben"! Ich habe gern für Tito gearbeitet. Hochachtung und Höflichkeit meinerseits waren etwas Selbstverständliches – er war nicht nur der Staatschef, er war auch um so viel älter. Er duzte mich manchmal, manchmal redete er mich mit Sie an; ich verstand, dass er oft zerstreut war, und das hat mich nie gestört. Er war immer liebenswürdig und fragte mich, wie alle anderen, die er seltener traf, stets nach dem Befinden. Er konnte auf eine listige Weise geistreich sein. Ich habe ihn mitunter den „besten schlechten Redner der Welt" genannt. Ein guter Redner war er nicht, was bei einem erfolgreichen Politiker vielleicht wunderlich ist, aber am Anfang seiner Laufbahn war er wohl zu oft in der Illegalität, um eine solche Gabe zu entwickeln. Sein Akzent war seltsam, man glaubte deshalb im Ausland, er sei eigentlich Russe, was nicht stimmt. Er wurde, wie es in seiner offiziellen Biografie steht, in Kumrovec in Kroatien geboren, war als Kind aber oft bei seinen Großeltern mütterlicherseits in Slowenien. So wuchs er zwischen dem Slowenischen und dem Dialekt seiner kroatischen Heimat, dem Zagorje, auf und lebte später zwischen Deutsch, Serbisch und Russisch. Daher sein ungewöhnlicher Duktus. Einer meiner Onkel, der perfekt Serbisch, Deutsch und Ungarisch beherrschte, sprach trotzdem oder gerade deshalb alle diese Sprachen mit fremdem Akzent. Am besten war Tito, wenn er eine vorbereitete

Rede ärgerlich beiseite schob und improvisierte. Dazu ein Beispiel.

Staatsbesuch in der Bundesrepublik Deutschland Ende Juni 1974. Mittagessen, gegeben vom Ministerpräsidenten von Nordrhein-Westfalen, Heinz Kühn, in Düsseldorf. Anwesend die Prominenz von Rhein und Ruhr.

Kühn sprach und Tito bedeutete mir, ich bräuchte nicht zu übersetzen. Ich habe die Rede Kühns nicht vor mir und kann demzufolge nur sinngemäß zitieren, was er ein wenig pathetisch betonte: „Herr Präsident, ich habe mir sagen lassen, Sie seien einer der ersten Gastarbeiter aus Ihrem Land in Deutschland gewesen und hätten damals daran gedacht, nach Amerika auszuwandern. Was wäre aus Ihnen, was aus Ihrem Land, was aus Europa geworden, wenn Sie damals tatsächlich ausgewandert wären?"

Tito flüsterte mir zu: „Jetzt kann ich doch nicht diesen Blödsinn vorlesen, den man mir aufgeschrieben hat! Wir müssen improvisieren, einverstanden?"

„Einverstanden."

Auf diesen Teil von Kühns Ansprache antwortend, sagte Tito: „Es ist richtig, Herr Ministerpräsident, ich habe als Einfahrer bei Daimler in Mannheim gearbeitet. Und ich habe damals wirklich überlegt, ob ich nach Amerika gehen soll, schon um den Dienst in der österreichisch-ungarischen Armee zu vermeiden. Auf Ihre Frage hin muss ich sagen, dass ich natürlich nicht weiß, was aus Jugoslawien oder Europa geworden wäre, wenn ich mich entschlossen hätte, auszuwandern. Was aber aus mir geworden wäre in Amerika, das weiß ich und das will ich Ihnen sagen: Ich wäre jetzt dort Millionär!"

Alle lachten und die Herren von Rhein und Ruhr schienen überzeugt davon, dass dieser Mann geworden wäre, was er gesagt hatte.

Im Sommer 1975 war ich als Dolmetscher Titos bei der Gründungskonferenz der KSZE in Helsinki dabei. Besonders viel zu tun hatte ich nicht, nur die Gespräche mit Schmidt, Kreisky und Honecker waren zu übersetzen. So spazierte ich mit dem Dolmetscherkollegen für Russisch, Borislav Milošević, viel durch die Stadt. Er ist ein gebildeter Mensch und unterschied und unterscheidet sich in fast allem von seinem damals weltweit noch unbekannten Bruder Slobodan Milošević, dem „kleinen Sloba“, wie er ihn nannte und wir, die ihn kannten, ebenso. Borislav, den Freunde Bora hießen, ist einen Kopf größer als Slobodan, trug und trägt heute noch einen gepflegten Schnurrbart und hält sich für einen Montenegriner, während sein Bruder Sloba stets betonte, ein Serbe zu sein. Es waren die „weißen Nächte“ am Polarkreis und wir Dolmetscher waren in einem Studentenheim untergebracht, dessen Vorhänge schlecht schlossen. Nie wurde es dunkel, an Schlaf war kaum zu denken. Am meisten zu tun hatte die Dolmetscherin für Englisch, Französisch und Italienisch, Lijana Tambača, die Beste, die ich je in unserem Metier erlebt habe.

Aus Helsinki zwei Kleinigkeiten: Die Delegationen waren im großen Sitzungssaal nach dem Alphabet gereiht und so war Jugoslawien, international Yugoslavia, dank dem Y auf den hintersten Plätzen. Das freute unsere Sicherheitsbeamten sogar, weil niemand hinter uns saß. Um von hinten zur Bühne gelangen, musste man recht unangenehme, teils steile Treppen hinuntersteigen. Die Gastgeber boten Tito als ältestem Teilnehmer an, diesen Weg nicht zu nehmen, sondern hinten herum mit dem Fahrstuhl hinunter und wieder hinauf auf die Bühne gefahren zu werden. Das wollte er aber nicht. Trotz der Probleme mit seinen Bandscheiben schritt er, als er an der Reihe war, die Stiegen hinunter und danach wieder hinauf, General Rapo besorgt hinter ihm, um ihn notfalls zu stützen. Nur wenige von uns wussten, welche Schmerzen Tito dabei zu bewältigen hatte und nicht zeigen wollte.

Die Säle und Salons des Messepalastes „Finlandia“ waren eigentlich für eine solche Veranstaltung viel zu klein. In den Pausen, wenn man einen Kaffee oder Saft nehmen wollte, drängten sich 35 Staats- oder Regierungspräsidenten, 35 Außenminister sowie je 35 Berater, Dolmetscher, Leibärzte und Leibwächter derart, dass man, mit dem Glas in der Hand, den einen Ellbogen etwa im Bart von Erzbischof Makarios, Präsident von Zypern, hatte und den anderen vielleicht auf Ceaușescus Schulter. Damals stellte ich fest, wie klein gewachsen die „großen“ Politiker alle sind. Die „beiden Franzosen“, Giscard d’Estaing aus Frankreich und Pierre Trudeau aus Kanada, schienen zwischen all den anderen wie Riesen.

Die beiden Herren, die „gleicher“ waren als alle anderen, wie in Orwells „Animal Farm – Aufstand der Tiere“, Präsident Gerald Ford aus den USA und Leonid Breschnew aus der UdSSR, hatten mehrere Leibwächter dabei. Wenn sie durch das Gedränge gehen wollten, schubsten diese Männer andere Präsidenten unsanft und rücksichtslos beiseite. Neben Tito war nur sein General Rapo. Wir Dolmetscher standen abseits und warteten darauf, gebraucht zu werden, was meist nicht der Fall war, weil Tito gern mit seinen Sprachkenntnissen prahlte. Wenn er jedoch auch nur einen Schritt machte, teilte sich vor ihm höflich – fast würde ich sagen: ehrfurchtsvoll – die Masse der Präsidenten und Minister, ganz so wie das Rote Meer vor Moses. Das muss man gesehen haben um zu verstehen, wie hoch das Ansehen dieses auf dem Balkan geborenen Bauernsohnes und ehemaligen Schlossers war.

Ein Jahr später, 1976, erlebte ich etwas Ähnliches auf der Konferenz der kommunistischen und Arbeiterparteien in Ost-Berlin. Tito hatte ziemlich lange gezaudert, ob er überhaupt persönlich kommen oder ob er die Anwesenheit einem dem Rang nach niedrigeren Parteifunktionär überlassen sollte. Die Rolle Jugoslawiens und seiner Partei in dieser Gesellschaft war formal umstritten. Erst im letzten Augenblick, fast schon überraschend, entschied Tito, selbst an der Veranstaltung teilzunehmen.

Beginn der Konferenz in einem Saal des Hotels „Stadt Berlin“. Die Delegationen kamen eine nach der anderen und nahmen an den im Rechteck aufgestellten Tischen Platz. Unser Protokoll war geschickt inszeniert, sodass Tito als einer der Letzten oder sogar als Letzter den Raum betrat. Unwillkürlich begann jemand zu klatschen. Die Teilnehmer der Begegnung hatten sich schon gesetzt, standen aber nun wieder auf und begrüßten den an Jahren Ältesten unter ihnen mit Applaus. Es geschah spontan. Alle anderen hatten einander nur freundlich zugenickt, man kannte einander ja in diesem Kreis. Breschnew war mechanisch aufgestanden und bewegte die Hände. Ich stand hinter Titos Rücken und hatte den Russen gut im Blick, sah, wie er aufhörte und verstört, sogar unwillig vor sich hin starrte; er hatte begriffen, dass er einem Tito die Ehre erwies, was er so keineswegs beabsichtigt hatte. Aber er war diszipliniert und setzte nach kurzem sein Applaudieren zögernd fort, wie jemand im Theater, dem die Aufführung nicht besonders gefallen hat, der aber eben mitmacht. Tito empfing diese Begrüßung ungerührt, als gebühre sie ihm. Dann winkte er mit der Hand, man möge sich setzen, und die Konferenz der Führer der so genannten kommunistischen Welt konnte beginnen.

Solche Episoden beweisen, dass Tito tatsächlich Autorität hatte, obwohl Jugoslawien relativ klein und wirtschaftlich ziemlich unbedeutend war. Hat Stalin gefragt, wie viele Divisionen der Papst habe? Wie sich herausgestellt hat, kommt es nicht darauf an. Zumindest nicht nur darauf.

Ich musste mich wieder einmal mit der DDR wegen der deutschen Sprache herumschlagen. Interessant – im Westen Deutschlands und in Österreich habe ich nie Streitereien um die Sprache gehabt. Die Reden aller Parteichefs sollten im Voraus abgegeben werden, die Gastgeber wollten sie vervielfältigen. Am Tag vor Beginn der Konferenz waren die meisten Reden schon gedruckt, Titos Ansprache jedoch nicht. Wir fragten, wieso. Es hieß, da gebe es Probleme. Welche Probleme? Sprachliche Probleme. Da wollte ich natürlich wissen, was an dem von mir übersetzten Manuskript problematisch sei.

„Bei Ihnen steht zum Beispiel gleich am Anfang, Genosse Tito sei Präsident des Bundes der Kommunisten Jugoslawiens. Bei uns heißt das aber nicht Präsident, sondern Vorsitzender …“

„Pardon, das ist nicht dasselbe“, erklärte ich. „Präsident ist, was auf Englisch *president* heißt, Vorsitzender aber ist *chair-*

man. Auf Serbisch ist Präsident *predsednik,* Vorsitzender jedoch *predsedavajući.*"

„Ja, ja, aber wieso hat Genosse Tito etwas anderes zu sein als die Genossen Breschnew oder Honecker?"

„Das ist nicht Ihr oder mein Problem, sondern das Problem unserer Parteien, wie sie ihre höchsten Funktionäre nennen wollen."

Als man noch immer zögerte, aber keine weiteren „sprachlichen" Probleme angeben wollte, sagte ich, falls man technische Schwierigkeiten habe, die Rede zu vervielfältigen, sollte man es uns nur sagen, wir könnten das ja selbst ohne Probleme in West-Berlin erledigen. Daraufhin druckte man die Rede.

Gewitzt durch die Tricks, die in der DDR manchmal angewendet wurden, bestanden wir darauf, dass ich und nicht irgendein von den Veranstaltern bestimmter Kollege Titos Rede simultan aus der Kabine übertragen sollte. Ich war nicht sicher, ob Tito im letzten Augenblick etwas verändern würde, was man sich bei ihm durchaus vorstellen konnte, und dann würde natürlich „das gesprochene Wort" gelten.

Die Sprache! Es geht ja nicht nur um Sprache, Syntax und Grammatik, es geht oft um politische Begriffe. Auch darum, wie sich welcher Begriff in welcher Gesellschaft eingebürgert hat. Unsere Anrede *dragi druže* konnte in der DDR wortwörtlich mit „teurer Genosse" übersetzt werden, noch immer erhalte ich manchmal aus dem Osten Briefe mit der Anrede „teurer Herr Ivanji". Im westlichen Deutschland oder Österreich wäre das für mich einfach komisch gewesen, da sagte ich „lieber Genosse".

Das oft verwendete *Non-Aligned* wird in Deutschland hartnäckig mit „blockfrei" übersetzt, sodass ich mich der Einfachheit halber oft damit abgefunden habe, obwohl es falsch ist. Richtiger wäre „ungebunden", „bündnisfrei" oder „nicht paktgebunden", denn auf Grund der jugoslawischen politischen Philosophie zu Titos Zeiten war die Blockfreiheit nur eines der Elemente der Zugehörigkeit zur Bewegung der Nicht-Paktgebundenen.

Ein noch wesentlicheres Beispiel, das nichts mit Jugoslawien zu tun hat: Das Viermächteabkommen über Berlin wurde im Original offiziell auf Englisch, Russisch und Französisch abgefasst, die deutsche Version war nur eine Übersetzung. Es gab aber zwei Versionen, zwei Übersetzungen. So war das einfache Wort r*elations* auf „Westdeutsch" zu „Bindungen", auf „Ostdeutsch" zu „Verbindungen" geworden; mit Ersterem war die gewünschte politische Verbindung zwischen Westdeutschland und West-Berlin, mit dem zweiten Wort eher Transport, Verkehr, Telefonie und Post gemeint. Ich musste für das Serbische eine adäquate Lösung finden und so übersetzte ich „Bindung" in diesem Fall mit *povezanost*, aus „Verbindungen" machte ich *veze*. Natürlich hatte das nichts mit der Sprache zu tun, sondern mit der Politik. Die westdeutsche Variante wollte die Bindung West-Berlins an die Bundesrepublik betonen, die ostdeutsche eben nur technische Verbindungen von West-Berlin aus mit der Bundesrepublik zulassen. Die Deutschen hatten diese Bestimmungen durchzuführen, deuteten die in den Sprachen der Großmächte unterzeichneten Texte aber verschieden. Aus solchen Gründen kann man manchmal über den Sinn dieser oder jener Übersetzung mit guten Argumenten streiten.

In der Geschichte gibt es viele Beispiele fehlerhafter oder absichtlich falscher Übersetzungen. Das schrecklichste betrifft die Übersetzung des japanischen Kapitulationsangebotes im Juli 1945, das wegen des Missverständnisses um die doppelte Negation im Japanischen als Ablehnung der Kapitulation übersetzt wurde und zum Abwurf der Atombomben auf Hiroshima und Nagasaki führte. In Washington waren alle gebürtigen Japaner aus dem Sprachendienst für die höchste Ebene ausgeschlossen, möglicherweise führte das zu diesem folgenschweren Fehler. Es gibt jedoch auch die Hypothese, man sei absichtlich von der fehlerhaften Übersetzung ausgegangen, um die Bomben abwerfen zu können.

Das älteste mir bekannte Beispiel betrifft die Übersetzung einer Botschaft von Papst Hadrian IV. an Kaiser Friedrich I. Barbarossa aus dem Jahr 1157. Übersetzer war Bischof Rainald von Dassel. „Der Papst freue sich, dem Kaiser weitere …“ Weitere was? Das lateinische Wort hieß *beneficium.* Von Dassel übersetzte, der Papst wolle dem Kaiser weitere „Lehen“ übertragen, was bedeutet hätte, dass der Papst sich als Lehnsherr des Kaisers sah. Wahrscheinlich wollte Hadrian jedoch freundlich sagen, er wolle dem Kaiser weitere „Wohltaten“ zukommen lassen. *Beneficium* kann man sowohl als „Lehen“ als auch als „Wohltat“ übersetzen. Der deutsche Bischof wollte einen Streit zwischen Papst und Kaiser provozieren und es gelang ihm, ihn zu entfachen. Er wollte gern selbst Papst werden, was jedoch fehlschlug.

Einen kleinen Sprachstreit hatte ich mit Stane Dolanc, damals Sekretär des Exekutivkomitees des Bundes der Kommunisten Jugoslawiens, in Titos Anwesenheit. Dolanc saß rechts von Tito, ich als Dolmetscher wie üblich links von ihm. Gegenüber Willy Brandt und eine Delegation der SPD. Ort des Geschehens: eine Villa am See von Bled. Ich übersetzte und Dolanc, der gut Deutsch sprach, verbesserte mich hinter Titos Rücken flüsternd.

„Sie irren!“, sagte ich.

„Ich habe natürlich Recht“, beharrte Dolanc.

„Wenn es eine Entscheidung der Partei ist, meinetwegen, aber wenn es um die deutsche Sprache geht, dann nicht!“

Tito entschied und sagte scherzend: „Gebt Ruhe hinter meinem Rücken. Was die Sprache angeht, vertritt Ivanji den Standpunkt der Partei!“

1976 wohnte Tito im Pankower „Städtchen“ und der größere Teil unserer Delegation im Hotel „Stadt Berlin“. Es war ein schrecklich heißer Sommer. Die Klimaanlage kühlte nur das Erdgeschoss und die erste Etage mit dem Konferenzraum. Oben in den Schlafzimmern war es unerträglich schwül und man konnte die Fenster nicht öffnen. Also saßen wir morgens und abends unten in der Halle, so lange es nur ging.

Früh am Morgen sagte mir ein DDR-Sicherheitsbeamter, vor dem Portal stehe eine junge Frau, die behaupte, sie gehöre zu unserer Delegation, habe aber ihren Ausweis vergessen. Die Delegationsmitglieder hatten natürlich entsprechende Ausweise und Abzeichen. Erst glaubte ich, das könne nicht wahr sein, gab es aber dann doch an unseren Mann aus dem Innenministerium weiter, der seufzte: „Ach, schon wieder die!“, und sofort zum Eingang ging.

Es war Titos Masseurin, eine hübsche junge Dalmatinerin. Sie war schon bei ihm im „Städtchen“ gewesen. In Belgrad hatte man gemunkelt, es wäre ein Liebesverhältnis, Tito und Jovanka seien wegen ihr auseinander gegangen, was absolut nicht stimmt. Tito blickte zeitlebens gern schönen Frauen nach, wer hätte es ihm verwehren wollen? Und dass er früher, im entsprechenden Alter, ein echter Frauenheld und Schürzenjäger war, ist unbestreitbar.

Als die Konferenz in Berlin beendet war, fand im Palast der Republik ein feierliches Abendessen für alle Teilnehmer statt. Die Präsidenten und Generalsekretäre saßen an einem Tisch, alle Übrigen um viele andere Tische verteilt. Ich freute mich, in Ruhe gut essen zu können. Kaum hatte ich den zweiten Bissen der ersten Vorspeise im Munde, kam jedoch schon ein DDR-Protokollmensch und befahl: „Sie sollen zu Ihrem Chef kommen!“

Tito saß neben Honecker, Breschnew zwei Stühle weiter, mein Präsident sprach munter mit dem einen Deutsch und mit dem anderen Russisch. Mir wurde ein Hocker hinter seinem Rücken aufgestellt.

Das jugoslawische Protokoll platzierte die Dolmetscher stets links vom Chef der Delegation, auch beim Essen. Protokollarisch waren wir Luft – wie der Schiedsrichter beim Fußball, falls ihn der Ball trifft –, aber mitessen durften wir normal und mit Tito war das auch kein Problem, weil er sich mit Deutsch sprechenden Partnern ohnehin direkt unterhielt und ich nur für die offiziellen Toasts gebraucht wurde.

Andere Kollegen haben es, wie man hört, mitunter schwerer gehabt. Stalins Englischdolmetscher hat ein Bankett beschrieben, an dem Stalin und Churchill teilnahmen. Stalin sprach, der gute Mann übersetzte, während der Engländer aß. Dann antwortete der britische Premier, Stalin kaute, der Dolmetscher dolmetschte. Endlich hörten beide auf zu reden und der Dolmetscher steckte sich den ersten Bissen in den Mund, da sagte Stalin etwas. Der arme Mann wollte pflichtbewusst schnell übersetzen, verschluckte sich und musste ausspucken, Stalin sah ihn wütend an … Solche Probleme wollten die Ostdeutschen wohl vermeiden.

Nun, ich saß unbequem hinter Titos Rücken, musste hin und her rücken, um die Kellner nicht zu stören, und konnte nicht einmal richtig hören, worüber man redete, was mich natürlich interessiert hätte. Hungrig war ich auch, mit einem Wort: unglücklich.

Als man sich satt gegessen hatte, begann Tito an seiner Zigarre zu fummeln und um wenigstens für etwas nützlich zu sein, reichte ich ihm von hinten Feuer. Zerstreut sagte er auf Deutsch: „Danke!"

Ich dachte etwa: 'Alter Trottel, du weißt nicht einmal mehr, wer neben dir sitzt.' Das war natürlich nur mein Gedanke, keineswegs sagte ich etwas. Tito aber drehte sich mit einem Ruck zu mir um, als hätte ich laut gesprochen: „Übrigens habe ich deinen Diokletian gelesen!"

Er meinte meinen Roman über diesen römischen Imperator. Das kam so überraschend, dass ich nichts Gescheiteres hervorbrachte als: „Was Sie nicht sagen!"

„Doch! Was ich dich schon immer fragen wollte: Wie hat man ein so großes Reich ohne Funkverbindungen regiert?"

Ich fasste mich und erklärte, es habe die reitenden Boten gegeben, die von Station zu Station rasten, wo sie ihre Pferde wechseln konnten, und fügte hinzu: „Der Kaiser erfuhr eine Nachricht vom anderen Ende des Reiches mit einer Verspätung vielleicht von Wochen oder manchmal Monaten, aber allen anderen gegenüber war er zeitlich im Vorteil. Sie erhalten einen Bericht zwar sofort, aber fast gleichzeitig mit Ihnen auch alle anderen …"

„Da ist etwas dran!", meinte Tito und wandte sich an Honecker: „Weißt du, mein Dolmetscher ist eigentlich Schriftsteller, er hat einen Roman über den römischen Kaiser Diokletian geschrieben …"

„Der übrigens gerade in der DDR übersetzt worden ist“, ergänzte ich.

„Den musst du lesen!“, sagte Tito.

„Ja, gern …“ Was hätte Honecker anderes sagen können?

„Darf ich Ihnen dann ein Exemplar mit Widmung schicken?“, fragte ich.

„Ich bitte darum“, antwortete der Herr der DDR.

Man kann sich vorstellen, dass sich mein ostdeutscher Verlag „Volk und Welt“ freute, als ich ihm das meldete. Vielleicht war deshalb plötzlich genügend Papier vorhanden, um nach und nach 100.000 Exemplare zu drucken – die größte Auflage, die ein Titel von mir je erlebt hat. In Valuta umtauschen konnte ich das Honorar freilich nicht. Am Ende kaufte ich meiner Frau einen teuren Pelzmantel, den sie kaum jemals getragen hat, weil er ihr zu schwer ist.

Tito leise zu mir: „Dieser Brecht, diese Mutter, wie heißt das auf Deutsch?“

„Mutter Courage.“

„Ivanji hat auch die ‘Mutter Courage’ von Brecht übersetzt …“

Danach wandte sich Tito Breschnew zu und begann sich mit ihm auf Russisch zu unterhalten. Ich war nicht mehr unglücklich. Was war geschehen? Tito hatte mit seinem Sinn für alles, was um ihn herum geschah, bemerkt, dass ich schlecht gelaunt war, und geahnt, warum. Er zog mich ins Gespräch, verpasste mir einige Streicheleinheiten und beruhigte mich. Mir genügte das damals.

Diplomatischer Alltag und Terroristen

Ende der 1960er Jahre war ich Stellvertreter des Intendanten des Belgrader Nationaltheaters und bereitete ein Gastspiel der Oper in West-Berlin vor. Natürlich wusste ich, dass die Situation in der geteilten Stadt, wie wir es gern nannten, „komplex“ war. Unsere diplomatische Vertretung im Westen der deutschen Metropole, die praktisch als Generalkonsulat funktionierte, hieß offiziell „Militärmission“.

Der Chef der Militärmission hatte am Anfang seines Mandats sein Beglaubigungsschreiben den „vier Kommandanten“ zu überreichen. Die Zeremonie fand bei einem der drei westlichen Generäle statt. Eine Viertelstunde stand man mit einem Gläschen in der Hand im Salon herum, dann blickte der Hausherr auf seine Uhr und stellte fest: „Der sowjetische Kollege ist anscheinend verhindert!“ Der „sowjetische Kollege“ kam nämlich nie, aber man tat so, als warte man auf ihn. Dann überreichte unser Mann seine Papiere und fuhr zu einem „Höflichkeitsbesuch“ zum Regierenden Bürgermeister, der sein eigentlicher Ansprechpartner war.

Einige Monate vor dem Gastspiel musste ich nach Berlin fliegen, für Vorbereitungen sorgen und den Vertrag endgültig unterschreiben. Chef unserer Militärmission war der erfahrene Diplomat Anton Kolendić. Da wir einander nicht persönlich kannten und ich mir für alle Fälle seine Hilfe sichern wollte, rief ich ihn aus dem Büro unseres Außenministers an. Das nützte mir jedoch nichts, denn als ich am 30. Juni 1969 ankam, wurde auf Kolendić ein Attentat verübt. Er befand sich schwer verletzt im Krankenhaus und in der Mission herrschte Chaos.

Am Samstagmorgen, an dem das Konsulat für die Gastarbeiter zur Verfügung stand, die während der Woche keine Zeit hatten, spazierte ein junger Mann ins Konsulat, richtete die Pistole auf den Portier und einen zufällig anwesenden Beamten, zwang sie niederzuknien und fragte nach dem Chef. Der Portier stotterte, der sei nicht da, obwohl Kolendić mit der soeben angekommenen Post in der Hand auf dem Treppenabsatz stand, aber nicht abwartete, wie es sich weiter entwickeln würde, sondern sich auf den Angreifer stürzte. Obwohl er bedeutend älter und physisch gewiß schwächer war, stieß er den Mann mit dem Knie in die Hoden und drückte die Daumen in seine Augen. Der Attentäter schoss und traf zwar aus nächster Nähe, aber nicht tödlich. Erst jetzt rannten die beiden deutschen Polzisten herein, die vor der diplomatischen Vertretung im Dienst waren, und verhafteten den Angreifer, einen jungen Kroaten, Angehöriger der Ustaschi. Kolendić war selbst Kroate und deshalb war man auf ihn in diesen Kreisen besonders wütend, weil er „Belgrad diente".

In einem solchen Umfeld sollten Tschaikowskis „Mazeppa" und Borodins „Fürst Igor" aufgeführt werden. Da auch ein großes Ballettensemble notwendig war, mussten fast zweihundert Künstler und Mitglieder des Orchesters und der Bühnentechnik mitkommen. Natürlich hatte ich ein langes Gespräch mit der Westberliner Polizei. Man sagte mir, sie könnten für die Sicherheit im Theater und in den Hotels, in denen unsere Leute schlafen würden, garantieren, aber sollten sie allein – oder, schlimmer noch, mehrere zusammen – selbstständig durch die Straßen laufen, könnte man doch nicht einer jeden solchen kleinen Gruppe Beschützer und Leibwächter mitgeben. Wie sollte ich unseren Leuten erklären, dass zwischen den Proben und den Abenden niemand herumlungern, einkaufen oder sich in Gaststätten setzen sollte?

Ich mietete zwei jugoslawische Flugzeuge. Es war viel billiger, Schönefeld im Osten von Berlin anzufliegen als etwa über München zu kommen, von wo aus die jugoslawische Gesellschaft JAT keine Anflugrechte für Tegel oder Tempelhof bekommen konnte. Die Kulissen und die Bühnenarbeiter, die sie ausladen würden, fuhren mit der Eisenbahn voraus und ich musste Lastkraftwagen und einen Bus finden, die die Erlaubnis hatten, die „Sektorengrenze" zu überschreiten – mit anderen Worten: „durch die Mauer" zu fahren.

Ich glaubte, alles sei in Ordnung, ich hätte alles vorausgesehen, aber noch warteten böse Überraschungen sowohl im Osten als auch im Westen auf uns.

Herbst in Berlin beiderseits der Mauer. Unsere Bühnenarbeiter waren angekommen, ich setzte sie in den Bus, der Waggon mit den Kulissen und Requisiten wurde auf einen West-Berliner Bahnhof umgeleitet und ich fuhr mit dem Kulturattaché unserer Botschaft in der DDR in seinem Wagen mit Diplomatenkennzeichen vor. So kamen wir zum Checkpoint Charlie. Ich sammelte die Pässe der Leute und zeigte sie dem ostdeutschen Grenzpolizisten, der mich anzischte: „Geht nicht!"

„Wieso?"

„Na, schauen Sie selbst!", sagte er und tippte mit dem Finger auf das Visum, das die Botschaft der DDR in Belgrad ausgestellt hatte. Ich sah nur den ordentlichen Sichtvermerk.

„Können Sie lesen?", fragte der Grobian.

„Ich glaube schon."

„Und was steht da? Da steht 'Grenzübergang Bahnhof Friedrichstraße'. Hier ist zwar Friedrichstraße, aber kein Bahnhof."

„Und was machen wir dann?"

„Nichts als zurück und schön mit einem Zug rüber!"

Unangenehm. Das hätte das Konsulat in Belgrad eigentlich wissen müssen. Plötzlich fiel mir ein, dass ich etwas in der Tasche hatte, das sich als Geheimwaffe erweisen könnte. Vor geraumer Zeit hatte mir Ulbrichts Sekretär – er war ebenfalls Romancier – seine Visitenkarte gegeben und ich hatte sie aufbewahrt, weil sie so außerordentlich merkwürdig war. Sie war viel größer als üblich und auf echtem Pergament mit Golddruck stand unter dem Wappen:

Otto Gottsche
Der Sekretär des Staatsrates
der Deutschen Demokratischen Republik

Ich zeigte das Ding dem Polizisten und machte leise und höflich einen Vorschlag: „Sehen Sie, Genosse Gottsche ist ein alter Kumpel von mir. Könnten wir ihn nicht anrufen und fragen, ob er für diese Angelegenheit eine Lösung sieht?"

Der Grenzhüter nahm das Pergamentstück, starrte es einen Augenblick an, erklärte mit ganz anderer Stimme: „Momentchen!" und fügte dann sogar hinzu: „Bitte!"

Er zog sich in sein Häuschen zurück und fast sofort stürzte ein beleibter Oberstleutnant heraus, salutierte, streckte mir die Hand entgegen, stellte sich höflich vor und tat, als freute er sich: „Die Belgrader Oper ist da! Wunderbar! Wir werden doch den Genossen Gottsche nicht mit solchen Lappalien belästigen. Wie viele Reisende sind es?"

Er retournierte mir die Pässe, zählte schnell im Bus ab und winkte, dass wir losfahren könnten. Ich dankte ihm und sagte noch: „Wenn Sie jetzt Ihren Bericht schreiben, Genosse Oberst …", er nickte, weil er wusste, was nun kommen musste, „geben Sie doch bitte an, dass heute Nacht zwei Flugzeuge mit unseren Künstlern in Schönefeld landen und dass Ihr Kollege dort auch ein so freundlicher Genosse ist wie Sie …"

„Wird gemacht!"

Am Flugplatz klappte alles. Probleme gab es erst, als ich die Leute auf fünf verschiedene Hotels aufteilen musste und ein jeder glaubte, er habe ein schlechteres bekommen.

Am nächsten Vormittag die erste und einzige Probe im „Theater des Westens". Die Mitglieder des Orchesters nahmen Platz, zu mir aber kam aufgeregt ihr Vertreter und teilte mit: „Die Harfen und die Kontrabässe sind nicht da!"

Diese schweren Instrumente werden im Prinzip nicht auf Gastspiele mitgenommen. Ich holte den Kontrakt aus der Aktentasche – er umfasste mehr als 50 Artikel –, um nachzuprüfen, ob ich die Instrumente vergessen hatte, aber nein, da stand: „Zwei Harfen und acht Kontrabässe stellt der Veranstalter." Wer war der Veranstalter? Deutscherseits standen drei Unterschriften auf dem Vertrag: die Berliner Festspiele, das Theater des Westens und die Konzertagentur Roeber. Die Vertreter der drei Institutionen begannen zu streiten, wessen Aufgabe das gewesen wäre. Ich bat verzweifelt: „Die Schuldfrage klären Sie später. Wir sind doch nicht am Ende der Welt, sondern in Berlin – beeilen Sie sich, die Instrumente zu beschaffen!"

Es erwies sich, dass die Bassgeigen kein Problem waren, aber in Windeseile Harfen auszuleihen ging auch in Berlin nicht. Wäre als Dirigent nicht der erfahrene und abgebrühte Maestro Oskar Danon mitgekommen, hätte ein jüngerer

Künstler vielleicht die Probe abgesagt und das ganze Gastspiel in Frage gestellt. Danon lachte, probte ohne komplettes Orchester, man war ja eingespielt, am Abend waren auch die Harfen da und alles funktionierte nach Wunsch.

Mit den Ustaschi hatten wir keine Probleme, im Gegenteil – am freien Abend zwischen den Vorstellungen saßen militante Kroaten und unsere Mitglieder des Chors und Balletts fröhlich in Kneipen zusammen.

Als ich noch am Belgrader Nationaltheater war, sagte ich eines Tages müde zu meiner Frau, wenn ich einmal nicht mehr da wäre, sollte sie die vielen deutschen Bücher einer Bibliothek schenken. Sie ärgerte sich und erklärte energisch: „Auf gar keinen Fall!“ Das war mit der Grund, das Angebot meines alten Freundes Budimir Lončar, der zum jugoslawischen Botschafter in der Bundesrepublik ernannt wurde, anzunehmen, als Botschaftsrat für Presse und Kultur nach Bonn zu kommen und unseren neunjährigen Sohn in eine dortige Schule zu stecken. Als Korrespondent österreichischer und deutscher Medien lebt unser Sohn Andrej immer noch von der Sprache, die er sich so angeeignet hat. Auch die Erbschaft der deutschen Bücher ist damit gesichert.

In Bonn hatte ich im Prinzip mit konsularischen Angelegenheiten nichts zu tun. Der Visazwang für Reisen zwischen der Bundesrepublik und Jugoslawien war abgeschafft. Auf dem Schwarzmarkt war ein jugoslawischer Reisepass der teuerste überhaupt, weil man damals mit keinem anderen Pass ohne Sichtvermerk in so viele Länder der Welt einreisen konnte. Als die Kölner Oper mit einem selten gespielten modernen Musikdrama eines zeitgenössischen Komponisten nach Zagreb eingeladen war, machte ich den Verwaltungsdirektor rechtzeitig darauf aufmerksam, dass Staatenlose trotzdem ein Visum brauchten. Damals lebten in Deutschland viele ungarische Musiker ohne ein reguläres Dokument. Man meldete mir zurück, solche gebe es nicht, aber drei Tage vor der Abreise rief man mich an – die Solistin sei zwar eine Deutsche, jedoch in Johannesburg geboren und besitze einen Pass der

Südafrikanischen Republik. Dieses Land war eines der wenigen, mit denen Jugoslawien wegen der dort herrschenden Apartheid keine diplomatischen Beziehungen unterhielt. Ich erzählte die Geschichte dem Chef unserer Konsularabteilung, Toma Zeljug, und bat ihn, den Sichtvermerk auszustellen. Er meinte: „Das darf ich nicht. In solchen Fällen muss ich die Zentrale benachrichtigen und ihren Bescheid abwarten."

„Wie lange dauert das?"

„Zwei bis drei Wochen!"

„Die Frau muss aber übermorgen in Zagreb sein!"

„Unmöglich!"

„Für diese Rolle ist kein Ersatz zu finden. Wenn sie nicht fliegt, scheitert das Gastspiel!"

„Das ist nicht mein Problem."

Seines war es nicht, aber das meine umso mehr. Ein Glück, dass Lončar unser Botschafter war. Ich beklagte mich bei ihm. Er bat Zeljug, sich nicht zu zieren. Dieser antwortete, der Genosse Botschafter solle ihm schriftlich den Befehl geben. Lončar tat das.

„Ich muss es aber nach Hause melden!"

„Wenn du musst, dann melde es!"

Das Gastspiel war gerettet, der Konsul beschwerte sich beim Minister, aus Belgrad kam ein Telegramm, das sei gegen die Vorschriften gewesen. Der Botschafter konnte sich jedoch einen Rüffel leisten.

Viel über den diplomatischen Alltag möchte ich nicht erzählen, aber einiges ist doch erwähnungswert. Ich vermied nach Möglichkeit langweilige Begegnungen mit „Kollegen", den für Medien und Kultur zuständigen Diplomaten anderer Botschaften. Das nahmen mir besonders die Vertreter des Ostblocks übel, weil sie einander regelmäßig extra trafen und auf russische Weisungen hörten. Auch mit unseren Gastarbeitern wollte ich so wenig wie möglich zu tun haben. Unsere Regierung nannte sie hartnäckig „Jugoslawen auf provisorischer Arbeit in Deutschland". Ich hielt es für meine Aufgabe, mich auf Deutschland und die Deutschen zu konzentrieren, und das war gar nicht so einfach, denn die wichtigsten Zentren der Kultur und die Sitze der Medien befanden sich nicht in Bonn, sondern in Hamburg, Frankfurt am Main oder München. Deshalb musste ich viel unterwegs sein und klagte auch oft: „Die Kultur hat selten eine gute Presse und die Presse hat meist keine Kultur." Meiner Meinung nach hätten in einem so wichtigen Land wie Deutschland Kultur und Presse von zwei Diplomaten bearbeitet werden müssen. Ich aber hatte nur eine Anfängerin als Attaché – der österreichische Kollege belehrte mich, ich könne ruhig auch Attacheuse sagen – und eine „halbe Sekretärin"; die musste ich nämlich mit dem für Wirtschaftsfragen zuständigen Botschaftsrat teilen, aber er hielt seine Arbeit natürlich für wichtiger. Der Botschafter nahm mich darüber hinaus für manche rein politischen Kontakte und Fragen in Anspruch und verließ sich auf meine Meinung, was die Kollegen in der Botschaft eifersüchtig machte und ärgerte. Wenn ich gerade nicht zu müde war, fand ich das lächerlich.

Manchmal musste ich Gäste einladen. Ich ließ Einladungskarten drucken: „Der Botschaftsrat für Presse und Kultur der Sozialistischen Föderativen Republik Jugoslawien und Frau Dragana Ivanji geben sich die Ehre, zu einem serbischen Bohnenessen einzuladen." Das war wenigstens etwas Neues und wurde anerkannt, obwohl es natürlich außer Bohnen auch anderes gab. Wir konnten uns nur eine Aushilfe für den Abend leisten; sie erschien nachmittags um fünf schwarz gekleidet mit Schürze und Häubchen. Vorher hatte ich den Einkäufer gemacht, meine Frau hatte gekocht und gerade noch Zeit zu duschen, die „Kriegsfarben" anzulegen und sich umzuziehen. Die Kellnerin Majda ging um elf, unsere Gäste blieben oft bis nach drei Uhr morgens. Das betone ich, weil sich unser britischer Kollege Terence Clark, den ich schon aus Belgrad kannte, zwei Dienstboten hielt, die der Staat bezahlte, und als ständiges Personal noch eine weitere Frau, die er aus eigener Tasche finanzierte. Er wohnte in einem Haus, das weitaus größer war als unsere Botschafterresidenz, aber bei ihm war es langweilig und die Gäste, mehr oder weniger dieselben wie bei uns, gingen um Mitternacht.

Abgesehen von diplomatischen Veranstaltungen war das Leben in Bonn für meine Frau und mich, ehemalige Theatermenschen, ziemlich langweilig. Zwei Witze kursierten:

Ein Besucher fragt den Portier seines Hotels, wie es mit dem Nachtleben in Bonn stehe.

„Das Nachtleben?“, erwidert der Portier. „Ich fürchte, heute Abend arbeitet die Dame in Köln.“

Ein anderer:

„Was ist der Unterschied zwischen Bonn und dem Friedhof von Chicago?“

„Der Friedhof von Chicago ist viel größer, aber Bonn ist viel toter.“

Noch vor meiner Ankunft hatten Gespräche mit einem deutschen Verleger über die Ausgabe eines Buches mit Titos Reden angefangen. Jugoslawien sollte die Druckkosten im Voraus bezahlen. Ich lehnte das alles in eigener Verantwortung ab. Der Verleger wunderte sich – er habe doch die Herren Schiwkow aus Bulgarien und Ceaușescu aus Rumänien unter denselben Bedingungen gedruckt. Darauf sagte ich, das sei ein Grund mehr, „Herrn Tito“ nicht im selben Verlag erscheinen zu lassen.

Ich konnte den angesehenen Paul List Verlag in München dafür interessieren und handelte einen normalen Vertrag aus, der auch den üblichen Vorschuss für den Autor vorsah. Natürlich durfte die jugoslawische Seite Bücher zum üblichen Autorenrabatt kaufen – wie viele man erstehen würde, war aber keine Voraussetzung für die Ausgabe. Ich ging davon aus, dass sich ein Verlag nicht um den Verkauf bemüht, wenn er keine Eigenmittel investiert. Von Titos Büro erbat ich seine Kontonummer – Jugoslawen mussten damals gesonderte Valutakonten unterhalten, wenn sie ausländisches Geld erhalten wollten. Nach Titos Tod veröffentlichte ein Nachrichtenmagazin seinen Nachlass im Detail – unter anderem war da das Konto mit den 4.000 DM, die ich für ihn ausgehandelt hatte. Er hatte sie nicht angerührt, vielleicht nicht einmal davon gewusst.

Die Ustaschi – oder, wie wir sie nennen sollten, „die feindlich gesinnte kroatische Emigration“ – waren eine ständige

Bedrohung für uns. Kaum war ich in Deutschland angekommen, als am 7. Februar 1976 der jugoslawische Konsul in Frankfurt am Main, Edvin Zdovc, ermordet wurde. Früher hatte er oft in Slowenien für hohe deutsche Gäste gedolmetscht, was bedeutete, dass ich mich, wenn ich mit einer Delegation nach Ljubljana kam, ausruhen konnte. Schon deshalb sagte ich ihm immer im Scherz, dass ich ihn liebte. Er war kurz vor mir nach Deutschland gekommen, wir bereiteten uns schon längst darauf vor, einander bei ihm am Main oder bei mir am Rhein zu treffen. Zum letzten Mal hatten wir uns beim Staatsbesuch Titos in Brandts Haus auf dem Venusberg gesehen.

Zdovc war in jeder Hinsicht ein ordentlicher Mensch, was man Slowenen oft nachsagt. Jeden Morgen hörte er Punkt sieben Uhr zum Frühstück die Nachrichten im Radio, verließ sein Haus durch die Hintertür und ging die wenigen Schritte zu seinem Wagen auf dem Parkplatz. An diesem Samstagmorgen war es noch dunkel. Der Schütze wartete hinter einer Mauer und tötete den Diplomaten mit dem ersten Kopfschuss. Er benützte einen Schalldämpfer. Frau Zdovc drinnen im Haus hatte nichts gehört. Die Leiche wurde erst eine gute Stunde später gefunden, als es hell wurde. Der oder die Mörder hatten genug Zeit um zu verschwinden, eine Spur wurde nie entdeckt.

Etwas später warnte uns die deutsche Polizei freundlicherweise, wir sollten nicht „zu ordentlich" sein und uns nicht jeden Tag an dasselbe Ritual halten, weil wir damit potenziellen Mördern das Handwerk erleichterten. Seither führte ich unseren Pudel Thea so oft wie möglich die Richtung wechselnd und nicht mehr immer zur selben Zeit auf den morgendlichen Spaziergang.

Den Abend vor seinem Tod hatte Zdovc mit dem slowenischen Dichter Lojze Krakar verbracht, der Lektor an der Frankfurter Universität war. Die Polizei verhörte Krakar. Das war logisch, denn er war einer der Letzten, wenn nicht der letzte Mensch, der mit Zdovc gesprochen hatte. Aber das Nachrichtenmagazin *Der Spiegel* veröffentlichte in seiner nächsten

Ausgabe einen Text über den Mord, der die pathetische Frage aufwarf: Wer außer Krakar habe gewusst, dass Zdovc am nächsten Tag, obwohl Samstag, also kein Arbeitstag, so früh aufstehen würde, um ins Konsulat zu fahren? Das war Unsinn, denn jedermann, der damit zu tun hatte, wusste, dass jugoslawische Konsulate samstags Gastarbeitern zur Verfügung standen. Krakar hatte einen Teil des Krieges als Häftling im Konzentrationslager Buchenwald verbracht. Er hatte genug, packte in einer Kurzschlussreaktion sofort seine Koffer und fuhr nach Hause. Damit war er für die Polizei „noch verdächtiger" geworden. Aufgeklärt wurde am Ende nichts.

Die Polizei fragte uns alle in der Botschaft, ob wir uns sicher fühlten, ob uns jemand verdächtig wäre, wer von uns Personenschutz beanspruche? Wir sagten, die Sicherheit der Diplomaten, genau so wie aller anderen Bürger in der Bundesrepublik, sei ihre Sache. Danach parkte in unregelmäßigen Abständen ein Panzerwagen des Grenzschutzes vor unserer Botschaft oder vor der Botschafterresidenz, was für Besucher nicht gerade vertrauensbildend wirkte. Man sagte uns, wir sollten unsere Autos stets genau untersuchen, bevor wir uns hineinsetzten, besondere Aufmerksamkeit auf das Untergestell richten, ob da nicht etwas angebracht sei, und den Wagen bei offenen Türen und Fenstern starten ... Das wollte ich meiner Familie nicht sagen. Ich tat ungeduldig und eilte am Morgen zum Auto – vor meinem Sohn, den ich zur Schule brachte.

Eines Tages kam ich aus der Botschaft zum Mittagessen heim. Vor unserem Haus parkte ein Kombiwagen mit deutschen Kennzeichen, der Fahrer döste, die Frau auf dem Beifahrersitz schminkte sich. Als ich nach etwa einer Stunde das Haus verließ, war der Wagen immer noch da, der Fahrer döste noch immer und die Frau war mit dem Schminken nicht fertig geworden. Ich kehrte in die Wohnung zurück und überlegte, ob ich die Polizei anrufen sollte. Ich hielt das dann doch für übertrieben, nahm also meinen Fotoapparat, ging vor die Gartentür und knipste mehrmals. Die Frau stieß den Mann in die Rippen und sie fuhren sofort weg. Später sahen wir den Wagen und die Leute auf dem nahen Bauernmarkt. Sie waren aus einem Dorf in der Nähe, verkauften Kartoffeln – und vor unserem Haus war ein schattiger Streifen zum Parken. Ein Glück, dass ich mich damit bei der Polizei nicht blamierte.

So harmlos war es aber keineswegs immer. Die deutsche Polizei hielt Anschläge auf jugoslawische Diplomaten lange nicht für Terrorismus, sondern für „gegenseitige Abrechnungen zwischen Jugoslawen", die sich „nicht auf deutschem Boden abspielen sollten". Das änderte sich nicht einmal, nachdem der jugoslawische Botschafter in Schweden, Vladimir Rolović, in seinem Amtsraum in der Botschaft von erklärten Ustaschi ermordet wurde, die sich danach sogar noch der Tat rühmten. Der Täter wurde gefasst, kurz danach jedoch mittels einer Flugzeugentführung freigepresst und nahm unbehelligt in den USA seinen Wohnsitz. Rolović war ein oder zwei Jahre zuvor als hoher Beamter des Außenministeriums Ehrenbegleiter von Willy Brandt gewesen.

Man war in Deutschland der Meinung, dass die jugoslawische Geheimpolizei Gegner des Tito-Regimes in Deutschland liqudiere und ihre Freunde sich dafür rächten. Dieser Standpunkt änderte sich, als die Rote Armee Fraktion (RAF) begann, wie sie es nannte, „Vertreter des Kapitalismus" wie Hanns-Martin Schleyer zu töten. Erst danach setzte sich bei den deutschen Behörden die Einsicht durch, dass es einen Unterschied zwischen politischen Meinungsverschiedenheiten und Fememord geben müsse.

Ich war eingeladen, in einer kleineren Stadt nördlich von Köln einen Vortrag über Tito und die jugoslawische Politik der Blockfreiheit zu halten. In der Botschaft hatten wir zwar verabredet, dass niemand allein zu solchen Veranstaltungen fahren sollte, wir waren aber zu wenige, hatten zu wenige Dienstwagen und so fuhr ich allein in meinem Ford los. Ich raste an der richtigen Autobahnabfahrt vorbei, musste die nächste nehmen, verirrte mich und fand den Veranstaltungsort nur wenige Minuten, bevor es beginnen sollte. Da war eine Menschenmasse. Ein Polizist fragte mich, ob ich Ivan Ivanji sei, und machte den Weg frei. Als wir angekommen waren, teilte er mir mit: „Ihre kroatischen Landsleute protestieren, macht nichts, alles ist unter Kontrolle, aber wenn Sie gestatten, sorge ich für Ihren Wagen …“

Ich gab dem uniformierten Beamten die Autoschlüssel, hielt meinen Vortrag, lehnte danach dankend die Einladung zum Nachtmahl ab, weil es spät geworden war, und fragte nach meinem Wagen. Der sei in der Garage der Polizei. Im ersten Augenblick wunderte ich mich und kam auf die Idee, dass man eine Abhöranlage oder sonst etwas in meinen Wagen eingebaut haben könnte. Über solche Dinge wusste ich aus Filmen mehr als aus der Praxis. Man brachte mich in einem Polizeiauto hin und der Herr in Zivil, der sich als Inspektor vorgestellt hatte, schlug mir vor, mich zu begleiten.

„Ja, danke, das ist nett, wenn Sie bis zum Stadtrand vor mir herfahren wollen … Ich hatte mich tatsächlich verirrt …“

„Nein, ich möchte bis Bonn mitkommen, und zwar in Ihrem Wagen.“

„Und wie fahren Sie dann zurück?“

„Mit der Eskorte, die fährt sowieso, da muss ich gar nicht nachfragen. Wir sind um Ihre Sicherheit besorgt.“

Ich wagte nicht zu protestieren: „Wenn Sie meinen …“

Er nahm auf dem Beifahrersitz Platz, hinten aber setzte sich ein uniformierter Polizist mit einer Maschinenpistole hinein. Vor uns fuhr ein Auto mit Blaulicht los.

„Übertreiben Sie nicht?“, fragte ich auf der Autobahn.

„Vielleicht“, seufzte der Inspektor. „Hoffentlich! Aber wissen Sie, nach dem Mord an Herrn Schleyer und seinen Leibwächtern sind wir alle etwas nervös geworden …“

Einige Monate später organisierten wir eine „Jugoslawische Woche“ in der schönen kleinen Stadt Hagen. Ich fuhr Wochen früher hin, um das Theater und die Ausstellungsräume zu besichtigen und das Notwendige mit dem Kulturamt zu besprechen. Bald fiel mir ein seltsamer, bunt gekleideter Mann mit gewaltigem Schnurrbart auf, der wie ein gealterter Hippie aussah und mich ständig anstarrte. Er ging mir auf die Nerven und plötzlich drehte ich mich um und trat an ihn heran. Er zog einen Ausweis mit Polizeiabzeichen aus einer Tasche und stellte sich vor: „Entschuldigen Sie mein Aussehen, Herr Botschaftsrat, ich bin natürlich verkleidet, ich bin für Ihre Sicherheit da …"

„Vielen Dank!"

Auffälliger konnte man gar nicht sein, aber vielleicht war gerade das eine moderne Tarnung.

Ich weiß nicht mehr, wie viele Vorträge über verschiedene Themen ich in Deutschland gehalten habe. So wurde ich einmal von der Universität in Köln eingeladen, um über die neue Literatur in Serbien zu berichten. Unter anderem erwähnte ich Dobrica Ćosić, verglich ihn mit Alexander Solschenizyn und behauptete, der Serbe habe den besseren Roman über den Ersten Weltkrieg geschrieben; er befinde sich zur Zeit im Konflikt mit der Regierung, aber seine Bücher würden ungestört in großen Auflagen verkauft.

Ćosić war mit Tito und der Staatsführung wegen der Kosovo-Frage schwer zerstritten, er war schon Ende der 1960er Jahre der Meinung gewesen, dass die serbischen Interessen dort vernachlässigt würden, und wurde deshalb aus der Partei ausgeschlossen. Schon am nächsten Morgen kam unser Wirtschaftsrat Miloš Krstić zu mir – er war gleichzeitig Parteisekretär, denn wir hatten auch eine Zelle des Bundes der Kommunisten Jugoslawiens in der Botschaft – und forderte mich auf, eine Erklärung zu schreiben, wieso ich Ćosić gelobt habe. Ich fragte nicht, wie er das so schnell erfahren hatte können, lehnte aber sein Ansinnen ab. Er nahm das ohne weitere Debatte zur Kenntnis. An der Botschaft befand sich aber auch ein für die Belange der Gastarbeiter zuständiger Vertreter des Zentralkomitees im Rang eines Gesandten. Nun kam er zu mir: „Ich höre, du hast abgelehnt, eine Erklärung in Zusammenhang mit der Affäre Ćosić zu schreiben."

„Das hast du richtig gehört."

„Wir können den Fall aber auch ohne deine Erklärung auf die Tagesordnung setzen und das wird dann viel schlimmer für dich!"

„Meinst du? Weißt du, was ich dann sagen würde?"

„Was?"

„Erstens würde ich eine Aufstellung darüber machen, wie viele Vorträge ich in Deutschland gehalten habe, und feststellen: mehr als ihr alle zusammen …" Damals wurden von uns und den Gastarbeitern mehr oder weniger freiwillige Beiträge für den Autobahnbau in Jugoslawien gesammelt. Von uns erwartete man einen gewissen Prozentsatz von unserem Gehalt. „Danach würde ich aber dich persönlich etwas fragen. Du rührst die Werbetrommel bei den armen Arbeitern, damit sie für die Autobahnen spenden. Du selbst aber hast hier unter der Ausrede, das würdest du zu Hause tun, in deutscher Valuta nichts gezeichnet und ich würde dich fragen, ob du dich nicht schämst."

„Das würdest du öffentlich fragen?"

„Warum nicht? Versuchen wir es doch!"

Natürlich wurde die Geschichte mit mir und Ćosić, der viele, viele Jahre später für kurze Zeit glückloser Präsident Jugoslawiens werden sollte, nie auf die Tagesordnung der Parteizelle der Botschaft in Bonn gesetzt.

Eines Tages teilte man mir mit, in der „ständigen Vertretung der Deutschen Demokratischen Republik in Bonn" sei ein neuer Botschaftsrat angekommen; er habe meine „sämtlichen Werke" gelesen und wolle mich unbedingt kennen lernen. Es ist mir gelungen, diese Bekanntschaft nie zu machen, und ich will hier begründen weshalb.

Kurz zuvor waren Honecker, Stoph und Mielke in Jugoslawien gewesen, worüber ich schon berichtet habe. Im Sonderzug Richung Jagdrevier Belje schliefen Honecker und Stoph bereits, aber Mielke und unvorsichtigerweise ich waren im Salonwaggon geblieben.

„Du bist in Bonn an der Botschaft in der Be Er De und hier Dolmetscher für uns, das geht doch nicht!", sagte er.

„Wo immer ich bin, ich arbeite für Tito, Herr Minister!"

„Was heißt: Herr Minister? Wir sind doch Genossen, jetzt trinken wir Bruderschaft!"

Also tranken wir je ein Gläschen Cognac und er schenkte uns beiden gleich wieder ein.

„Wenn ich zu viel trinke, werde ich dich ab und zu verlassen müssen, Genosse Minister, aber etwas sagen, das ich nicht will, werde ich sicher nicht …“

„Quatsch. Ich will ja nur wissen, was du dort in Bonn treibst.“

„Dann schicke doch einen zu mir. Er soll nur sagen, dass er von dir kommt!“

Heute bedauere ich, dass ich zu feig war auszuloten, ob der „Kollege“, der zufällig „meine sämtlichen Werke“ gelesen hatte, die ja gar nicht ins Deutsche übersetzt waren, direkt von Mielke kam und wenn ja, wie er es angestellt hätte, mit mir etwas zu versuchen. Andererseits versuchte ich später, als ich nicht mehr im diplomatischen Dienst, sondern als freier Schriftsteller unabhängig war, mehrmals, Mischa (Markus) Wolf kennen zu lernen, einmal über seinen Bruder Konrad, den so früh verstorbenen hervorragenden Filmregisseur, den ich gut kannte, und ein anderes Mal über meinen alten Freund Wolfgang Leonhard, der mit Mischa in Moskau in die Schule gegangen und später bei einem Lehrgang der Komintern mit ihm zusammen war. Als Wolfs Buch „Die Troika“ erschien, verfasste ich im Belgrader Nachrichtenmagazin *NIN* eine Besprechung, in der ich unter anderem schrieb, Le Carré möge sich in Acht nehmen, er wäre dem Rang nach etwa Hauptmann gewesen, jetzt aber komme ein Generaloberst des Geheimdienstes, der schreiben wolle! Diese Rezension schickte ich Mischa Wolf. Er antwortete nicht, also habe ich diesen Chefspion des 20. Jahrhunderts nie kennen gelernt.

Sollte ich je bei der Behörde der Landesbeauftragten für die Stasi-Unterlagen nach meinem Dossier suchen, müsste ich wahrscheinlich längere Zeit in Berlin sitzen, weil man niemanden beauftragen, sondern nur persönlich Einsicht nehmen darf.

In der DDR arbeitete ich als Journalist und als Dolmetscher für alle möglichen Jugoslawen bis zu Tito hinauf. Ich drehte einen Fernsehfilm über Brecht und kaufte Filme für das Belgrader Fernsehen. Ich war als Generalsekretär des jugoslawischen Schriftstellerverbandes da und auch privat; mit Mielke trank ich tatsächlich Bruderschaft. Vielleicht diktierte er sogar danach etwas dazu; ich kann mir durchaus vorstellen, dass man sich für mich interessierte.

Solange Lončar mein Botschafter blieb, war meine Tätigkeit sehr anstrengend, aber mein Vorgesetzter angenehm. Nach drei Jahren wurde Lončar jedoch als Unterstaatssekretär nach Belgrad versetzt und als Botschafter kam ein Serbe aus Bosnien, Radovan Makić. Den konnte ich nicht leiden.

Ein wirklich guter Botschafter wird im Gastgeberland hart die Standpunkte seiner Zentrale vertreten, zu Hause jedoch die Politik des Landes, in dem er bestellt ist, und die Gedankengänge der Regierung, bei der akkreditiert ist, erläutern sowie ihre Argumente erklären. Dadurch macht er sich vorerst auf beiden Seiten unbeliebt. Erst nach einer gewissen Zeit sieht man ein, dass er beiderseits nützlich war. Makić machte genau das Gegenteil. Im Gespräch mit deutschen Partnern tat er, als teile er alle ihre Meinungen, nach Hause berichtete er im Stil von: „Denen habe ich es gezeigt!"

Ich versuchte korrekt zu bleiben, es gelang mir aber nicht immer. Bei einem Bankett in Bremen fuchtelte mein Botschafter im Lauf des Verzehrs der Fischspeise dermaßen mit dem Essbesteck, dass die Mayonnaise nach allen Seiten flog. Ich flüsterte ihm zu, dass er sich anständig benehmen solle. Er gehorchte ohne mit den Wimpern zu zucken.

Ein Problem war, dass bestimmte Vorgänge, die die Terroristen der RAF einerseits und die Ustaschi andererseits betrafen, über mich gingen, weil es Lončar aus Belgrad auch weiterhin so wollte. Der Ansprechpartner in Bonn war „Ben Wisch", nämlich Kanzleramtsminister Hans-Jürgen Wischnewski, den ich noch aus der Jugendbewegung, als er Bundesvorsitzender der Jungsozialisten gewesen war, gut kannte. Ich sollte Makić nichts darüber sagen, was mir peinlich war. Als Mitglied des Kollegiums der Botschaft durfte und sollte ich im Prinzip alle Depeschen aus Belgrad im Chiffrierraum lesen, aber zwischen Botschafter und Ministerium konnten auch Telegramme, wie man es bei uns nannte, „außerhalb der Zirkulation" gewechselt werden. Lončar hatte mir immer alles gesagt, bei Makić war ich mir nicht sicher. Die deutschen Medien hatten sich daran gewöhnt, mich über alles Mögliche zu befragen, und ich musste gut unterrichtet sein, um antworten zu können.

Ein Beispiel: In der deutschen Presse tauchte die Nachricht auf, der meistgesuchte Terrorist der Welt, Ilich Ramírez Sánchez („Carlos“), sei in Belgrad gewesen. Carlos war damals so berühmt-berüchtigt wie heutzutage Osama Bin Laden. Sofort wurde ich von vielen Seiten gefragt, ob das wahr sei. Anstatt scharf zu dementieren sagte ich: „Das weiß ich nicht. Aber glauben Sie mir – wenn er bei uns gewesen wäre, könnte ich Ihnen wahrscheinlich beweisen, dass es nicht der Fall war. Denken sie an den 'Dreigroschenroman' von Brecht. Dort sagt Brecht, ein Verbrecher bereitet immer ein Alibi vor, ein unschuldiger Mensch kann selten eines haben. In Jugoslawien reisen bei minimaler Grenzkontrolle per Flugzeug, Eisenbahn und in Automobilen täglich zahllose Menschen ein und aus – wie soll man wissen, ob ein Carlos darunter war? Er reist doch sicher nicht unter seinem richtigen Namen und mit der Berufsbezeichnung 'Terrorist'. Diejenigen, die behaupten, er sei jetzt in Jugoslawien oder er sei bei uns gewesen, sollen doch angeben, woher sie das wissen und von wo aus er abgefahren ist.“

Damit hatte ich die Journalisten beruhigt. Allerdings wusste ich, dass Carlos tatsächlich auf einmal in Belgrad aufgetaucht war und Hilfe erwartet hatte. Er wurde damals von einem noch unbekannten Agenten verhaftet, dessen Name viel später in ganz anderem Zusammenhang bekannt werden sollte: Jovica Stanišić. Stanišić wurde später unter Slobodan Milošević Chef des Geheimdienstes und ist in Den Haag wegen Kriegsverbrechen angeklagt.

Ich muss eingestehen, ich liebte solche Eskapaden.

Eines Nachts klingelte das Telefon. Ich war eben eingeschlafen und ganz benommen. Eine weibliche Stimme wollte sich auf Serbisch versichern, dass ich es war, und verband mich mit einer männlichen Stimme, die sich als „Diensthabender im Bundesinnenministerium“ vorstellte und fragte, ob ich Innenminister Herljević angerufen und allerlei Blödsinn gesagt hätte. Ich verneinte und erwiderte, wenn er aus dem Innenministerium sei, sollte er doch feststellen können, von wo man angerufen habe. Er antwortete, das könne man, wenn man aus Jugoslawien angerufen hätte; telefoniert worden sei aber eindeutig aus Deutschland.

Am nächsten Tag schickte ich eine Depesche nach Belgrad. Die Abschrift habe ich zufällig behalten und lese sie heute schmunzelnd, weil ich meinen damaligen „amtlichen" Stil komisch finde. Ich behauptete, der Anrufer habe Kürzel benützt, die zwar in der Alltagssprache im Gebrauch seien, aber kaum von einem Beamten so ausgesprochen würden. Von der Frauenstimme berichtete ich, sie habe einen Belgrader Akzent gehabt, bei dem Mann könne ich nicht bestimmen, woher er stamme, aber er sei sicher ein gebildeter Mensch … Es stellte sich heraus, dass es doch das Innenministerium gewesen war, aber man teilte mir nicht mit, was man da in meinem Namen dem Innenminister als „Blödsinn" gesagt hatte. Besorgt war ich danach schon. Wer war das, der sich aus Deutschland unter meinem Namen an den obersten Chef der Polizei und der Geheimdienste zu Hause wandte? Was wollte er? Eine Intrige gegen mich? Jahre später saß ich in Havanna während der Gipfelkonferenz der Blockfreien mit Mitja Krajger, Chef des Geheimdienstes Udba, eine ganze Nacht lang zusammen und fragte nach dem Vorfall. Er kannte ihn sogar, sagte aber, man habe nie erfahren, wer sich da als Ivan Ivanji vorgestellt hatte und warum.

Zu meiner Zeit gab es im Außenministerium eine „Abteilung für Information und Dokumentation", kurz SID genannt. Sie besteht heute noch und ich verrate kein Geheimnis, wenn ich sage, dass man von dort aus den geheimen Kundschafterdienst im Ausland organisierte, denn darüber wurde in serbischen Medien schon viel berichtet. Außerdem gab es eine „Gruppe für Analysen und Planung", genannt GAP, in der ich nach meiner Rückkehr aus Bonn für kurze Zeit tätig war. Beide befanden sich auf der vierten Etage des Ministeriums und wir sprachen deshalb einfach von der „vierten Etage".

Vorher, vor dem Sturz von Aleksandar Ranković, existierte ein anderer Geheimdienst im Ministerium, der sich „Abteilung für Koordination“ nannte. In den Botschaften gab es geheime Unterabteilungen, die mit dem deutschen Wort „Punkt“ bezeichnet wurden. Früher wussten nicht einmal die Botschafter, wer „Chef des Punktes“ war, er war über einen anderen Code, auf anders verschlüsselte Weise direkt mit der „Koordination“ verbunden und hatte eine eigene Kasse. Nachdem 1966 Ranković sein Amt verloren hatte und der Geheimdienst Udba gesäubert worden war, wurden in den Botschaften die „Punkte“ dem Botschafter unterstellt.

Chef des „Punktes“ war nun meist der Stellvertreter des Botschafters im Rang eines Gesandten, aber nicht immer. Meine Vorgänger als Botschaftsräte für Presse und Kultur – Mitja Krajger, der später zum Chef der Udba aufsteigen sollte, und unmittelbar vor mir Branko Tintor – nahmen diese Aufgabe wahr. Als ich nach Bonn kam, hatte bereits der Gesandte Željko Jegličden „Punkt“ übernommen, aber einiges kam noch immer auf meinen Namen an. So erhielt ich ein „Geheimbulletin“, eine jede Seite mit zwei schrägen, roten Strichen gekennzeichnet, das 1.000 DM im Monat kostete, aber nichts anderes berichtete als das, was in bunten Illustrierten als Klatsch über deutsche Politiker zu lesen war. Das referierte ich Lončar. Der lachte und sagte, ich solle einen kurzen Bericht verfassen. Also schrieb ich, dass es idiotisch war, so etwas zu bestellen und teuer zu bezahlen. Woran ich nicht dachte: Tintor, der sich ja darauf abonniert und wahrscheinlich mit seinen Erkenntnissen auf Grund dieser Papiere Geheimberichte verfasst hatte, saß jetzt als Stellvertreter des Abteilungsleiters auf der „vierten Etage“ und bekam meine Meinung, die praktisch besagte, er habe sich als Idiot verhalten, auf seinen Schreibtisch. Seither war ich „dort oben“ verhasst und, wie ich erfahren konnte, schrieb man in mein Dossier, ich sei unzuverlässig und hätte mich „zu viel mit Deutschen abgegeben“. Das stimmt sogar, das habe ich. Ich hatte ja gedacht, man hätte mich nach Bonn geschickt, um das zu tun, nämlich mich „mit Deutschen abzugeben“.

Ich führe noch einen komischen Fall an, wie mit dem „Geheimfonds“ umgegangen wurde. Anlässlich von Titos 85. Geburtstag im Jahr 1977 wollten wir in Bonn etwas veranstalten. Ich schlug vor, es nicht im Gebäude der Botschaft zu machen, sondern in einem entsprechenden neutralen Saal und dass weder der Botschafter noch sonst ein Jugoslawe, sondern ein Deutscher der Hauptredner sein sollte. Also ersuchte ich Wolfgang Leonhard, der an der Yale University Professor war, oft Kreml-Astrologe genannt wurde und Jugoslawien gut kannte, diese Rolle zu übernehmen. Als Sohn des kommunistischen Dichters Rudolf Leonhard war er in der Sowjetunion aufgewachsen und hatte gemeinsam mit Titos Sohn Žarko die Hochschule der Komintern besucht; aus Moskau war er mit der „Gruppe Ulbricht“ von den Russen schon 1945 nach Berlin geflogen worden und als Antistalinist 1949 auf abenteuerliche Weise nach Jugoslawien geflohen. Damals hatten wir einander kennen gelernt und waren seither unser ganzes Leben lang befreundet.

Leonhard – den ich immer noch Wolodja nenne – war einverstanden, sagte aber: „Als Redner bekomme ich überall 1.000 DM, aber ich unterzeichne keine Quittung für die Botschaft!“

Ich hatte ein anständiges Budget für Kultur, brauchte aber für jede Ausgabe ordentliche Rechnungen oder Quittungen. Ohne Unterschrift konnte nur Geld aus der Kasse des „Punktes“ ausgegeben werden, dafür genügte eine Weisung des Botschafters. Jahre danach hänselte ich Wolfgang Leonhard: „Ein legales Honorar für eine Rede als Gelehrter wolltest du nicht, jetzt besteht aber irgendwo in Belgrad der Vermerk, du hättest vom jugoslawischen Geheimdienst tausend deutsche Mark bekommen.“

Übrigens nahm ich Anfang der 1950er Jahre mit anderen jungen Dichtern an einer literarischen Lesung im Offizierskasino der Udba teil. Wir alle bekamen ein anständiges Honorar in bar ausgezahlt, aber man zog uns auf: „Jetzt haben wir eure Unterschriften, dass ihr für uns arbeitet!“

Noch einmal Bonn, 1977 oder 1978 – jedenfalls war Lončar wieder in Belgrad und Makić Botschafter.

Meine Frau und ich waren zum Pressesprecher des deutschen Justizministers Hans-Jochen Vogel eingeladen, einem gut aussehenden, sympathischen jungen Mann mit einer noch jüngeren, wirklich schönen Frau. Wir saßen zu acht oder zu zehnt bei Tisch. Nachdem das Dessert verzehrt war, stand der Pressesprecher plötzlich auf und bat mich in sein Arbeitszimmer. Wir setzten uns. Er holte aus dem Safe einige Blätter Papier und sagte: „Sie wissen sicher Bescheid, ich habe es so für meinen Minister vorbereitet. Wir sollten ein paralleles Vorgehen besprechen …"

Ich begann zu lesen und begriff gleich, dass ich keine Ahnung hatte, worum es sich handelte, wollte aber nicht, dass er das bemerkte. Ich versuchte mir die vielen Namen zu merken, die erwähnt wurden, um nichts vor ihm aufzuschreiben. Das Wesentliche: In Jugoslawien waren drei Deutsche verhaftet worden, die verdächtigt wurden, Mitglieder der Baader-Meinhof-Gruppe – das heißt: Terroristen – zu sein. Bonn wollte, dass wir sie auslieferten. Wir hatten jedoch die Gegenforderung gestellt, sechs Personen, Kroaten, die schon lange in Deutschland lebten, zu verhaften und im Gegenzug auszuliefern. Was ich wusste, war, dass schon einmal ein als deutscher Agent in Belgrad verhafteter und angeklagter Mann gegen einen aus Jugoslawien nach Deutschland eingesickerten Geheimdienstler tatsächlich geheim ausgetauscht wurde und dass das zwischen Ben Wisch und Dolanc gelaufen war.

Ich verstand nicht, was ich damit zu tun hatte, aber zum Glück fuhr mein Gastgeber fort: „Einige unserer Journalisten haben schon Wind davon bekommen. Ich muss in die Offensive gehen. Heute ist Freitagabend, die Wochenendausgaben sind schon gedruckt und bringen noch nichts, hoffentlich auch am Montag nicht. Für Montagvormittag habe ich eine Pressekonferenz einberufen und mich mit einem Freund verabredet, dass er mir diesbezüglich eine Frage stellt. Reden auch Sie mit einigen Leuten von den Medien, aber es wäre gut, wenn wir uns ausmachen, was wir sagen wollen …"

Das war sehr freundlich von ihm, aber ich musste Zeit gewinnen: „Erlauben Sie mir bitte, dass ich zuerst meinem Botschafter Bericht erstatte, ich rufe Sie morgen Mittag an …"

Er war einverstanden. Ich dachte, Makić habe vielleicht direkt eine diesbezügliche Nachricht erhalten, aber mir nichts gesagt. Also fuhr ich gleich nach dem Frühstück am Samstag zu ihm. Er hatte jedoch keine Ahnung, schimpfte auf unseren Innenminister, der uns nichts hatte wissen lassen, auf die Deutschen im Prinzip, warum sie keine Ruhe gaben, und fragte mich dann ganz hilflos, was wir machen sollten.

Ich schlug vor, alles zu dementieren: „Wir müssen uns benehmen wie ein Mann, den seine Ehefrau mit seiner Geliebten im Bett findet, und erklären: Es ist nicht so, wie es aussieht, mein Herz! Nein, wir haben nie einen Austausch vorgeschlagen. Was die drei Deutschen angeht, die wegen Terrorismus angeklagt sind, müssen unsere Gerichte auf Grund unserer Gesetze Beschlüsse fassen. Was unser Ansuchen um die Auslieferung jugoslawischer Staatsbürger aus Deutschland angeht, beschließen selbstverständlich die Gerichte in Deutschland. Die Justiz ist bekanntlich in unseren beiden Ländern unabhängig. Über diese beiden Fälle wird zufällig zur selben Zeit gesprochen, aber sie haben nichts miteinander zu tun."

„Sollten wir nicht erst Belgrad fragen?", zögerte mein Botschafter.

„Wie Sie meinen, aber das deutsche Justizministerium tritt am Montagvormittag vor die Öffentlichkeit. Wenn wir dazu schweigen, werden wir nur um so verdächtiger …"

Botschafter Makić gab mir freie Hand. Ich meldete es dem Herrn aus dem Justizministerium. Die Journalisten glaubten uns zwar nicht, aber meine Version wurde veröffentlicht. Von Innenminister Herljević erhielten wir eine wütende Depesche mit der Frage, wer diesem Ivanji erlaubt habe, zu erklären, wir hätten keinen Austausch der verhafteten Personen gefordert. Nach einigen Tagen legte sich jedoch in Belgrad der Ärger, weil man einsah, dass es das Gescheiteste gewesen war, was wir in dieser verfahrenen Lage machen konnten.

Deutschland verhaftete die von uns gesuchten Leute nicht und Jugoslawien ließ die drei vermutlichen Terroristen frei, weil sie bei uns nichts verbrochen hatten und ihnen frühere Straftaten nicht nachgewiesen werden konnten.

Als noch Lončar in Deutschland war, versuchten Ustaschi unseren Konsul in Düsseldorf umzubringen. Zwei Täter schossen aus einem fahrenden Auto, verletzten unseren Mann jedoch nur. Sie wurden gleich danach verhaftet, weil sie in der Eile ein Rotlicht übersehen hatten. So etwas ist in Deutschland sicher nicht empfehlenswert. Uns kam es vor, als sei es schlimmer, bei Rot über die Kreuzung zu fahren, als „kommunistische Diplomaten" zu erschießen. Das Fahrzeug, aus dem die Tat verübt worden war, war im Besitz des Schwiegervaters eines der beiden Attentäter, eines bekannten Führers der kroatischen Emigration. Er wurde jedoch nicht belangt, weil er erklärte, er habe doch nicht wissen können, was sein Schwiegersohn vorhabe.

Lončar und ich überlegten, was noch geschehen könnte. In Jugoslawien waren mehrere Männer als Ustaschi angeklagt und vor Gericht gestellt worden. Was würde man tun, wenn man hier jemand von uns entführen und einen Austausch vorschlagen würde? Wir gingen davon aus, dass unsere Regierung sich so benehmen würde wie die israelische: nämlich nicht verhandeln. Dann kamen wir beide auf eine noch verrücktere Idee: Was würde man machen, wenn die kroatischen Faschisten unsere beide Söhne kidnappten? Die waren elf und zehn Jahre alt. Also beschlossen wir, sie dürften nicht mehr ohne Begleitung herumlaufen, schon gar nicht, was sie sonst gern taten, in den nahe gelegenen Kottenforst. Wenn wir jedoch solche Befürchtungen unseren Frauen mitgeteilt hätten, hätten wir es voraussichtlich mit hysterischen Anfällen zu tun bekommen, sie hätten die Kinder genommen und wären nach Hause gefahren. Deshalb teilten wir ihnen mit ernster Miene mit, die Jungen seien jetzt in ein Alter gekommen, in dem sie für Homosexuelle eine Versuchung seien, deshalb dürften sie nicht mehr …

Wie man sieht, waren der Botschafter und ich hysterisch, nicht unsere Gattinen, und hatten eine bösere Fantasie als die Leute, die wir für Faschisten hielten. Erst als ich endlich zurück nach Belgrad versetzt wurde und wir die ungarisch-jugoslawische Grenze überschritten hatten, erzählte ich meiner Frau alles, was ich ihr bis dahin an solchen Geschichten verschwiegen hatte.

Dichter und Politiker

Die interessantesten Erfahrungen, die ich gemacht, und das meiste Geld, das ich im Leben verdient habe, verdanke ich der deutschen Sprache. Begonnen hat dieses vielleicht einseitige, aber lebenslange Liebesverhältnis zwischen ihr und mir schon in meiner Kindheit.

Das Gedicht „Jama“ („Die Grube“) von Ivan Goran Kovačić (1913-1943) habe ich kurz nach dem Krieg gelesen. Das Poem hat mich damals sehr beeindruckt. Heute denke ich distanzierter über die in erster Person geschriebenen Verse des kroatischen Lyrikers, die die Blendung und Hinrichtung eines Serben durch kroatische Ustaschi beschreiben. Unheimlich an der Geschichte des Werkes ist vor allem, dass der junge Dichter, kurz nachdem er es mitten im Partisanenkrieg verfasst hatte, selbst von serbischen Tschetniks auf ähnliche bestialische Weise ermordet wurde. Ein Kroate beschreibt den Mord an Serben durch Kroaten und wird von Serben ermordet.

Ich war von diesem Werk so eingenommen, dass ich einfach etwas damit anfangen musste. Noch als Schüler dramatisierte ich das Gedicht, inszenierte es mit Mitschülern und führte es auf. Das war übrigens auch mein erster intensiver Kontakt mit der dramatischen Kunst. Diese Bearbeitung genügte mir nicht. Ich wollte mich auch weiterhin irgendwie mit der „Grube“ beschäftigen, also übersetzte ich sie ins Deutsche. Seither habe ich sehr viel vergessen, aber die ersten Verse meiner deutschen Fassung kann ich immer noch auswendig:

„All mein Licht und all mein Dunkel ist Bluten
Der Nacht Seligkeit ist mir ausgegraben
Mit dem Augenlicht aus den Augengruben ...“

Mit so einem Wortgeplänkel kann ich heute natürlich nichts mehr anfangen, aber damals, 1949 oder 1950, hatte ich die Nachdichtung des Poems in zehn Gesängen geschafft und wusste nicht, ob die Arbeit sinnvoll war, ob das Zeug etwas taugte. Inzwischen hatte ich mein Diplom als Bautechniker, war zu einem Pädagogischen Kurs nach Belgrad abkommandiert und danach zum Lehrer für Deskriptive Geometrie und Technisches Zeichnen an einer ebensolchen Schule in Belgrad ernannt worden. 19 Jahre alt, hatte ich zwei, drei Jahre jüngere Jungen, aber auch hübsche Mädchen zu unterrichten und wollte zwischendurch das Studium der Architektur extern abschließen. Obwohl ich auch schon Gedichte geschrieben und sogar veröffentlicht hatte, dachte ich nicht – noch nicht! – daran, daraus einen Beruf zu machen. Ich wollte Häuser bauen.

Irgendjemand erzählte mir, da gebe es einen Schriftsteller in Belgrad, Otto Bihalji-Merin, der könne besonders gut Deutsch. Also brachte ich in Erfahrung, wo er wohnte, klopfte einfach an der Tür und sagte ihm, dass ich die „Jama“ von Goran Kovačić nachgedichtet hätte und ob er bitte prüfen wolle, ob meine Arbeit etwas wert sei. Bihalji nahm mich ernst und die Übersetzung entgegen, hieß mich in einigen Tagen wiederkommen und eröffnete mir dann: „Sie schreiben in der Sprache Goethes und Schillers. Das ist aber kein Lob – so kann man heute nicht mehr schreiben …“ Und er gab mir mit der Schreibmaschine abgetippte Gedichte von Brecht: „So ungefähr sieht Deutsch heute aus …“

Es entstand eine lebenslange Freundschaft. Falls die Phrase „väterlicher Freund“ überhaupt einen Sinn hat, lässt sie sich auf mein Verhältnis zu Otto Bihalji-Merin anwenden. Bald aber hatte unsere Begegnung eine weitere Auswirkung. Bihalji schlug mich als Sekretär im neu entstandenen Schriftstellerverband Jugoslawiens vor, dessen Präsident Ivo Andrić war. Ich konnte in meiner Schule kündigen, Zeichenbrett und Zirkelkasten vergessen, lernte alle lebenden großen Dichter des Landes persönlich kennen und durfte sie aus der Nähe beobachten.

Ivo Andrić und Miroslav Krleža, die für mich bis dahin Halbgötter oder mehr gewesen waren, entpuppten sich als eifersüchtige, selbstsüchtige, aber immerhin sehr interessante

Menschen aus Fleisch und Blut. Dank meines Übersetzungsversuches, dank diesem Umgang mit der deutschen Sprache war ich der Wortkunst überhaupt näher gekommen. Ich wurde kein „großer Architekt“, sondern ein Literat, der gern Tucholskys Spruch zitiert, dass es nichts Schlimmeres gibt, als wenn Literaten Literaten Literaten schimpfen.

Vor allem möchte ich die Nobelpreisträger näher beschreiben.

Eines Tages gab mir Andrić im Büro des Schriftstellerverbandes einen mit der Hand geschriebenen Brief und sagte: „Lassen Sie das bitte abschreiben ...“ Natürlich war ich es, der den Brief abzutippen hatte. Als ich Andrić das Schreiben am nächsten Tag vorlegte, sah er es flüchtig durch, verbesserte an zwei Stellen je eine Kleinigkeit und unterzeichnete. Ich prüfte nach, ob ich Tippfehler gemacht hatte, aber nein – er hatte sich die Formulierungen anders überlegt, und ich dachte, er sei zu freundlich, um mir zu sagen, dass ich den Brief noch einmal abschreiben sollte, und hatte deshalb seinen Namen darunter gesetzt. Natürlich schrieb ich ihn noch einmal. Als ich den Brief wieder vorlegte, verbesserte er ihn abermals, diesmal zwei andere Stellen, und unterzeichnete. Wieder hatte er ähnliche, aber abweichende Phrasen gefunden. Ich ärgerte mich im Stillen, tippte den Text aber selbstverständlich noch einmal ab. Als ich ihn zum dritten Mal zeigte, zückte Andrić bereits seinen Füllfederhalter, um zu unterschreiben, rückte dann aber seine Brille zurecht und fragte: „Habe ich denn diesen Brief nicht schon einmal unterzeichnet?“

„Doch!“, sagte ich. „Schon zweimal!“

„Entschuldigen Sie“, lächelte er. „Es war ein Missverständnis, ich hätte es Ihnen erklären sollen. Ich möchte nur, dass der Adressat sieht, dass ich den Brief aufmerksam abgefertigt habe, und habe deshalb mit der Hand etwas dazu geschrieben, aber eigentlich ist mir egal, was da steht!“

An einem Abend saß er allein im Schrifstellerklub beim Abendessen und winkte mich zu sich. Das war eine große

Ehre und ich bemühte mich, sie auszunützen. Also versuchte ich ein gescheites Gespräch anzuknüpfen – ich war 22 Jahre alt, er 60 – und erklärte ihm, er sei doch wie Goethe; sein Leben, das er selbst habe gestalten können, wie er es gewollt hatte, sei eines seiner größten Werke … Andrić antwortete etwas unwirsch: „Aber wie wollen Sie wissen, dass ich so habe leben wollen, wie ich lebe?“

Im Rahmen einer Begegnung mit jungen Schriftstellern sprach er darüber, wie man schreiben sollte, und jemand fragte, was er vom damals in Jugoslawien obligatorischen sozialistischen Realismus halte. Seine klassische Antwort: „Nun, so wie der Sozialismus ist, so wird auch der Realismus sein …“

Manchmal kam sein abgründiger Humor plötzlich zum Vorschein: Das Präsidium des Schriftstellerverbandes unter seinem Vorsitz diskutierte 1950, ob man zehn Jahre nach Beginn des Partisanenkampfes eine Anthologie mit Gedichten herausgeben solle, die sich mit diesem Thema beschäftigten. Eine scharfe Diskussion gab es um Namen von Dichtern, die sich im Zusammenhang mit dem Streit zwischen Jugoslawien und der Sowjetunion für Stalin und nicht für Tito entschieden hatten. Einer von ihnen, Radovan Zogović, war eigentlich wahrhaftig obligatorisch für eine solche Sammlung, aber wie sollte man ihn jetzt im Namen des Verbandes veröffentlichen? Ich hatte zu protokollieren, Andrić präsidierte, gab diesem und jenem das Wort und hatte endlich genug von allem. Er sprach immer langsam, zögernd, als sei er unsicher, so auch diesmal: „Ich möchte jetzt mir selbst das Wort erteilen … Ich habe etwas zu sagen … Wissen Sie, Genossen … Also – wenn diese Anthologie je erscheint, verpflichte ich mich, die ganze Auflage aufzufressen! Hat noch jemand etwas dazu zu sagen? Nein. Ich rufe den nächsten Punkt der Tagesordnung auf …“

Günter Grass lernte ich später kennen – indirekt auch dank Andrić. Andrić wurde zum Kongress des Schriftstellerverbandes der DDR eingeladen, mochte aber nicht nach Berlin fahren. Es stellte sich heraus, dass keiner der bekannteren Dichter Jugoslawiens hin wollte, und so fiel zu meiner Überraschung die Wahl auf mich. Erst an Ort und Stelle begriff ich, warum die erfahreneren Persönlichkeiten diese Reise auf keinen Fall antreten wollten.

Es begann schon mit der Begrüßung der Gäste. An erster Stelle wurden die Delegierten aus der ruhmreichen Sowjetunion genannt, dann nach dem Alphabet die Dichter der sozialistischen Länder, es folgten die Namen der Autoren aus Afrika und Asien, am Ende jene aus „kapitalistischen Ländern" und ganz zum Schluss der Abgesandte Jugoslawiens, das heißt: ich. Nun war ich vielleicht der an Jahren Jüngste in der erlauchten Runde, sodass ich noch keinen Grund hatte mich zu ärgern, aber bald musste ich feststellen, dass ich überall und in jeder Situation absichtlich geschnitten wurde.

Ein Beispiel: Als man an den Gräbern verstorbener berühmter deutscher Dichter Kränze niederlegen sollte, meldete ich mich mit dem Wunsch, zu Brechts letzter Ruhestätte zu pilgern. Mir wurde bedeutet, es gebe keinen Platz mehr in den Autos. Ich erklärte, die jugoslawische Botschaft würde mir sicher gern eines zur Verfügung stellen. Daraufhin nahm man mich ohne weiteres mit. Das bemerkte niemand außer einem Kollegen aus West-Berlin, der gerade mit seinem ersten Roman „Die Blechtrommel" große Aufregung verursacht hatte. Damals kümmerte sich die DDR sehr um Günter Grass, in dem sie einen Kämpfer gegen den Faschismus, vielleicht einen Bundesgenossen im Westen sah. Grass nahm mich unter seine Fittiche und lud mich auch zu sich nach West-Berlin ein. Er wohnte sehr bescheiden, seine Zwillinge waren noch sehr klein.

Später übersetzte ich seine „Hundejahre" und „Örtlich betäubt". Wir blieben in Verbindung, er kam öfter nach Belgrad. Wenn man heute meinen Sohn fragt, wieso er so gut Deutsch spricht, pflegt er zu sagen: „… weil Günter Grass mein Babysitter war." Diese Episode hat folgende Bewandtnis: Grass besuchte uns einmal in Belgrad, ich hatte mich aber verspätet und meine Frau war wahnsinnig aufgeregt, weil sie zu einer Ballettprobe musste. Grass hatte Verständnis – seine erste Frau war ebenfalls Tänzerin gewesen – und erklärte sich bereit, auf das damals noch kleine Kind aufzupassen, bis ich einige Minuten später anraste.

Es muss 1968 gewesen sein. Die Belgrader Studenten „probten den Aufstand" und trugen unter anderem auch Transparente mit der Aufschrift „Die 'Politika' ist wie Springer". „Politika" war und ist der größte Medienkonzern Serbiens. (Inzwischen gehört er der deutschen WAZ.) Natürlich erzählte ich das Grass. Als wir zum Mittagessen in den Redaktionspalast eingeladen wurden und Grass die dortige Aufmachung sah, die kristallenen Luster und die mit Bildern behängten Wände, flüsterte er mir zu: „Eure Studenten haben augenscheinlich Recht …"

In West-Berlin machte mich Grass mit Egon Bahr bekannt. Brandt, den ich dank dieser Vermittlung interviewen konnte, war noch Regierender Bürgermeister. Zwischen der Bundesrepublik und Jugoslawien waren die diplomatischen Beziehungen auf Grund der so genannten Hallstein-Doktrin abgebrochen worden, weil Belgrad die DDR anerkannt hatte. Bahr sagte mir, falls Brandt Außenminister werden würde, was damals schon im Gespräch, aber noch nicht entschieden war, würde Bonn zuerst Beziehungen mit Rumänien aufnehmen und erst danach mit Jugoslawien. Das war natürlich nicht für ein öffentliches Interview bestimmt, sondern als informelle Botschaft gedacht, die ich an das Außenministerium zu Hause weitergab.

Jahre später, ich war schon in meiner Gastrolle in der Diplomatie als jugoslawischer Botschaftsrat in Bonn, kam Grass zu uns zum Mittagessen und mein zehnjähriger Andrej fragte: „Wieso siezt ihr euch eigentlich, wenn ihr euch schon so lange kennt?"

„Ja, wieso eigentlich?", meinte Grass. So kamen wir zum Du.

Als ich gerade nicht dabei war, ließ Grass meinen Sohn seiner Mutter, meiner Frau, die noch nicht Deutsch konnte, sagen: „Sag ihr, es kommt mir vor, als sähe ich sie nackt in einem Fluss, in dem lauter Scheiße fließt, aber der Dreck macht einen großen Bogen um sie herum …" Nie hat sie jemand treffender charakterisiert.

Heinrich Böll lernte ich schon früher, 1953, in Köln kennen, als ich als junger Journalist für eine Jugendzeitung, deren Redakteur ich war, zum ersten Mal nach dem Krieg nach Deutschland fuhr. Ich machte ein Interview mit ihm und er mich auf einen „ebenfalls aus Jugoslawien stammenden" jungen Autor aufmerksam, dessen Roman „Tote auf Urlaub" eben erschienen war – Milo Dor, der danach einer meiner liebsten Freunde werden sollte. Dors autobiografischen Roman „Tote auf Urlaub" übersetzte ich viel später, als die Zeit in Jugoslawien dafür reif war, gemeinsam mit meinem Sohn aus dem Deutschen ins Serbische; der Serbe Dor – eigentlich Milutin Doroslovac – wollte oder konnte es nicht. Anders herum – natürlich hätte er es gekonnt, aber er mochte sich wohl nicht mehr mit seinem eigenen Werk herumschlagen. Aus eigener Erfahrung weiß ich, wie schwierig das ist. Ich habe einige meiner Sachen hin und her übersetzt, aber das ist langweilig, man schreibt es darum in der anderen Sprache anders. Auch der große Spanier Jorge Semprún, der seine wichtigsten Bücher zuerst auf Französisch schrieb, wollte sie nach Francos Tod nicht selbst in seine Muttersprache zurückübersetzen.

Von Böll habe ich ebenfalls einiges übersetzt. Das war viel einfacher, als sich mit Grass abzuquälen. Aus der Sicht des Übersetzers ist die Arbeit an Böll relativ leicht, weil es ihm vor allem auf die Erzählung, auf die Fabula ankommt, weil er Sprachexperimenten abhold ist. Bei Grass hingegen zeigt sich mitunter ein jedes Wort als Problem. Wie, um Himmels willen, soll man in einer anderen Sprache zum Beispiel „Die Rättin" sagen, noch dazu auf Serbisch, wo die Ratte – *pacov* – maskulin ist? Aber ich möchte mir erlauben, noch einen Schritt weiter zu gehen. Nietzsche hat gesagt, es gebe ein *Und* in der deutschen Literaturgeschichte, das er nicht begreifen könne: Goethe *und* Schiller. Für mich, ich bitte um Entschuldigung, gibt es noch so ein *Und*: Grass *und* Böll.

So viel über die Nobelpreisträger unter meinen Bekanntschaften in der Welt der Dichtung.

Zurück zu Berlin, Grass und Brandt. Gern wüsste ich, ob über meinen ersten Besuch in Ost-Berlin anlässlich des Schriftstellerkongresses bereits eine Aufzeichnung über meine Wenigkeit für die Stasi gemacht wurde. Ich nehme an, es müsste sie geben. Schon am Flugplatz empfing mich ein netter Mann. Ich glaube, er stellte sich als Herr Schneider, jedenfalls aber als mein Dolmetscher vor. Er war ein Landsmann aus dem Banat. Ich erklärte, einen Dolmetscher bräuchte ich nicht. Herr Schneider meinte dazu etwas verlegen: „Ja, also ich werde mich um Sie kümmern ..." Und das tat er sehr gründlich – selbst wenn ich auf die Toilette musste, spürte er dasselbe Bedürfnis.

Dass es über meinen späteren Besuch in West-Berlin, über die Begegnungen mit Bahr und dem damals Regierenden Bürgermeister Willy Brandt, einen Bericht für den Osten gab, weiß ich sogar mit Sicherheit, und das kam so.

Als Redakteure von Jugendzeitungen hatten wir wenig Geld. Wenn man ins westliche Ausland fuhr, sparte man nach Kräften, um etwas Gescheites für „zu Hause" kaufen zu können. Als ich in West-Berlin Reportagen machen wollte, empfahl mir Ansgar Skriver – später bis zu seinem leider frühen Tod Redakteur des WDR in Köln –, den ich auf einer Tagung „jugendeigener Zeitungen" in Speyer kennen gelernt hatte, bei einem seiner Freunde, einem gewissen Gromnica, zu wohnen. Das tat ich dann auch. Michael Gromnica stellte sich als junger Sozialdemokrat und Journalist vor und wir diskutierten natürlich viel über Gott und die Welt, das heißt, vor allem über den jugoslawischen „Sozialismus der Selbstverwaltung". Bald danach war er mein Gast in Belgrad.

Nachdem wieder eine Zeit vergangen war, erzählte mir Ansgar, es habe sich herausgestellt, dass dieser Gromnica „für den Osten" arbeitete. Als ihm die Verhaftung drohte, floh er im letzten Augenblick nach einem Anruf in den anderen Teil der Stadt, die Jungsozialisten bekamen Wind davon, waren noch schneller in seiner Wohnung als der Verfassungsschutz und konnten Unterlagen sicherstellen. Als ordentlicher Deutscher hatte der gute Mann Kopien seiner Berichte an die Stasi in einen Ordner abgeheftet, aber in der Eile vergessen, sie zu vernichten. So hatte man einen Bericht über mich und unsere Gespräche gefunden, in dem unter anderem festgestellt wurde, ich sei „ein schlechter Kommunist“. Wieso? In der Kammer meiner kleinen Wohnung, in der ich Freund Gromnica untergebracht hatte, schloss der Vorhang nicht gut und war mit einem Parteiabzeichen, das eine erfreulich schöne lange Nadel hatte, festgemacht. Das empfand er als Sakrileg – wer so mit Symbolen seiner Partei umgehe, könne kein zuverlässiger Genosse sein.

Viel später stellte sich heraus – das erfuhr ich dank einiger Unterlagen, die mir ebenfalls Ansgar Skriver verschaffte –, dass der gute Gromnica auch für den westdeutschen Verfassungsschutz gearbeitet und diesem oft dieselben oder ähnliche Berichte geliefert hatte wie für den Osten. Auch über mich – nur dass ich hier nicht als „schlechter“, sondern als „ziemlich liberaler Kommunist“ beschrieben wurde; dazu kam der Vorschlag: „… ob dieser Mann vielleicht zu nützlichen Diensten anzuwerben wäre …“ Nach seinem „Wechsel“ in den Osten trat Gromnica dort als „enttäuschter Westberliner sozialdemokratischer Journalist“ auf und wetterte gegen das Ostbüro der SPD. Sogar eine seriöse Zeitung wie die *FAZ* schrieb am 25. November 1961, Gromnica sei „vermutlich ein Doppelagent“ gewesen.

Apropos westdeutsche Dienste. Kurz nachdem ich geheiratet hatte, bot mir die deutsche Botschaft in Belgrad eine „Studienreise“ in die Bundesrepublik an. Falls ich wolle, mit meiner Gattin. Ich wollte. Allerdings wollte ich nichts studieren, sondern mit meiner Frau auf Rechnung eines anderen, reichen Staates herumfahren. Also gab ich auf die Frage, wen ich kennen lernen wollte, lauter mir schon bestens bekannte Namen von Freunden an: Günter Grass in Berlin, Gabriel Laub in Hamburg, Fred Gebhardt in Frankfurt am Main. Einer von ihnen zeigte mir später den Brief, der mich ankündigte. Da hieß es, ich sei ein wichtiger Mann, habe als Dolmetscher Titos „großen Einfluss“ und er, der Empfänger, solle doch bitte später berichten, worüber wir geredet hätten. Meinen „Einfluss“ in Jugoslawien gab es natürlich nicht; den hatte der deutsche Attaché erdichtet, um seine Kontakte mit mir aufzuwerten.

Mein offizieller Gastgeber in Deutschland war damals die Organisation „Inter nationes“ mit Sitz in Bonn. Als ich später selbst in der jugoslawischen Botschaft der Mann für Kultur und Medien wurde, freundete ich mich mit dem sehr netten und zuvorkommenden damaligen Chef von „Inter nationes“ an. Ich sagte ihm, wir in Jugoslawien hätten auch oft Gäste aus dem Ausland, führten aber die Unterlagen über sie nicht richtig – ob er mir über die Arbeit seiner Institution etwas Ausführlicheres sagen könne?

Aber gern! Er gab mir einen Riesenstapel von Berichten an den Bundestag und das Auswärtige Amt, ich fand aber nichts Interessantes. Also ging ich wieder zu ihm und sagte, ich hätte gehört, er habe in seinem Computer Angaben über Zehntausende von Personen, die Gäste seiner Organisationen gewesen waren – wie sei es damit bestellt? Damals, Mitte der 1970er Jahre, waren Computer noch geheimnisvolle, große Maschinen; ich hatte keine Ahnung, wie so etwas aussah.

„Ach, wissen Sie, Herr Ivanji“, sagte er, „diese Computer … Na ja, man gibt so viel ein, aber anfangen damit können wir gar nichts …“

Das ärgerte mich nun doch und ich fragte gereizt: „Aber Ihre Kollegen aus Pullach“, dem Sitz des Bundesnachrichtendienstes, „können die damit etwas anfangen?“

Er lächelte gütig und gab zu: „Die schon!“

Zwei andere Geschichten, die mit meinem Freund und Kollegen Hermann Kant, dem langjährigen Vorsitzenden des Schriftstellerverbandes der DDR, zu tun haben.

Die erste passierte im Sommer 1968. Ich war mit meiner Familie im Ferienort Budva an der Adria. Kant und der große deutsche Tonsetzer Paul Dessau weilten mit ihren Frauen im teuersten Hotel Jugoslawiens in Sveti Stefan, etwa zehn Kilometer von uns entfernt. Dessaus Gattin war die berühmte Tänzerin, Choreografin und Regisseurin Ruth Berghaus,

Kants Frau die Sängerin und Schauspielerin Vera Oelschlegel. Wahrlich eine illustre Gesellschaft! Kant erzählte mir damals, er habe die Erlaubnis von drei Ministerien gebraucht: vom Ministerium für Kultur im Prinzip, vom Innenministerium, um überhaupt gemeinsam mit seiner Frau ins Ausland reisen zu dürfen, und vom Finanzministerium, um genug Geld wechseln zu können. Eines Abends waren meine Frau und ich bei ihnen in Sveti Stefan zu Besuch. Sie konnten nirgendwo Nachrichten hören, ich sollte ihnen über die Entwicklung in der Tschechoslowakei erzählen. Das tat ich und behauptete, die Russen würden bald mit Gewalt einmarschieren. Nach einigen Sekunden entsetzten Schweigens sagte Dessau: „Ja, wenn die Freunde es für notwendig halten, dann werden sie es eben machen!"

Wir stritten. Meine Frau trat mich ans Schienbein. Ich sollte den alten Mann nicht ärgern, sonst würde er einen Schlaganfall erleiden. Kant schwieg.

Am nächsten Morgen, wir saßen beim Frühstück, kam Dessau in einem Taxi angefahren, benahm sich wie ein erschrockener alter Jude, der er ja war, klagte, wie schlimm das so sei auf der Welt, und flüsterte: „Sie müssen mein Benehmen schon entschuldigen. Sie haben aber gesehen, wie der Kant geschwiegen hat. Was weiß ich, was der später berichtet!"

Kaum war der Musikus weg, erschien der Dichter Hermann Kant mit dem erstem Bus aus Sveti Stefan: „Du musst schon entschuldigen, dass ich geschwiegen habe, aber du hast ja gesehen, wie sich dieser Dessau aufgeführt hat. Was weiß ich, was der später berichtet!"

Fast dieselben Worte. Zwei hochgestellte Kommunisten aus Ostdeutschland, zwei berühmte Künstler hatten so viele Tausend Kilometer fern von Berlin eine solche Angst voreinander.

Kant hat über unser Gespräch über die Tschechoslowakei übrigens in seinem Erinnerungsbuch „Abspann" (Berlin 1991) berichtet, freilich etwas anders, als es in meiner Erinnerung abgelaufen ist. Er schreibt: „Während unseres montenegrinischen Adria-Urlaubs, der vernünftigsten Art, mit dem

Reiseprivileg und einem Dinar-Honorar etwas anzufangen, bevor sich dessen Anämie auf dem Wege des Devisentransfers zur Auszehrung vertiefte, während des Urlaubs in Sveti Stefan waren Ruth Berghaus und Paul Dessau unsere Nachbarn auf der Insel und die Ivanjis unsere Nachbarn an der Küste, doch spielten Meer und Berge, Wetter und Küche kaum eine Rolle in den Gesprächen, denn wir hatten den Sommer, in dem noch der Prager Frühling war. Ivanji beschrieb künftige Ereignisse, als habe er, da er Titos Dolmetscher war, höchste Wissenschaft von ihnen, und ab 21. August 68 hielt sich die Wirklichkeit an seinen Entwurf. Als sei ich nicht seit dem 13. August 61 als schlechter Prophet ausgewiesen, bestritt ich heftig die Möglichkeit eines Einmarsches der Warschauer-Pakt-Staaten in das Gebiet der Warschauer-Pakt-Staaten. Paul Dessau ... bekräftigte mit Entschiedenheit meine Ansichten und fuhr, wie Ivan Ivanji zehn Jahre danach erzählte, spät am Abend die anstrengende Küstenstrecke noch einmal zurück, um den jugoslawischen Freunden mitzuteilen, er sei in Wahrheit ihrer und ganz und gar nicht meiner Ansicht."

Um mich selbst zu loben, darf ich hier noch ein Zitat von Kants Besuch in Montenegro hinzufügen: „Ivan Ivanji ... spricht so unglaublich gut deutsch, daß man dies auch noch sagte, wenn er Deutscher wäre, und dabei ist es nur eine von mehreren Sprachen in seinem Besitz. Obwohl entschiedener Weltbürger als Staatsbürger, wusste er sein Land, wenn es schon ans Vergleichen ging, durchaus auf eine kaustische Weise zu preisen, und ich sehe mich für den Umgang mit jugoslawischen Neuigkeiten weit besser von ihm als irgendwem sonst ausgestattet. Zumal es sich um Auskünfte über ein weiteres Scheitern handelt. Dieser erfolgreiche Mann klang immer, als sei er auf jegliches Scheitern eingerichtet."

Wenn es die Bedingung dafür ist, dass er mit seinem Lob Recht hat, möge auch seine Version über den Sommer 1968 in Sveti Stefan als wahr gelten.

Die andere Geschichte mit Kant passierte viele Jahre später, Mitte der 1980er Jahre: Ich kam als Sekretär des Schriftstellerverbandes gegen Mittag in Berlin-Schönefeld an und wurde von einer Sekretärin ins Hotel „Unter den Linden“ gebracht. Sie gab mir einen Umschlag mit etwas Geld und erklärte, sie werde mich am nächsten Morgen abholen. Ich war wütend, sagte jedoch nichts zu ihr. Dann ging ich in die jugoslawische Botschaft und erzählte dem Botschafter, mein Kollege, der deutsche Generalsekretär, hätte mich nicht unbedingt am Flughafen abholen, aber dafür im Hotel auf mich warten und mich begrüßen sowie ein Programm für den Nachmittag und Abend vorschlagen müssen. Kant stehe zwar als Vorsitzender eine Stufe höher als ich und dürfe mich später im Verband empfangen, aber weil wir ja alte Freunde seien, hätte er mir doch eine kleine schriftliche Begrüßung zukommen lassen sollen.

Ich sprach im Büro des Botschafters laut, langsam und deutlich, weil ich aus Erfahrung wusste, dass die geheimen Mikrofone oft gerade dann streikten, wenn man sich auf sie verlassen wollte. Botschafter Majerić lächelte verständnisvoll, weil er genau wusste, warum ich ihm das auf diese etwas seltsame Weise erzählte, und nahm mich zum Mittagessen mit.

Es zog sich hin und ich war erst nach zwei, drei Stunden wieder im Hotel, aber der Brief von Kant mit einer persönlichen Einladung am amtlichen Programm vorbei war bereits eingetroffen. Ich wusste: Wenn ich der kleinen Sekretärin sagte, was mir nicht gefiel, würde sie es ihrem Auslandssekretär weitergeben, der es dem Generalsekretär sagen und der wiederum eventuell bei Kant anrufen. Bis das alles abgelaufen wäre, wäre ich möglicherweise schon wieder weggewesen. Aber wenn ich in der jugoslawischen Botschaft so etwas direkt in die versteckten Mikrofone – das heißt: indirekt der Geheimpolizei – sagte, würde es sofort weitergeleitet. Und so war es wohl auch.

Der Umgang mit geheimen Erkenntnissen und so genannten Geheimdiensten hat mir nie Probleme, oft aber Spaß gemacht. Besonders ernst habe ich sie nie genommen und das hat mich nichts gekostet. Manchmal war ich neugierig, aber das ist meist eine Gier, die man für sich selbst stillt; als Literat wiederum hat man die Erfahrung, wie man Wahrnehmungen im Leben dermaßen verändert, manchmal veredelt, ein anderes Mal verfälscht, dass sie mit der Quelle, deren Standort man verschweigen muss oder möchte, nicht mehr in Verbindung gebracht werden können. Ich gehe davon aus, dass die meisten großen Spione auch *er*finden, wenn es ihnen nicht gelingt, etwas zu finden.

Letzten Endes drückt sich alles in Worten aus. Mag sein, der Evangelist meinte, als er *logos* sagte, etwas mehr, als im Wort „das Wort“ steckt, aber es klingt für mich in allen Sprachen gut: „Am Anfang war das Wort.“ Deshalb schrieb ich auch einen Roman mit dem Titel „Am Ende bleibt das Wort“. Berichte aller Dienste werden letztlich mit Worten niedergeschrieben. Im Prinzip sollten Dichter und Historiker im Umgang mit Worten präziser sein als Spione und Diplomaten. Nicht zufällig sind im Bereich der präzisesten Sprache, die zu unserer Zeit im Gebrauch ist, der englischen, mehrere Dichter Geheimagenten gewesen und ein Berufsspion ist ein bewundernswerter Bestsellerautor geworden. Ein jedes Schriftstück ist ein Bericht; die Frage ist, an wen gerichtet – an eine Person, eine Dienststelle oder den lieben Leser per se?

Als Schwejk in der Schweiz

Die Schweiz lernte ich vom Hubschrauber aus kennen. Die meisten berühmten Gipfel, für deren Eroberung passionierte Bergsteiger mehrere Saisonen benötigen, bewältigte ich in acht Tagen. An der berühmten Eiger-Nordwand flog ich im Helikopter hinauf und hinunter und bemitleidete dabei eine Expedition, die mühsam und unter Gefahren über die Felsen kraxelte. Ich schwebte über Gletscherlandschaften, die wirkten, als seien wir auf dem Mond. Auch das verdanke ich der deutschen Sprache. Und der jugoslawischen Volksarmee.

Am Telefon meldete sich jemand unter: „Hier das militärische Protokoll." Ich wusste nicht einmal, dass so etwas existierte. Man fragte, ob ich als Dolmetscher Generalstabschef Viktor Bubanj in die Schweiz begleiten wolle. Natürlich wollte ich, das war etwas Neues! Im Lauf des ersten Gesprächs wurde mir mitgeteilt, ich solle Smoking und Bergsteigerausrüstung mitnehmen. Ich antwortete, dass ich als Mensch vom Theater zwar tatsächlich einen Smoking besäße, den ich mir für ein Gastspiel der Oper in Berlin erworben hätte, aber alpentaugliche Bekleidung hätte ich nicht und würde mir für diesen einen Fall auch keine kaufen. Daraufhin erhielt ich vom Militär eine wunderbare Windjacke, wie sie Generäle tragen, entsprechendes Schuhwerk und eine Schildmütze der Alpenjäger. Die Windjacke habe ich noch lange danach in der Freizeit getragen und sie dann meinem Enkelsohn vererbt, der sie immer noch besitzt, obwohl er damals noch nicht einmal geboren war.

Ich fragte General Bubanj, ob ich auf der Jacke meine militärischen Rangabzeichen anbringen solle.

„Was sind Sie?"

„Oberleutnant der Reserve, Genosse General!"

„Keinesfalls, sonst glaubt man, Sie seien mein Gepäckträger. Dann lieber gar kein Rangabzeichen!"

Ich gewann diesen martialischen Offizier sehr lieb. Er hatte ein grobes Affengesicht, sprach einen unnatürlich tiefen Bass und wirkte eher wie ein Spieß in der Truppe – so wie Feldwebel in amerikanischen Filmen gezeigt werden – als wie ein Fliegergeneral, aber er war ein wunderbarer Mensch. Ich spreche von ihm im Perfekt, weil er relativ jung starb. Den Zerfall des Jugoslawien, für das er kämpfte und lebte, mit anzusehen blieb ihm erspart. Wie es sich für einen Gerechten schickt, starb er Tennis spielend, er schlug mit Brillanz einen Ball zurück und fiel um. Man dachte, er sei gestolpert, aber er stand nicht mehr auf. Herzinfarkt und auf der Stelle tot.

Wir flogen mit einer Maschine vom Typ JAK-40. Als wir den schweizerischen Luftraum erreichten, gab es neben uns viermal je einen Knall. Im ersten Augenblick erschrak ich richtig. Wir hatten eine Ehrenbegleitung von vier Jagdbombern des Typs Mirage erhalten. Nachdem wir gelandet waren, meinte Bubanj, so etwas gebühre ihm nicht, ein solcher Empfang in der Luft sei nur für Staatschefs vorgesehen.

„Das war nicht wegen Ihrer Funktion als General, sondern weil Sie als Pilot unser Kollege sind!"

Die Schweizer sagten mir, sie hielten Bubanj für den am besten ausgebildeten Offizier der Welt. Als begabter Bauernbub im Königreich Jugoslawien hatte er nur zwei Möglichkeiten, sich mit einem Stipendium zu bilden: entweder orthodoxer Priester zu werden – das konnte er schon deshalb nicht, weil er katholisch war – oder es mit der Offizierslaufbahn zu versuchen. So wurde er Fliegeroffizier.

Nachdem die Achsenmächte Jugoslawien besiegt und aufgeteilt hatten, schlug er sich in seine Heimat zurück und meldete sich freiwillig zu den Partisanen. Die waren misstrauisch – es passierte in einer mehrheitlich serbisch bewohnten Gegend, er war Kroate, die Aufständischen waren Kommunisten, er ein königlicher Offizier. Man beließ ihm seinen Rang nicht und er begann den Krieg als einfacher Soldat. Natürlich zeigte sich bald, dass er mehr vom militärischen Handwerk verstand als alle anderen in seiner Umgebung, und er wurde Kommandeur von immer größeren Einheiten.

Als die Verbindung zu den Westalliierten hergestellt war, schickte ihn Tito nach Ägypten, wo er für die Briten Spitfighters flog, um diese Maschinen kennen zu lernen und sie eines Tages für sein Land zu übernehmen. 1944 sandte man ihn in die Sowjetunion, wo er Flugzeuge vom Typ MIG flog. Er war der einzige Pilot im Zweiten Weltkrieg, der sowohl mit westlichen als auch mit sowjetischen Maschinen Kampfeinsätze flog. Nach dem Krieg besuchte er zuerst die Kriegsschule in Moskau, nach dem Konflikt mit der Sojwetunion fuhr er zur weiteren Stabsschulung in die USA. Das wussten die Schweizer natürlich und behandelten ihn mit ehrlichem Respekt.

Wir logierten in einem Hotel in Bern, wurden aber jeden Morgen zu einer nahe gelegenen Kaserne gefahren, wo wir in die Hubschrauber stiegen. Bubanj sagte anerkennend, er habe nirgendwo Hubschrauber so hoch und Jagdbomber so niedrig und durch Klüfte hindurch fliegen gesehen wie in der Schweiz.

„Die Piloten sind gut!“, sagte er mir während eines Fluges. „Ich wollte, es passierte etwas Ungewöhnliches, um zu sehen, wie sie sich dann benehmen …“

„Lieber nicht!“, wehrte ich ab.

Von den militärischen Übungen, an denen man uns teilnehmen ließ, verstand ich natürlich nichts, aber Bubanj und seine Begleiter, ein General und ein Oberst, waren begeistert und sagten, es wirke perfekt. Man schoss aus fahrenden Panzern auf sich bewegende Ziele ganz in der Nähe einer Autobahn, über die der normale Verkehr rollte. Die Infanteristen warfen scharfe Handgranaten und stürmten sofort nach. Bei jugoslawischen Manövern hätte man das nicht gemacht, man war bei uns viel vorsichtiger, zögerlicher. Jagdbomber schossen in einer engen Schlucht mit scharfen Raketen über unsere Köpfe hinweg auf das nahe Ziel, im zweiten Anflug fotografierten sie uns, im dritten warfen sie die im Flugzeug ausgearbeiteten fertigen Fotos per Fallschirm herunter. Das alles spielte sich in vielleicht zwanzig Minuten ab. Bubanj versicherte mir, unsere Piloten könnten das nicht, und wenn wir etwas Ähnliches zeigen wollten, wären die Gäste vorsorglich in einem Betonbunker untergebracht gewesen, nie hätte man über ihre Köpfe hinweg aus Fluggeschwindigkeit mit scharfen Raketen gefeuert.

Man hatte uns vorher berichtet, dass es in der Schweiz keine Berufsoffiziere gäbe, nur im Generalstab und im Verteidigungsministerium einige professionelle hohe Stabsoffiziere. Als wir nun mit den Piloten, die uns diese Kunststücke vorgeführt hatten, zum Mittagessen saßen, sagte der jugoslawische Generalstabschef: „Nun erzählen Sie mir bitte nicht, dass diese Meisterpiloten Reserveoffiziere sind!"

„Doch!", lächelte der Kommandeur der schweizerischen Luftwaffe. „Nun, ich muss zugeben, früher hatten wir in der Luftwaffe auch echte Zivilisten, Ärzte oder Kaufleute, die den Pilotenschein besaßen und gern privat herumflogen, mit den neuen Apparaten geht das freilich so nicht mehr …"

Wir erfuhren, dass die Fluggesellschaften ihre Kapitäne von der Luftwaffe ausbilden ließen und dies damit vergüteten, dass sie diese Männer später für eine bestimmte Anzahl von Tagen im Jahr dem Militär zur Verfügung stellten, aber sie würden auch dann von der Swissair bezahlt.

„Ich bin vorgestern mit einer DC-9 in Kalkutta gewesen", sagte der Kommandeur der Formation.

„Und wie hoch ist Ihr Gehalt?", fragte Bubanj. Er meinte, es sei schwierig, von einem Tag zum anderen von einem Flugzeugtypus zum anderen umzusteigen, auch wenn man noch so gut ausgebildet sei.

Der Pilot warf einen verzweifelten, fragenden Blick zu seinem Kommandanten, der sagte: „Das ist nicht die Steuerbehörde, sondern ein Kollege und Pilot, antworten Sie ruhig!"

Die Summe faszinierte uns.

Die Schweiz hat viele von uns Jugoslawen sehr interessiert. Offen wurde das nie gesagt, aber in so manchem war sie für uns ein Vorbild, insbesondere hinsichtlich der nationalen Frage. Wir wussten natürlich, dass die Schweizer Deutsche, Franzosen oder Italiener waren, sich aber politisch als Eidgenossen fühlten. Wir hofften, so würde es auch bei uns einmal sein, man würde Slowene, Kroate, Bosnier, Serbe, Mazedonier oder Montenegriner, Ungar oder Albaner, Rumäne oder Slowake bleiben, aber sich gleichzeitig und vor allem als Jugoslawe bekennen. Bubanj sah das ebenfalls so. Das Ziel seiner Delegation war nicht so sehr, die militärischen Leistungen einer Armee kennen zu lernen, die Jahrhunderte lang nicht gekämpft hatte, sondern es ging darum, die Einbindung der Zivilisten in die nationale Verteidigung sowie das Zusammenleben der Angehörigen verschiedener Völker in der Armee zu studieren.

So fragte Bubanj, in welcher Sprache man in den Truppeneinheiten kommandiere.

„Das entscheiden die Männer selbst."

„Also drei verschiedene Sprachen je nach Wahl?"

„Vier!"

„Deutsch, Französisch, Italienisch ...?", zählte Bubanj auf.

„Und Rätoromanisch!"

Unser General verstand die Welt nicht mehr. Schön, die Soldaten kamen alle aus derselben Gegend in dieselbe Truppe und hatten dieselbe Muttersprache, aber die Offiziere müssten wohl doch manchmal hier, ein anderes Mal dort eingesetzt werden. Konnten sie dann alle Sprachen?

„Meistens ja – aber haben Sie überlegt, aus wie vielen Worten die Kommandosprache besteht, Herr General? Wir haben nachgezählt: Wichtig sind 28 Worte. Warum soll man nicht 'Kehrt euch' auf Rätoromanisch befehlen, wenn es die Männer freut?"

„Aber die Luftwaffe?", fragte Bubanj als Fliegergeneral.

Man lachte: „Da gilt der Spaghetti-Code!" Man habe für die Luftwaffe das Italienische gewählt, weil es die klangvollste, am leichtesten verständliche Sprache sei: *Avanti! Attacco!*

Das erzählte ich viel später dem schweizerischen Journalisten und späteren Diplomaten Andreas Kohlschütter, der in der Schweiz Major der Reserve war. Er schüttelte sich vor Unwillen: „Die da oben haben leicht reden und euch einen Bären aufgebunden! Von wegen 28 Worte! Ich habe der Truppe sogar politische Vorträge auf Rätoromanisch halten müssen!"

Kohlschütter ist ein Beispiel dafür, dass in der Schweiz ein jeder, auch ein Mensch, der Militärisches überhaupt nicht mag, den Rang erreichen muss, der ihm auf Grund seiner Tätigkeit im Zivilleben zusteht. Das testete General Bubanj auch in unserem Hotel. Auf seine Frage erklärte unser Ober, er sei Feldwebel.

„Und Ihr Hoteldirektor?"

„Der Herr Direktor ist selbstverständlich Hauptmann, Herr General!"

Bubanj und die anderen jugoslawischen Offiziere trugen dieselben Windjacken wie ich. Magere Menschen waren sie auch nicht. Aber auf den in der Schweiz gemachten Fotos sehe ich neben ihnen trotzdem komisch aus: wie ein zwischen echte Soldaten geratener Schwejk. Man muss eine gewisse Haltung haben, um eine Uniform richtig tragen zu können. Das galt besonders für Tito – er war ebenfalls dick, wirkte aber in Uniform wie ein echter Offizier.

Als wir zum ersten Mal mit dem Hubschrauber auf einem Berggipfel landeten und ich gleich nach meinem General ungeschickt aus der Maschine kletterte, über meinem Kopf ratterten noch die Rotorflügel, sah ich die Kompanie in Reih und Glied und ihren Kommandeur, der zur Begrüßung herbeieilte. Nach Bubanj streckte er auch mir die Hand entgegen. Ich hob sie schon, um meinen Hut zu lüften, als mir einfiel, dass ich ja eine militärische Kopfbedeckung trug, und ich veränderte meine Geste, um zu salutieren. Ich muss auf die Offiziere echt lächerlich gewirkt haben.

Wenn man mit einer Maschine relativ schnell und bequem sitzend auf 3.000 Meter hochgehoben wird, braucht man einige Zeit, um richtig atmen zu können. Apropos Bergeshöhe! Auf so einem Gipfel haben wir nach dem obligatorischen Enzianschnaps einen in Brotteig gebratenen ganzen Schinken vorgesetzt bekommen. Selten im Leben habe ich so gut gegessen.

Ich habe die schlechte Gewohnheit, mich von überall her telefonisch zu Hause zu melden. Die Übernachtung in den Hotels, in denen man mit Delegationen untergebracht ist, wird meist vom Gastgeber bezahlt, für die Extras kommt man normalerweise selbst auf. Als ich in Bern nach meiner Telefonrechnung fragte, um zu sehen, wie viel meine ausführlichen Gespräche nach drei Tagen schon gekostet hatten, sagte man mir, alle Kosten im Hotel würden von der schweizerischen Armee getragen.

Das war mir peinlich. Ich fragte General Bubanj beim Frühstück, ob er zu Hause angerufen habe. Er erwiderte: „Nie!"

Das sagte er aber so schroff und abweisend, dass ich nachhakte: Wieso? Daraufhin bekam ich folgende Geschichte zu hören.

Er war schon Kommandant der jugoslawischen Luftwaffe, flog aber noch von Zeit zu Zeit, um genügend Flugstunden zu haben. Das war notwendig, um die Pilotenlizenz zu behalten. So flog er eines Nachmittags mit einer MIG-21 von Belgrad weg, um einige Runden zu drehen, nachdem er vorher nach Hause telefoniert hatte, er würde rechtzeitig zum Abendessen kommen. Dann erlebte er einen schweren Unfall, den gefährlichsten seiner ganzen Laufbahn. Sein Motor versagte, es gelang ihm eine Notlandung auf einer Insel im Fluss Drina. Inzwischen war es dunkel geworden. Man konnte ihn erst am Morgen bergen, der ganze Tag verging mit Untersuchungen. Seiner Gattin wollte er das nicht erzählen, um sie nicht nachträglich zu erschrecken. Als sie ihm schwere Vorwürfe machte und sogar nicht mehr mit ihm reden wollte, brachte er am nächsten Tag den Oberst, der die Kommission für die Untersuchung der Notlandung leitete, mit nach Hause und ließ ihn der Frau berichten. Sie glaubte kein Wort: „Ihr habt 24 Stunden gebraucht, um nachzudenken, was ihr mir sagen sollt, und am Ende so eine blöde Ausrede gefunden ..."

Damals hatte er ihr erklärt: „Von nun an rufe ich nie mehr zu Hause an. Seid glücklich, wenn ich da bin!"

Daran habe er sich eisern gehalten.

Er erzählte mir auch von einer schweren Stunde im Jahr 1968. Er war bereits Generalstabschef. Eines Nachts, die Invasion des Warschauer Paktes in die Tschechoslowakei war erfolgt und in Jugoslawien bei den Streitkräften eine höhere Stufe der Alarmbereitschaft in Kraft getreten, saß er im Bunker des Oberkommandos. Auf dem Radarschirm stellte er fest, dass sich über Ungarn eine wahre Armada von Flugzeugen in Richtung Süden, also Jugoslawien, in der Luft befand. Einen Augenblick zauderte er, ob er Tito wecken sollte. Dann beschloss er, damit noch abzuwarten, gab jedoch Befehl, die Hälfte aller jugoslawischen Kampfflugzeuge starten zu lassen, sie sollten einfach herumfliegen.

Als junger Fliegeroffizier war er am 6. April 1941 auf einem Flugplatz in Mazedonien mit seinen Pilotenkollegen in Alarmbereitschaft gestanden. Nichts geschah. Man unterhielt sich und beobachtete den schönen Sonnenaufgang. Und plötzlich waren deutsche Flugzeuge über ihnen und vernichteten mit ihren Bomben alle Jäger auf dem Boden.

„Das sollte mir nicht noch einmal passieren!"

Rechtzeitig – an die fünfzehn Kilometer, bevor sie den jugoslawischen Luftraum erreicht hätten – bogen die russischen Maschinen jedoch ab. Bubanj erstatte Tito erst am Morgen Meldung und wurde gelobt.

Es lag schon Unruhe in der Luft. Ich möchte hier nicht ausführlicher von den Ereignissen berichten, die man bei uns im Land kurz den „kroatischen Frühling" genannt hat, den ersten Versuch, für eine jugoslawische Teilrepublik mehr Selbstständigkeit zu erkämpfen. Hier geht es nur um Viktor Bubanj. Die kroatische Ministerpräsidentin Savka Dabčević-Kučar wollte mit ihm als „kroatischem General" sprechen. Er lehnte ab und antwortete, er sei ein „jugoslawischer General". Als Tripalo, Dabčević-Kučar und ihre Freunde auf einer Sitzung der Parteiführung abgesetzt wurden, stand für alle Fälle Bubanj wieder in Alarmbereitschaft.

Im erwähnten Sommer machte er mit seiner Familie Urlaub in Šibenik an der Adriaküste. Seine Frau stammte aus der Gegend. Natürlich war er mit seinem privaten Auto gefahren, mit einem zivilen Belgrader Kennzeichen. Man saß beim Frühstück, da rief ein Nachbar durchs Fenster: „Viktor, man beschmiert dein Auto mit Scheiße!"

Er nahm seine Dienstpistole und stürzte im Pyjama vor das Haus. Tatsächlich war man dabei, seinen Wagen zu beschmutzen. Jemand erkannte ihn.

„Entschuldigen Sie, Herr General, wir wussten nicht, dass das Ihr Auto ist. Gleich werden wir es wieder sauber machen!"

Er drückte jedoch dem Mann die Pistole an den Kopf und schrie: „Auflecken sollst du das!"

Als er mir das erzählte, ergänzte er: „Zu meinem Glück war er so erschrocken, dass er angefangen hat, die Scheiße zu lecken, sonst wäre ich jetzt nicht hier, sondern im Zuchthaus. Ich war so wütend, dass ich ihn wirklich umgebracht hätte!"

Am Ende unserer Reise in die Schweiz erlebte ich ihn einmal richtig jähzornig. Auf dem Rückflug sollten wir in Pula zwischenlanden, um aufzutanken. Wir saßen in angenehmem Gespräch, er analysierte mit seinen Offizieren, was wir gesehen und erlebt hatten. Plötzlich unterbrach er sich, sprang auf, rief: „Was machen die eigentlich?" und stürzte in die Pilotenkabine. Gleich danach ging es fast im Sturzflug auf den Erdboden zu. Nach der Landung ließ er die beiden Piloten, einen Major und einen Hauptmann, und den Navigator stramm stehen und fuhr sie an: „Was seid ihr da herumkutschiert?"

„Genosse General, das Wetter ... Wir hatten vom Turm keine Landeerlaubnis."

„Wenn ihr bei solchem Wetter wie jetzt nicht fliegen könnt, habt ihr in der Luftwaffe nichts zu suchen ..."

„Aber Sie waren doch an Bord!"

„Dann erst recht! Auftanken, und wenn wir nicht zur angegebenen Zeit pünktlich in Belgrad sind, zahlt ihr die Mehrkosten an Flugbenzin aus der eigenen Tasche!"

Nach diesem Donnerwetter flogen wir so schnell, dass ich dachte, der Apparat würde gleich auseinanderfallen.

Der Besuch der Schweiz mit der Militärdelegation war eine meiner schönsten Dienstreisen. Mit Bubanj hatte ich auch nach meiner Dolmetschertätigkeit noch freundschaftliche private Begegnungen. Er fragte mich, wie ich die doch komplizierte militärische Terminologie so leicht bewältigt hätte. Ich sagte, ich sei ja Reserveoffizier, etwas Nützliches hätte ich in seinem Laden also doch gelernt.

Mit der Fachterminologie kann es freilich richtige Probleme geben. Hitlers Chefdolmetscher Paul Schmidt beschreibt in seinem Buch „Statist auf diplomatischer Bühne“, welche Eigenschaften man bei dieser Tätigkeit auf höchster Ebene haben muss: Erstens darf man keine Angst haben vor den Leuten, für die man übersetzt. Zweitens muss man wissen, worum es geht. Drittens muss man die Sprachen auch beherrschen. Und er erklärt, was er mit dieser Reihenfolge meint. Wenn zum Beispiel etwas über Chemie zu übersetzen wäre, würde ein fachkundiger Assistent, auch wenn er die Sprachen mangelhaft spricht, ein Gespräch besser verstehen und erläutern als ein Sprachenexperte, der von der Wissenschaft, von der die Rede ist, nichts weiß.

Ausgerechnet mit Chemie ist mir so etwas tatsächlich passiert. Zu Besuch in Jugoslawien war der damalige Präsident der Nationalen Front der DDR, Erich Correns, von Haus aus Chemiker. Unter anderem besuchten wir einen chemischen Betrieb in Zagreb. Der Direktor und der Gast versuchten zu fachsimpeln, aber ich musste mich schon nach einigen wenigen Sätzen entschuldigen, denn ich verstand überhaupt nichts von dem, was sie sagten. Ansonsten sprach Correns Französisch und der viel jüngere Direktor Englisch. An der Wand des Direktorenbüros stand eine Schultafel. Die beiden Herren nahmen je eine Kreide und einen Schwamm und begannen Formeln zu kritzeln und wieder zu streichen. Sie verständigten sich in der Sprache der Chemie. Das erinnerte mich an den Besuch des Österreichers Bock und die Tischreden mit dem Kroaten Blažević, als die beiden Juristen Lateinisch benützten.

Einmal dolmetschte ich simultan für einen internationalen Kongress der Bäckerindustrie. Es ist im Prinzip viel leichter, simultan aus einer Kabine zu dolmetschen, als, wie man es nennt, konsekutiv, Angesicht in Angesicht mit den Personen, die man zu übersetzen hat. Simultan spricht man tatsächlich gleichzeitig. Entweder kann man das oder nicht. Ich kenne Kollegen, die die Sprachen perfekt beherrschen und fantastisch übersetzen, aber nur schriftlich. Mein Freund Branimir

Živojinović ist zweifelsohne der beste Übersetzer deutscher Dichtung in die serbische Sprache, den es je gab. Goethe und Rilke hat er kongenial ins Serbische übertragen; im lebendigen Sprachverkehr jedoch ist er hilflos. Er ist ein solider Mensch, er braucht Zeit. Der Simultandolmetscher hat keine. Bei der Konsekutivübersetzung muss man dazu noch abwarten, bis der Satz zu Ende ist. Wenn die Person, die man übersetzt, weiterspricht, muss man sie eventuell unterbrechen, und wenn sie ein noch so hohes Tier sind. Damit ist der Mut gemeint, den Paul Schmidt erwähnt hat.

Nun, unsere Klienten von der Bäckerindustrie machten es uns in den Dolmetscherkabinen nicht leicht, weil sie Termini benützten, die wir nicht kannten. Also behielten wir sie einfach bei, anstatt sie zu übersetzen, und schwärmten in der ersten Pause aus, um uns zu entschuldigen und zu erklären, was los war. Man beruhigte uns und ermunterte uns, so weiterzumachen; die Worte, die uns fremd waren, kannten sie alle.

Eine andere schöne Geschichte ereignete sich bei einem Kongress von Schallplattenproduzenten in Zagreb. Der ungarische Vertreter meldete sich zu Wort. Er musste natürlich eine der Amtssprachen benützen und wählte Deutsch. Als ich, der in der „deutschen Kabine" saß, das feststellte, schaltete ich das Mikrofon auf dem Rednerpult auf die direkte Linie und lehnte mich zurück, um ein wenig auszuspannen. Danach aber bemerkte ich, dass der ganze Saal lachte. Ich nahm den Hörer und bemerkte, dass der gute Mann sein Deutsch mit dem charakteristischen ungarischen Akzent sprach – und dass alle Dolmetscher begonnen hatten, diesen Akzent auch in den Sprachen nachzuahmen, in die sie übersetzten. Der Redner glaubte, man halte ihn für geistreich, und machte also einen Witz nach dem anderen. Am Ende bog sich der Kongress vor Lachen.

Einmal wurde mir angeboten, für die Stadt Belgrad so schnell wie möglich ein Manuskript über den Bau von Untergrundbahnen zu übersetzen. Die Übersetzung sollte nicht gedruckt, sondern nur für Experten vervielfältigt werden. Man sagte mir ausdrücklich, die Version müsse gar nicht sprachlich perfekt, sondern nur für die Benutzer des Skriptes verständlich sein. Und weil Eile geboten war, versprach man ein doppeltes Honorar. Das Geld hätte ich gerade gut brauchen können, musste den Auftrag jedoch ablehnen, weil ich den Text einfach nicht verstand. Ich schlug vor, sie sollten einen Tiefbauingenieur engagieren, der gar nicht so gut Deutsch sprechen, aber das Fachgebiet kennen musste.

Die Übersetzertätigkeit für verschiedene Fachkongresse und Veranstaltungen war in Jugoslawien übrigens viel besser bezahlt als dieselbe Arbeit für staatliche Stellen. Auch der Bund der Kommunisten bezahlte besser als der Staat. Am schlechtesten wurde man vom Büro des Staatspräsidenten, also von Tito, entlohnt. Auf der Insel Brioni musste man sogar die Hotelkosten selbst begleichen – auch wenn man für den Staatschef arbeitete.

Von dort habe ich eine peinliche Begebenheit in Erinnerung. Hohe Staatsbeamte waren in einem und wir, die Hilfstruppe, in einem anderen Hotel untergebracht. Beide befanden sich auf der Seite der Insel, die dem Festland gegenüber liegt. Titos Residenz und einige Prachtvillen lagen auf der anderen Seite der Insel und blickten auf offene See.

Es gab in der Nähe, einige hundert Meter von den Hotels entfernt, eine schöne, gepflegte Badeanstalt. Einmal hatte ich etwas mehr als eine Stunde Zeit. Ich nahm meine Badehose, um ein wenig im Meer zu schwimmen. Da bemerkte ich, dass bei den Felsen gegenüber vom Hotel einige Menschen badeten. Ich wollte mir den Fußmarsch von mehreren Minuten sparen und schickte mich an, mich gleich hier umzuziehen, als mich von einem der schwimmenden Männer der Ruf ereilte: „Sie sind hier nicht erwünscht!“

„Wieso?“, fragte ich bestürzt und erkannte in ihm einen Kellner, der an Titos Tafel bediente.

„Das sieht man hier nicht gern. Sie gehören nicht zu uns. Gehen Sie zur Badeanstalt baden, das ist Ihre Bestimmung.“

So streng – ich würde sagen: „feudal“ – waren die Bestimmungen auf Brioni. Ich als Dolmetscher sollte mich nicht mit Kellnern oder Köchen im Meer vergnügen, freilich erst recht nicht mit Tito und seinesgleichen auf der anderen Seite derselben Insel.

Mit Stane Dolanc als Parteisekretär auf Reisen bekamen wir, obwohl alles – Übernachtungen, Speisen und Getränke – bezahlt war, doppelte Taggelder in ausländischer Valuta. Bei Tito, falls alles bezahlt war, nur ein Zehntel der Taggelder, gerade genug für Trinkgeld; wenn nur Übernachtung und Frühstück bezahlt waren, ein Drittel.

Im Dezember 1981 fuhr ich mit Dolanc nach Österreich und Deutschland. Er hatte in Wien und Bonn Vorträge über die Situation in Jugoslawien nach dem Tod Titos zu halten. Da er das Fliegen nicht besonders mochte und die nebeligen Tage im Winter eine gute Ausrede waren, kein Flugzeug zu nehmen, fuhren wir mit einem Salonwaggon der jugoslawischen Eisenbahnen, der an die entsprechenden Züge angekoppelt wurde. Mit von der Partie war nur Ivo Vajgl, damals tätig im ZK des slowenischen Bundes der Kommunisten, danach Botschafter Sloweniens erst in Wien und dann in Berlin sowie einige Zeit lang Außenminister Sloweniens. Außer uns waren ein Leibwächter und der Schaffner des Waggons, der auch Koch war und notfalls für unser leibliches Wohl zu sorgen hatte, mit von der Partie.

So eine Reise ist wirklich bequem. Im Waggon gibt es einen Salon mit Esstisch, Stühlen, Radio und Fernsehen. Eine kleine Küche. Bequeme Einbettkabinen. Dolanc aß in einem fort – mehr als ich, und das will etwas bedeuten. Er war eitel, sich seines Aussehens aber durchaus bewusst. Früher einmal war ich, in einem der langen Flure des ZK um die Ecke biegend, mit ihm zusammengestoßen und zurückgeschreckt; er hatte gefragt: „Bin ich denn so hässlich?“

Während der Reise erzählte er Vajgl und mir, er würde Bundesinnenminister werden. Ich wunderte mich, dass er nichts Besseres bekommen hatte – ich hatte geglaubt, er würde Ministerpräsident oder der erste zivile Verteidigungsminister werden, und sagte ihm das. Er zuckte die Achseln: „Ich wollte ja nicht, aber Sergej Krajger hat mir gesagt, ich sei noch ein Jungkommunist und habe zu gehorchen!“

Über den starken Einfluss von Dolanc haben viele spekuliert, was aber weitaus übertrieben war. Für Slowenien war er „ein Kader" aus diesem Land und nach dem Tod Titos bestimmten von dort aus Sergej Krajger und der noch weniger bekannte France Popit das Geschehen. Dolanc verbrachte die letzten Jahre seines Lebens einsam in seinem Heimatdorf nahe der österreichischen Grenze, ging seinem Hobby, dem Sammeln von Pilzen, nach und sprach nicht über seine politischen Erfahrungen. Erst nach seinem Tod hat ein slowenischer Journalist seine letzten Gespräche mit Dolanc veröffentlicht; sie sind aber nicht beglaubigt.

Vor der Reise hatte Dolanc mir das Manuskript seiner Rede mit der Bitte übergeben, sie nicht nur zu übersetzen, sondern freimütig Bemerkungen machen, wenn mir etwas nicht passte. Ich sagte ihm, die Teile über die Erfolge der Wirtschaft im Land gefielen mir gar nicht. Unsere Gastgeber würden wissen, dass das nicht stimme – wozu sie also zu Fragen oder sogar Entgegnungen inspirieren, auf die nur schwer Antworten zu finden sein würden? Er antwortete, das sei so mit Krajger und „der Führung" abgesprochen, er könne es nicht mehr verändern. Im Manuskript blieb es also stehen, aber der schlaue Dolanc las diesen Teil seines Vortrages nicht vor und es galt, wie meistens in solchen Fällen, „das gesprochene Wort".

Dolanc sagte am Ende der Reise zu Vajgl und mir: „Ein jeder von euch darf ein größeres Stück schmuggeln, mehr nicht!" Sonst wäre ich gar nicht auf die Idee gekommen, so aber kaufte ich für meine Tochter einen neuen Fernseher. Natürlich wurde unser Waggon vom Zoll in Jugoslawien nicht untersucht.

Auf Dienstreisen mit unseren hochgestellten Persönlichkeiten wurde viel geschmuggelt. Meist hatte ich als Dolmetscher gar keine Zeit, herumzulaufen und etwas zu besorgen, aber die Sicherheitsbeamten waren Meister in diesem Geschäft.

So flogen wir einmal mit Ministerpräsident Djuranović von Stuttgart nach Hause zurück. Wir hatten ein Flugzeug der Marke Falcon, in das man erst einsteigen musste, bevor das größere Gepäck eingeladen wurde. Wir saßen also schon, dann brachte man Koffer auf Koffer und Kiste auf Kiste – und die Gastgeber, allen voran der damalige Ministerpräsident von Baden-Württemberg, sahen zu. Djuranović ärgerte sich und erklärte: „Ich habe einen Koffer und diese Tasche. Ich möchte jetzt wissen, wem was gehört!"

Ein jeder von uns meldete sein bescheidenes Gepäck an, aber für die neuen Stücke wollte niemand verantwortlich sein. Also wandte ich mich an den Chef der Leibwächter und sagte: „Wenn auch du nicht weißt, wem das Zeug gehört, lass es lieber wieder hinausschmeißen ..."

Er gab zu, dass man für die Kameraden daheim „einige Fernsehapparate und Ähnliches" mitgenommen habe. Djuranović war wütend, konnte aber nichts mehr unternehmen, denn das Ausladen hätte die Gastgeber nur noch mehr auf die üble Angelegenheit aufmerksam gemacht.

Eine andere Art von Eitelkeit als bei Dolanc, der sich nicht für schön hielt, was er auch wahrlich nicht war, erlebte ich mit dem Kroaten Vladimir Bakarić. Ich habe ihn ansonsten für einen Zyniker gehalten und gerade deshalb geschätzt.

Edvard Kardelj hingegen war ein Gläubiger. Von der Segen spendenden Kraft des Marxismus-Leninismus war er ehrlich überzeugt.

Mir gegenüber gab er sich stets freundlich, von einen Dolmetscher-Kollegen habe ich freilich auch ganz anderes gehört. Das Gespräch mit einer Delegation begann Kardelj mit „Liebe Freunde und Genossen ...", obwohl man bei uns meist umgekehrt „Liebe Genossen und Freunde" sagte, und der hervorragende Dolmetscher für Englisch, Boško Čolak-Antić, wiederholte automatisch *„Dear comrades and friends"*, worauf Kardelj zischte: „Ich überlege genau, in welcher Reihenfolge ich wann welche Worte gebrauche, und wenn Sie nicht imstande sind, richtig zu übersetzen, verlassen Sie lieber die Sitzung ..."

Als einmal Günter Grass Kardelj besuchte und ich als Dolmetscher anwesend war, wurde in den jugoslawischen Medien der Kurzbericht darüber mit dem Satz beendet: „An dem

Gespräch teilgenommen hat auch der Schriftsteller Ivan Ivanji." Das wunderte mich, weil ich nicht „teilgenommen", sondern nur gedolmetscht hatte. Also fragte ich, wer das so weitergegeben habe. Mir wurde bedeutet, Kardelj habe darauf bestanden, dass ich nicht nur als Dolmetscher, sondern auch als Literat dabei war. Kardelj übermittelte mir – und wer weiß wie vielen Hunderten oder Tausenden von Jugoslawen – jedes Jahr zu Neujahr handschriftlich seine guten Wünsche.

Bei Bakarić, der am Ende ihrer beiden Laufbahnen einen großen, vielleicht nach Kardeljs Tod den größten Einfluss auf Tito gchabt hat, kann ich mir so strenge Kritiken nicht vorstellen. Trotz oder gerade wegen seines häufigen Spottes war er für so etwas viel zu höflich. Was die Sprache angeht, mit der ich es zu tun hatte, war auch wichtig, dass Bakarić wirklich perfekt Deutsch sprach. Ich hoffe, dass er mich deshalb schätzte.

Noch zu meiner Zeit als Botschaftsrat in Bonn kam er einmal nach Deutschland, um in der Friedrich Ebert Stiftung einen Vortrag zu halten. Er bat mich, das Manuskript zu übersetzen, wollte es selbst vorlesen, sich aber vorher mit mir darüber besprechen. Wegen einer Kehlkopfkrankheit sprach er jedoch schwer. Deshalb schlug ich ihm vor, er solle nur einige der ersten Sätze vortragen, um zu zeigen, dass er gut Deutsch spreche, es dann aber mir überlassen, den Rest vorzulesen.

„Warum?", fragte er ungehalten.

„Damit es schneller geht. Und damit Sie sich schonen, um im Lauf der Diskussion direkt einzugreifen und auf Fragen zu antworten."

„Sie glauben, ich sei nicht mehr fähig, einen Vortrag zu halten?"

„Natürlich sind Sie das, aber …"

„Kein Aber! Ich lese ihnen jetzt das Referat vor, Sie können die Zeit stoppen und mich später auf Fehler aufmerksam machen …"

Er war nicht aufzuhalten und hielt mir den Vortrag eine Stunde lang. Am Abend dann das Ganze noch einmal. Anstatt ihn zu schonen, hatte ich ihn dazu gebracht, sich doppelt anzustrengen.

Leichter hatte ich es mit Funktionären, die keiner Sprache mächtig waren und sich deshalb voll meiner Kunst anvertrauten. Einer von ihnen war Lazar Koliševski. Er war nach Titos Tod für drei Tage der unmittelbare Nachfolger an der Spitze des Staatspräsidiums. Mir schien es damals als ein Sieg des Staatsgedankens, als die Sendungen aller jugoslawischen Stationen unterbrochen wurden, um etwa eine Stunde später live die Sitzung des Staatspräsidiums zu übertragen, bei der Koliševski mit zitternder Stimme erklärte: „Auf Grund der Verfassung übernehme ich die Präsidentschaft …“

Meine Überlegungen, was an der Verfassung 1974 gut und was falsch war, was Jugoslawien zerstört hat, gehören nicht hierher, aber ich glaube, vielleicht hat zur Tragödie auch geführt, dass das Staatspräsidium ein wenig willkürlich und auf Grund eines übertriebenen nationalen Proporzes zusammengesetzt war. Koliševski war das Mitglied aus Mazedonien. Seiner Herkunft nach Arbeiter aus der Waffenfabrik in Kragujevac, sicher das, was man eine „ehrliche Haut“ nennt, aber eben nicht der Weiseste aus diesem Land. Um nur zwei andere führende Köpfe aus Mazedonien zu nennen: Lazar Mojsov und Kiro Gligorov waren ihm beide intellektuell weit überlegen.

Zur Zeit jedoch, die ich hier von meiner Dolmetschertätigkeit her erwähnen will, war Koliševski Präsident der „Sozialistischen Allianz des werktätigen Volkes“, einer Art „Nationaler Front“, die Tito aus der Zeit der stalinistischen Staatsform übernommen hatte und mit der wir wenig anfangen konnten. In dieser Eigenschaft fuhr er an der Spitze einer Delegation in die DDR.

Mit von der Partie war Branko Drašković, damals Direktor des Medienkonzerns „Politika“. Branko fiel es unendlich schwer, am Morgen aufzustehen. Normalerweise begann sein Arbeitstag gegen Mittag und dehnte sich dann weit bis über Mitternacht aus, aber bei Auslandsbesuchen musste er sich an einen anderen Tagesablauf halten. Musste er oder hätte er gemusst? Jedenfalls warteten wir alle am ersten Tag lange auf ihn, sodass danach das Programm durcheinander geriet, und im Lauf des Abendessens bat mich Koliševski, Branko Drašković am nächsten Tag rechtzeitig zu wecken.

„Einverstanden", sagte Branko. „Ich sperre die Tür nicht ab."

Am nächsten Morgen weckte ich ihn nicht nur, sondern blieb bei ihm, bis er im Badezimmer war.

Dann warteten wir beim Frühstück lange, aber wer nicht erschien, war Branko Drašković. Koliševski sah mich vorwurfsvoll an. Ich beteuerte, dass ich ihn geweckt hätte, lief aber doch wieder hinauf in sein Zimmer und traf ihn in derselben Pose im Badezimmer an, in der ich ihn verlassen hatte. Er starrte mit einem seligen Gesichtsausdruck sein eigenes Antlitz im Spiegel an und als ich ihn leicht anschubste, merkte ich, dass er stehend weitergeschlafen hatte.

Unsere Gastgeber verhehlten nicht, dass sie sich ein wenig ärgerten, aber Koliševski sagte: „Da kann ich nichts machen, er ist ein viel älteres Parteimitglied als ich."

Das konnten die deutschen Kommunisten nicht begreifen. Wieso war das ältere Parteimitglied nicht Chef der Delegation und hatte auch sonst im Land einen höheren Rang – oder, falls er in Ungnade gefallen sein sollte, wieso war er dann überhaupt noch dabei?

Ich lebte damals mit meiner Frau und unserem eben geborenen Sohn in einer feuchten Garçonniere und kämpfte um eine anständige Wohnung. So dachte ich, eine Unterstützung des Präsidenten der „Sozialistischen Allianz" bei diesem Unterfangen könnte nur nützlich sein, und benützte einen Augenblick, den ich für richtig hielt, um ihm ausführlich mein Leid zu klagen. Koliševski hörte sehr aufmerksam zu und begann dann von seinen Problemen zu sprechen: „Sie werden es mir nicht glauben, Genosse Ivanji, meine Villa hat 400 Quadratmeter, aber so eine unglückliche Einteilung, dass ich keinen einzigen Raum habe, um mich zurückzuziehen und intellektuell zu arbeiten …"

Er und intellektuell arbeiten? Verhöhnte er mich? Erst dachte ich, er ärgere sich, weil ich ihn auf der Reise mit meinen privaten Angelegenheiten belästigte und dass er mir so zur Kenntnis bringen wollte, dass ihn das nichts angehe. Dann aber begriff ich, dass er es nicht so gemeint hatte. Er hatte nichts, aber auch gar nichts begriffen, er konnte sich nicht vorstellen, wie ich lebte. Er meinte nur, er und ich hätten ein Problem mit unseren Wohnverhältnissen, und damit glaubte er, sich mit mir von Gleich zu Gleich unterhalten zu haben.

Gipfelkonferenz der Blockfreien in Havanna

Die 6. Gipfelkonferenz der blockfreien Länder – ich bleibe auf Deutsch bei dieser Bezeichnung, weil sie sich eingebürgert hat und weil ich nicht immer wieder auf das englische Original „Non-Aligned Movement" zurückkommen will – fand vom 3. bis 9. September 1979 in Havanna statt. Obwohl ich mich in diesem Buch politischer Urteile enthalten wollte, möchte ich hier doch feststellen, dass es für Titos Auffassung dieser Idee um Biegen und Brechen ging. Seine nahen Freunde und Mitbegründer der Bewegung, Nehru und Nasser, waren längst tot. Aus Moskau wurde über „naturgegebene Verbündete" der Blockfreiheit gesprochen, nämlich die Sowjetunion und ihre „Satelliten". Der Gastgeber, Kuba in Person von Fidel Castro, war Verfechter dieses Anspruchs, was das Ende des eigentlichen Grundgedankens bedeutet hätte. Dann wäre die Bewegung einfach ein Anhängsel des einen, von Moskau angeführten Blocks geworden. Deshalb entschloss sich der greise Tito, diese anstrengende Reise zu wagen, obwohl ihm seine Ärzte dringend davon abrieten.

Ich möchte nicht sagen, dass es uns – den niedrigen Mitarbeitern auf meiner Ebene – direkt bewusst war, dass wir seinen letzten großen internationalen Auftritt vorbereiteten, aber nachträglich würde ich sagen: Eigentlich ahnten wir es schon, nur aussprechen mochte es niemand – nicht, weil es verboten gewesen wäre, sondern so, wie man es meist auch in normalen Familien nicht offen ausspricht, wenn man den Tod des Familienvaters und Patriarchen erwartet.

Dank Lončar wurde ich im Außenministerium in die Vorbereitungen eingebunden. Er war Staatssekretär und direkt dafür verantwortlich. Weltweit wurde er als „Mister Non-Aligned Movement" bekannt – und gehänselt –, weil er von Anfang an dabei gewesen war. So gründete er ein besonderes kleines Büro innerhalb des Ministeriums, um alle wesentlichen Erkenntnisse und Dokumente, die damit zu tun hatten, zu sammeln und für die Staatsführung, letztlich für Tito, vorzubereiten. Mich ernannte er zum Leiter dieser Kanzlei und die Personalabteilung stellte mir zwei Praktikanten zur Verfügung.

Wegen der beengten Verhältnisse im Ministerium mussten wir im selben Raum sitzen, ich an einem breiten Tisch am Fenster, die beiden jungen Männer an einem kleineren mir gegenüber. Lončar schaute schon am ersten Tag herein, um sich zu vergewissern, dass wir alles Notwendige bekommen hatten. Ich stand auf und stellte ihm die beiden Praktikanten vor, die dabei sitzen blieben.

Als der Staatssekretär gegangen war, befahl ich den beiden: „Aufstehen!"

Ein wenig verwundert gehorchten sie.

„Können Sie sich erinnern? Bin ich aufgestanden, als Sie der Personalchef hergebracht hat?"

Sie überlegten und nickten.

„Ich finde es richtig, dass man vor Vorgesetzten nicht katzbuckelt. Gerade deshalb steht man auch vor Untergebenen auf. Aber abgesehen davon: Wenn ein Ranghöherer ins Zimmer kommt – und vor allem, wenn es der Staatssekretär ist –, dann springt man auf und steht Habtacht, bis man angesprochen wird! Ist das klar?"

Was sie später dazu gesagt haben, weiß ich natürlich nicht. Eines ist aber sicher: Keine Diplomatenschule kann nachholen, was erstens eine so genannte gute Kinderstube und zweitens ein natürliches Verhältnis zur Hackordnung in der Natur mit sich bringt. Vielleicht habe ich meinem Kinderfräulein doch mehr zu verdanken als nur das Verhältnis zur deutschen Spache. Aber woher hatte ein Tito seine Manieren? Wenn man ihn etwas Ähnliches fragte, berief er sich gern auf die k.u.k. Unteroffiziersschule, aber es wird wohl mehr gewesen sein – etwas, das entweder in der Natur eines Menschen liegt oder eben nicht.

Der schlimmste Kampf, den ich nun im Ministerium zu führen hatte, war der gegen das Staatsgeheimnis. Bei uns wurden Akten mit drei verschiedenen Geheimhaltungszeichen versehen: „Vertraulich", „Streng vertraulich" oder „Staatsgeheimnis". Je nachdem, in welche Kategorie ein Dokument eingestuft wurde, war es zu behandeln. Jeder Abteilungsleiter wollte die von ihm erarbeiteten Papiere so hoch wie möglich einstufen, weil er glaubte, damit würde er selbst an Wichtigkeit gewinnen. Für mich jedoch war jedes „Staatsgeheimnis" ein Horror.

Ich habe nie so richtig begriffen, warum etwas schrecklich geheim sein soll. Die Regeln waren so, dass ein „Staatsgeheimnis" nur in einer bestimmten Anzahl von Kopien, eine jede mit ihrer eigenen Nummer, ausgefertigt werden sollte. Sie wurden an bestimmte Adressaten nur so weitergegeben, dass die Empfänger oder von ihnen schriftlich ermächtigte Personen unterschreiben mussten – darüber wurde streng Protokoll geführt –, und am Ende musste man alle Exemplare wieder einsammeln und unter Aufsicht einer Kommission bis auf das Original für das Geheimarchiv vernichten. Es war demzufolge mit der Ausgabe und der Vernichtung des Krams viel mehr Arbeit verbunden als mit der Herstellung des Inhaltes. Also strengte ich mich an, um möglichst wenige Berichte in diese Kategorie eingeordnet zu haben. Kafka? Jedenfalls wird meiner Erfahrung nach in Ministerien und Staatspräsidien für solchen Kinderkram mehr Energie, Zeit und Geld verwendet als für das, was wesentlich sein sollte.

Alles im Ministerium – oder zumindest fast alles – war für mich unnötige Bürokratie. Die drei Jahre in diesem Amt waren schon deshalb für mich so schwer. Ich war der falsche Mann zur falschen Zeit am falschen Platz. Mit Ausnahme der Konferenz selbst, des Aufenthaltes in Havanna.

Man verändert sich natürlich unter dem Druck der Gegebenheiten. Später wurde ich Generalsekretär des Schriftstellerverbandes. Als Sekretärinnen, die eine für Auslandskontakte, die andere für die interne Arbeit, „erbte" ich von meinen Vorgängern zwei relativ junge, hübsche und gut erzogene Damen. Von der Ordnung jedoch, die man mir im Ministerium eingepaukt hatte, hatten sie keine Ahnung. An einem meiner ersten Arbeitstage blieb ich als Letzter im Büro. Dann sammelte ich die Schriftstücke ein, die die beiden auf ihren Schreibtischen offen hatten liegen lassen, sperrte sie in meine Schublade und fragte am nächsten Tag scheinheilig danach, tat immer entsetzter, als sie nicht aufzufinden waren, und gab sie erst Stunden später mit der Warnung frei, man habe vor Dienstschluss alle Dokumente wegzusperren. Erst heute kann ich mir vorstellen, was die beiden Frauen damals über mich gedacht haben.

Ich war im Voraustrupp, der schon acht Tage vor dem Beginn der Konferenz per Sonderflugzeug in Havanna „die Stellungen" einnahm. Ein einziges Mal, bevor Tito und das Gros unserer Delegation ankamen, gelang es uns, im Meer zu baden. Der Strand mit dem Namen Santa Maria del mar liegt an die zwanzig Kilometer vom Stadtzentrum entfernt und ist so schön, wie er heißt.

Trotz der vielen Hotels, die zu US-amerikanischen Zeiten erbaut worden waren, wurde es bei so vielen Delegationen und Journalisten sehr eng. Sogleich begann der Kampf um die besseren Unterkünfte.

Im Außenministerium herrscht eine sehr strenge Hierarchie und in Ländern wie Kuba erst recht. Natürlich hing bei der Beherbergung wenig vom Zufall ab. Tito und die Mitglieder seiner Staatsdelegation wurden in besonderen Villen untergebracht, die nächste Ebene der Jugoslawen bezog das fünfundzwanzigstöckige Hotel „Habana libre", vormals „Hilton", je nach Rang zu zweit untergebracht – außer den Staatssekretären, die Einzelzimmer hatten. Ich hatte das Glück, dass ich auf Grund der Hackordnung gemeinsam mit dem Kollegen Pavle Jeremić, genannt Paja, an der Spitze der nächst untergeordneten Gruppe war und eine Suite in dem schönen kleinen Hotel „Victoria" bezog. Bald sollte ich in den beiden Zimmern mit Fernseher, Badezimmer, Schrankzimmern und einer dröhnenden Klimaanlage allein sein. Paja zog freiwillig aus und damit hatte es folgende Bewandtnis.

Der hagere, ansonsten recht zurückgezogen und diskret wirkende Paja war frisch verheiratet. Seine junge Frau, Journalistin, weilte als Korrespondentin einer Belgrader Illustrierten ebenfalls in Havanna, um Reportagen zu schreiben. Paja fragte mich, ob ich mit ihr das Zimmer tauschen würde.

„Gern“, erwiderte ich, „mir ist egal, wo ich nicht schlafen werde.“

Die Rechnung war aber ohne die Kubaner gemacht. Sie wollten nicht zulassen, dass Journalisten in den besser bewachten Hotels wohnten, in denen die Diplomaten residierten.

Die Tage vor dem Beginn der offiziellen Konferenz verbrachte Paja damit, seiner Frau nachzulaufen, die sich mit ihren Kollegen aufmachte, Stadt und Umgebung kennen zu lernen. Am Ende erhielt er die Erlaubnis, in ihr Einzelzimmer im direkt am Meer gelegenen Hotel „National“ umzuziehen, das angeblich einst Frank Sinatra gehört hat; ich aber blieb allein. Das „National“ war schön, direkt am Meeresufer gelegen, ich schlürfte öfter dort meine Cocktails, aber „mein“ Hotel war ganz anders, es schien mir wie aus einem alten amerikanischen Gangsterfilm zu sein. Viel Holz, Stuck, bunte Farben, im engen Flur hatte ich den Eindruck, gleich müsste Humphrey Bogart um die Ecke biegen. Hätte ich nur mehr Zeit für mich gehabt, ich wäre begeistert gewesen. Zum Beispiel sangen zum Abendessen drei Kubaner mit ihren Gitarren. Ganz natürlich. Ohne Mikrofone. Aber ich hatte fast nie so viel Muße, im Hotel zu essen, und musste mich mit dem Fraß im Kongresszentrum begnügen.

Meine Aufgabe in Havanna war etwas ganz Neues für mich. Ich hatte dort nichts zu dolmetschen. Deutsch war keine Amtssprache der Konferenz, von den deutschsprachigen Ländern war nur das neutrale Österreich im Status eines Gastlandes anwesend. Gefragt waren vor allem Englisch und Spanisch. Anwesend waren Delegationen aus 95 blockfreien Ländern, zwölf Länder waren als Beobachter und acht weitere als Gäste dabei. Die jugoslawische staatliche Delegation bestand neben Tito aus sechs weiteren hohen Funktionären, dazu kamen Dutzende von Mitarbeitern und eine Vielzahl von Journalisten. Es waren weit mehr als hundert Jugoslawen dabei. Nachdem die Abgesandten aus allen diesen Ländern angekommen waren und die Konferenz begonnen hatte, gab es täglich unendlich viele Gespräche auf verschiedenen Ebenen.

Das bedeutete in der Praxis, dass ich im Lauf des Tages in Erfahrung zu bringen hatte, wer von unseren Leuten an welchen Begegnungen teilgenommen, mit wem er etwa unter vier Augen gesprochen hatte und was dabei herausgekommen war. Die hohen Mitglieder der Delegation hatten Kontakte mit Staatsmännern aus anderen Ländern, die Beamten unseres Ministeriums mit Kollegen sowie in den Ausschüssen und Unterausschüssen am Rande des Kongresses oder in den Wandelgängen und Salons, aber auch unsere Journalisten mit den Vertretern von Medien anderer Länder und was sie sonst alles sahen und hörten. Das Wesentlichste davon sollte auf nicht mehr als zwölf Seiten mit einfachen Worten ohne Schnörkel dargestellt werden, sodass es Tito zum Frühstück lesen konnte. Zum Beispiel gab mir Miloš Minić seinen Bericht über ein Gespräch auf drei Seiten mit der Weisung: „Kürzen Sie es auf eine halbe Seite, aber so, dass das Wesentliche bleibt!“ Rückfragen waren nicht mehr möglich, denn schon war er zu anderen Begegnungen unterwegs. Auch er selbst würde den Text erst wieder zum Frühstück sehen. Über seine Empfindlichkeit und Eitelkeit habe ich bereits an anderer Stelle berichtet.

Demzufolge hatte ich 18 bis 20 Stunden zu arbeiten – am Tag, um die Texte zu organisieren und zu bekommen, und nachts, um sie neu zu schreiben, zu redigieren, einer Stenotypistin, die das Recht hatte, Geheimmaterial zu behandeln, zu diktieren, die Vervielfältigung in zwölf Exemplaren zu bewachen, die vielen Papiere, die als Grundlage gedient hatten, zu vernichten und am Ende in den frühen Morgenstunden die gebundenen Exemplare einem Adjutanten zu geben. Als einzige relativ niedrige Charge hatte ich dafür zwei kubanische Autos und zwei Chauffeure zur Verfügung, einen freundlichen Schwarzen für den Tag und einen stets schläfrigen, mundfaulen Indianer für die Nacht.

Ins Hotel fuhr ich dann aus der Botschaft auf einer noch von den US-Amerikanern gebauten sechsspurigen Straße den Ozean entlang und dem Sonnenaufgang entgegen und konnte einige Stunden lang versuchen zu schlafen, was schon deshalb schwierig war, weil in den Nachbarzimmern und Fluren bereits die Stubenmädchen mit ihren altmodischen, schrecklich lauten Staubsaugern am Werk waren und die veraltete, am Fenster angebrachte Klimaanlage einen höllischen Krach machte wie eine Rotationsmaschine. Schaltete ich sie ab, wurde die Hitze unerträglich, und ich schaltete sie wieder ein.

Im ansonsten ordentlichen Badezimmer gab es Schaben von einer Größe, wie ich sie anderswo noch nie gesehen hatte. In Südamerika heißen sie *cucaracha*. Das hatte ich nicht gewusst, nur das schöne Lied „La Cucaracha" gekannt – ich hatte immer gedacht, es sei ein Mädchenname. Aber nein, die Leute hier, besonders die Mexikaner „drüben", verbanden mit diesem für uns „Gringos" ekelhaften Insekt die Ideen von Trotz, Langlebigkeit und Geduld – Eigenschaften so wichtig wie die Revolution.

Schaben gab es aber auch im ehemaligen „Hilton". Unser Minister Vrhovec war von den Kubanern höflich gefragt worden, ob er es vorziehe, eine Suite im ehemaligen „Hilton" zu haben oder in einer der Villen neben Titos Residenz zu logieren. Er erklärte, er wolle beides. Obwohl es wie gesagt große Probleme mit der Beherbergung gab, kamen ihm die Gastgeber entgegen. Er bezog erst einmal seine Räume im Villenviertel, obwohl Tito noch nicht angekommen war, sagte für die Abendstunden jedoch für uns alle eine Besprechung in seiner Suite im „Hilton" an. Wir – sieben oder acht Leute – fuhren mit ihm im Lift hinauf, aber er konnte die Tür seiner Räume nicht aufschließen, anscheinend steckte ein Schlüssel von innen. Wütend begann er mit dem jugoslawischen Botschafter in Kuba, Jazić, zu schreien, „seine Suite" sei augenscheinlich doppelt vergeben, nicht einmal die ordentliche Unterkunft seines Ministers sei der Diplomat fähig zu organisieren!

„Spricht denn keiner von euch Spanisch! Ruft jemanden!"

Irgendein erschrockener Jugoslawe rannte zur Rezeption hinunter. Es stellte sich heraus, dass die Bedienung ihren Schlüssel drinnen vergessen und die Tür zugeworfen hatte. Endlich betraten wir den Raum und über den Teppich floh die allergrößte Schabe, die ich je gesehen habe. Der wütende Minister versuchte sie zu zertreten, sie war aber geschickt und überraschend schnell. Wie der jugoslawische Außenminister mit seinen eleganten schwarzen Sommerschuhen den garstigen Käfer zu zerquetschen versuchte, der aber immer wieder entwischte – diesen Stepptanz, eine Szene, die eines Chaplin würdig gewesen wäre, werde ich nie vergessen.

Ich habe sie auf Serbisch in meinem Buch, „Briefe aus Havanna", das 1984 erschienen ist, so ähnlich wie hier beschrieben. Vrhovec war inzwischen zum Mitglied des Staatspräsidiums aufgerückt. Ich fragte Lončar damals, ob Vrhovec das Buch gelesen habe. Ja, das habe er, sie beide hätten sich darüber unterhalten. Und ob er zu dieser Beschreibung eine Bemerkung gemacht habe? Nein.

Kurz danach gab es irgendeinen großen Empfang. Vrhovec sah mich, trat an mich heran, nahm mich am Arm und spazierte mit mir durch die Salons, über Belangloses redend, das Buch mit keinem Wort erwähnend, sondern fragend, wie es mir ginge, was ich jetzt mache. Nachtragend war er also nicht. Er wollte zeigen, dass er nicht böse darüber war, dass ich ihn so beschrieben hatte.

Nachts in der jugoslawischen Botschaft. „Vampirschicht" nannten wir das. Gegenüber eine Apotheke. Der Hausmeister erzählte, der Apotheker habe ihn gebeten, ihm leere Whisky- und Cognacflaschen zu überlassen. Er würde irgendwie etwas destillieren, die Flaschen auffüllen und sie an seine Landsleute als Original verkaufen.

Ich verbrachte die Nacht im Zimmer des Botschafters, andere Kollegen saßen im Konferenzzimmer, im Erdgeschoss Sicherheitsbeamte und die Stenotypistin, in einem eigenen Raum hatten die Chiffrierer ihren Platz bezogen … Ich war einmal da, einmal dort in den Zimmern mit all den Zetteln, Aufzeichnungen und Dokumenten in Taschen und Händen und auf einmal konnte ich ein Blatt Papier, auf dem, wie ich mich erinnerte, etwas Wichtiges gestanden war, nicht finden. Nach und nach, dann mehrmals hintereinander immer schneller und hysterischer untersuchte ich alle Tische, an denen ich gesessen war, sah unter den Tischen nach, unter den Sesseln – nichts! Verdächtig war mir eine kubanische Sekretärin, eine hübsche Schwarze, Ada hieß sie; ich habe sie und ihre Figur später für eine Kurzgeschichte missbraucht. Ein so gescheites und gebildetes Mädchen war sicher keine einfache Tippmamsell, meiner Meinung nach musste sie vom kubanischen Geheimdienst sein … Sie irrte nachtwandelnd durch unsere Botschaft, dolmetschte Unwesentliches, kochte Kaffee und sorgte für die kalten Säfte. Am Ende vertraute ich mich der Stenotypistin an, die in Belgrad Lončars Sekretärin war. Sie fragte: „Haben Sie das Dokument vielleicht schon zur Vernichtung freigegeben?"

Um vertrauliche Papiere so schnell wie möglich los zu werden, ging ich tatsächlich ab und an zu den Chiffrierern, in deren Raum der Aktenvernichter stand. Also nichts wie hin! Ja, da sei noch etwas, das ich vor kurzem gebracht hätte. So fand ich die Papiere. Wären sie schon vernichtet gewesen, hätte ich am Ende den Verlust pflichtgemäß den Sicherheitsbeamten gemeldet. Die hätten Krach geschlagen – umso mehr, als sie sich langweilten. Der Verlust des Zettels wäre auch an mir hängen geblieben. Wenn ich heute etwas verlege und nicht gleich finden kann und mich deswegen zu ärgern beginne, ist mir die Erinnerung daran, wie sehr ich in Havanna über einen kurzzeitigen Verlust erschrocken war, ein Trost.

Das einzig Gute an der Nachtschicht: Von der Botschaft aus wurde für Tito ständig eine Telefonlinie nach Belgrad offen gehalten. Nach 3 Uhr morgens durfte man nicht nur, sondern sollte sie sogar ab und zu auf ihre Funktion hin prüfen. 3 Uhr morgens in Kuba entsprach 9 Uhr morgens in Belgrad und so durfte ich, wie ich es von überallher gewohnt war, zu Hause anrufen und meiner Frau melden, wie gut es mir ging.

In den Fluren und Hallen des Kongresspalastes konnte ich neben den unseren auch andere Diplomaten wortwörtlich aus aller Welt beobachten und erneut feststellen, dass ich nicht zu ihnen gehörte; ich bin und bleibe ein Fremdkörper auf ihrem Planeten. Sie sind fast immer in Bewegung und haben es eilig. Sie kennen einander von hundert anderen „multilateralen" Begegnungen. Sie gehen nirgendwohin ohne ihre teuren, eleganten Diplomatenköfferchen, in denen manchmal wichtige Dokumente, öfter ein Flachmann mit einheimischem Schnaps, Präservative, die, wie wir gleich sehen werden, überflüssig sind, und Zeitschriften stecken. Sie rufen einander freundlich winkend ihr „Hi" und „How are you" zu; Letzteres verstehen sie auszusprechen, als bestehe es aus nur einer Silbe. Die meisten sind perfekt gekleidet und haben gut gebügelte Hosen, aber auch die Herren aus Ländern, in denen man Nationaltracht trägt, benehmen sich nicht anders als ihre „zivil angezogenen" Kollegen. Dann sitzen sie in den verschiedenen Komitees und Unterkomitees, Drafting-Gruppen und anderen Kleinversammlungen zusammen, für die immer neue Namen erfunden werden. Da geraten sie in Streit. Wer sie nicht kennt, würde glauben, es seien schwer wiegende Konflikte, sie seien sich so richtig in die Haare geraten, aber meist geht es nur um Worte, die ihnen ihre Minister vorgegeben haben und ihnen selbst jedoch eigentlich schnuppe sind. Nachher vertragen sie sich wieder.

Sie trinken Unmengen von Mineralwasser, obwohl es in ihren Gesprächen immer ein wichtiges Thema darstellt, in welchem „Duty-free" auf der Welt – in Dubai oder in Schottland – zur Zeit welche Sorte von Armagnac am billigsten ist. Besoffen sieht man sie trotzdem nie. Auch über Tennis wird viel diskutiert oder über Golf, obwohl ich nicht weiß, wann sie Zeit für die Ausübung der geliebten Sportarten haben. Gern rauchen sie dicke Zigarren und wenigstens in dieser Hinsicht kommen sie in Havanna billig auf ihre Kosten. Frauen mögen sie nicht, über Weiber wird nicht gesprochen. In Kuba ist Prostitution zwar staatlich verboten, aber die Journalisten klagen nicht, dass sie in dieser Hinsicht zu kurz kommen. Meine Diplomatenkollegen gehören zu einer seltsamen Welt. Sie sind nicht einmal schwul; mir scheint, sie sind geschlechtslos.

Wie Engel. Sie haben dermaßen keine Ideale, dass sie sich nicht einmal verlieben können. Liebe ist ja immer die Suche nach dem Ideal. Verliebt zu sein fällt ihnen nicht ein. Träumen sie von Mädchen? Komisch – ich habe keinen von ihnen danach gefragt.

Einmal gegen Mitternacht, ich diktierte gerade, erschien Lončar mit einem unserer Diplomaten. Ich glaube, er hieß Darko Šilović. Der Staatssekretär unterbrach uns, er müsse etwas Wichtigeres schreiben lassen. Schön, er war der Rangältere, obwohl ich nicht begriff, was wichtiger sein könne als das Bulletin für Tito. Es war aber dieser Darko, der diktierte; Lončar ging nervös auf und ab, was gar nicht seine Art war, und fragte mich nicht einmal, wie es mir ginge, obwohl wir einander schon tagelang nicht über den Weg gelaufen waren. Ich war wütend, schläfrig, so würde ich noch später ins Bett kommen, also fing auch ich an, auf und ab zu marschieren. Mein Staatssekretär und ich wandelten, ohne uns anzusehen, aneinander vorbei. In einem Augenblick kam ich gerade an Darko vorbei und warf, ohne viel zu überlegen, unbeabsichtigt, nur weil ich wirklich nichts zu tun hatte, einen Blick auf die Schreibmaschine.

Er sprang auf, verdeckte das Dokument in Arbeit mit den Händen und schrie: „Das geht dich nichts an, das darfst du nicht sehen!"

Ich mag es nicht, wenn man schreit, also schrie ich, ohne auf die Hierarchie zu achten, zurück und sagte ihm, was er mich solle, obwohl das sonst wirklich nicht meine Wortwahl zu sein pflegt, erklärte, wenn sie größere Geheimnisse hätten als das, was ich jede Nacht bis zur Morgenstunde hier für Tito aufzuschreiben hatte, sollten sie es ruhig tun, ich könne sehr wohl ohne sie leben und da sie nun endlich begriffen hätten, dass sie es ohne mich auch könnten, wäre ja alles in bester Ordnung. Und so rannte ich in die kubanische Nacht hinaus.

In einigen vor der Botschaft geparkten Autos schliefen die Fahrer. Ich war in Versuchung, den meinen zu wecken und ins Hotel zu fahren. Sollte Tito sehen, was er zum Frühstück lesen würde! Das wäre aber doch übertrieben gewesen. Also ging ich unter den hochgewachsenen, von einem südlichen Mond beschienenen Königspalmen, die, so schien es mir, ebenfalls schliefen, langsam die Straße hinunter. Bald hörte ich eilige Schritte hinter mir. Lončar holte mich ein, fasste mich beruhigend unter den Arm und erklärte alles.

Unsere Seite hatte die Initiative ergriffen, dass die Konferenz Tito als eine Art Anerkennung in einer gesonderten Resolution für seine Tätigkeit für die Blockfreiheit danken solle. Noch nie war etwas Ähnliches geschehen. Castro war im Grunde dagegen und intrigierte. Seinerzeit, vor mehreren Jahren, war Tito von Jugoslawien aus für den Friedensnobelpreis vorgeschlagen worden, hatte ihn aber nicht bekommen. Damals war er deswegen wütend gewesen. Man hätte ihn nicht vorschlagen dürfen, wenn es nicht sicher wäre, dass er die Anerkennung erhielt; so sei es eine Blamage geworden. Lončar, der hier in Havanna die ganzen Geheimverhandlungen führte, war noch nicht sicher, ob seinen Mühen Erfolg beschert sein würde. Darko diktierte gerade den von ihnen entworfenen Text der Resolution. Deshalb die Geheimhaltung. Am wenigsten durfte Tito selbst etwas davon erfahren. Deshalb sollte auch ich nichts von der Geschichte wissen.

Das war geschickt. Der Staatssekretär hatte meine Eitelkeit beruhigt, weil er mich ja in puncto Geheimhaltung mit Tito auf dieselbe Stufe gestellt hatte. Damals bemerkte ich nicht, wie lächerlich diese nächtlichen Gefechte um etwa neunzig Worte einer nichtssagenden Anerkennung und Dankbarkeit waren. Allerdings dachte ich auch nicht daran, dass die kurze Dankesrede Titos nach der Verkündung der Resolution sein letzter öffentlicher Auftritt werden sollte.

Es ist für mich fast unverständlich, wieso die Vertreter von immerhin über hundert Ländern, Hunderte und Aberhunderte von ernsten Staatsmännern, Diplomaten, Journalisten und all die Handlanger, die Köche, die Kellner, die Gärtner, die Piloten, die Chauffeure, nicht zu vergessen die finsteren Beamten der Geheimdienste und die Polizisten, so lange so viel gearbeitet haben, um einige Dutzend Seiten herzustellen, mit welchem Ernst diese Papiere vorbereitet, unter Geheimhaltung und Geflüster zustande gekommen sind – und jetzt? Ich versuche die Reden, Resolutionen und Rapporte wieder zu lesen, langweilige Phrasen über Phrasen. Wo ist heute die Bewegung der Blockfreien? Wo der Glaube an die Mission Titos? Wenn man aber trotzdem versucht, zum Sinn des Ganzen zu gelangen, dann ist wohl alles eine Niederlage gewesen, alles. Die ursprünglichen Prinzipien der Blockfreiheit? Interessant bestenfalls für Dissertationen von Politwissenschaftlern, die ein ausgefallenes Thema suchen. Die Sowjetunion, die mit Hilfe von Kuba und anderen hörigen Ländern für das Primat über diese fast hundert Länder gekämpft hat, die sich für das Gewissen der Menschheit gehalten haben – auch längst Vergangenheit. Jugoslawien, auf das wir so stolz waren ... Lieber nicht darüber reden!

Habe ich damals, vor einem Vierteljahrhundert, an das geglaubt, was wir getan haben? O ja! Aber ich war nicht mit einer jeden Einzelheit zufrieden. Mit der Rede Titos schon damals nicht. Wir hatten im Außenministerium Teile dafür vorbereitet. Ich hatte mitgeschrieben. Heute bedauere ich, dass ich viel zu diszipliniert war, mir Kopien zumindest von dem, was ich für meinen Dienstherrn schrieb, zu behalten. Ich war mir schon dessen bewusst, dass Tito etwas „Endgültiges“, etwas über den politischen Tageshorizont hinaus Wirkendes sagen sollte, etwas, das auch unter den Sternen Bestand haben könnte, und ich versuchte, wenn ich nicht sehr irre, ihm einige Sätze zu unterjubeln. Ob sie taugten? Das muss ich ehrlicherweise heute bezweifeln. Dass sie nicht bis zu ihm durchdrangen, habe ich später erfahren. Blaža Mandić hat zugegeben, dass man aus unseren Vorschlägen „alles Überflüssige“ gesäubert hatte, um den müden alten Chef nicht damit zu belästigen.

Erinnern kann ich mich, dass mir in Kuba die Reden der Afrikaner, allen voran von Julius Nyerere aus Tansania und Kenneth Kaunda aus Sambia, am besten gefielen. Diese britisch geschulten Schwarzen waren unter den Blockfreien die besten Politiker.

Aber ich wollte nicht über Politik schreiben!

Schwer verständlich, wieso alle so aufgeregt waren, bevor die Konferenz zu Ende ging. Selbst Tito, der immer erzählt hatte, gut schlafen zu können sei eine Frage der Selbstdisziplin, gab zu, dass er kein Auge zutun konnte. Zuvor hatte ich mehrmals gehört, wie er auf die Frage, wie er es angestellt habe, in so hohem Alter so fit zu sein, antwortete: Weil er immer schlafen könne – das habe er im Ersten Weltkrieg im Schützengraben, im Zuchthaus, während all der Zeit des revolutionären Kampfes, im Partisanenkrieg als Kommandant und später als Staatschef vermocht. In Havanna sah er sich in der letzten Nacht zwei Filme nacheinander an, bevor er sich kurz hinlegte. Zu gern wüsste ich, was er damals auf der Karibikinsel dachte, während er sich in seinem breiten Bett wälzte und wahrscheinlich unter Schmerzen litt. Sein Tod, der in einem halben Jahr erfolgen sollte, lag schon neben ihm.

Es lag aber damals in Havanna auch etwas anderes in der Luft. Das ist buchstäblich zu verstehen. Der Wirbelsturm, dem die Meteorologen den Namen Ferdinand gegeben hatten, befand sich von der Dominikanischen Republik her im Anzug.

Natürlich hatte ich schon vor der Reise einiges über Kuba gelesen, unter anderem, dass die Zeit der großen Wirbelwinde meist im September beginnt. So etwas zu erleben hatte ich mir sogar gewünscht, aber mitten in der Arbeit im Lauf der großen Konferenz vergaß ich natürlich darauf. Manchmal ließ ich während der kurzen Aufenthalte in meiner Suite den Fernseher laufen und registrierte nebenbei die aufgeregt klingende Stimme des Ansagers zu den Wetterkarten. Ich verstand jedoch kaum ein Wort Spanisch und wusste nichts von der drohenden Gefahr.

Am Tag nach dem Ende des Gipfeltreffens, am 10. September 1979, lud Tito uns alle, die für ihn in Havanna gearbeitet hatten, zum gemeinsamen Mittagessen in seine Residenz ein. Der Hurrikan raste bereits Kuba entgegen, die Staatschefs sollten so bald wie möglich abfliegen. Man riet Tito, diese Begegnung mit uns zu verschieben und in Belgrad nachzuholen, man erinnerte ihn daran, dass er müde war. Dass er alt war. Er aber sagte: „Mit denen, die mit mir gewacht haben, will ich auch speisen …“

Ich hatte schon vorher ein furchtbares Schlafdefizit angesammelt. Elf Nächte lang konnte ich nicht normal im Hotel nächtigen, sondern erst am Tag einige unruhige Stunden im Bett verbringen. Später habe ich ausgerechnet, dass ich in diesen elf Tagen und Nächten insgesamt etwa dreißig Stunden lang geschlafen hatte. Und in dieser letzten Nacht musste ich das letzte Bulletin anständig fertig bringen; so fuhr ich überhaupt nicht mehr zum Hotel, sondern döste vielleicht eine Stunde lang in einem Sessel.

Ich versuchte festzustellen, welches meiner Hemden am wenigsten zerdrückt und schmutzig war. In Titos Residenz empfing er einen jeden von uns mit Handschlag. Sein Chefsekretär, General Badurina, versuchte mich vorzustellen, aber Tito winkte ab: „Ihn kenne ich … Grüß dich, wie geht es dir? …“ Blaža Mandić hat mir später gesagt, dass Tito wusste, dass ich die Schlussredaktion der Berichte machte, und mich gelobt habe.

Miloš Minić hielt eine Rede. Tito hielt eine Rede und dankte uns allen. Lončar hielt eine Rede und dankte Tito, dass er uns gedankt hatte. Ich war zu müde, um zuzuhören. Keine Ahnung, was wir aßen, ob ich etwas trank. Am liebsten hätte ich mich in einer Ecke auf den Teppich gelegt und wäre sicher sofort süß eingeschlafen.

Dann war ich endlich im Hotel im Bett und stellte meinen persönlichen Rekord im Langschlaf auf: von etwa halb fünf am Nachmittag bis zum nächsten Mittag. Einige Male wurde ich wach, ging ins Badezimmer und hörte den Zyklon brüllen. Ich erinnerte mich an den Film „Der Zauberer von Oz“ mit Judy Garland und wie der Taifun ihre Hütte wegblies, und fragte mich, ohne dabei zu erschrecken, ob dieser Wind das mit unserem Hotel „Victoria“ auch machen könnte. Der Sturm hieß Ferdinand – wie hübsch sich ein Märchen oder Film mit Victoria, dem Hotel, in der Umarmung des Windes Ferdinand ausgemacht hätte, fiel mir damals nicht ein.

Als ich dann endlich wach und ausgeschlafen war, stellte ich Folgendes fest: Tito und seine nächsten Mitarbeiter waren gerade noch rechtzeitig abgeflogen. Für uns Übrige war eine Sondermaschine der jugoslawischen Fluggesellschaft JAT gekommen, aber der Flugplatz von Havanna hatte sich in einen See verwandelt und es regnete immer noch in Strömen. Viele Flugzeuge anderer Länder standen ebenfalls zum Teil oder ganz unter Wasser, unseres zwar nicht, aber die Wasserfläche, in die sich das Rollfeld verwandelt hatte, begann unmittelbar vor unserer Boeing.

Die Kubaner hatten die Herbergen, aber auch die Versorgung mit Lebensmitteln für die vielen Tausenden Menschen, die nun in Havanna festsaßen, genau geplant. Wir mussten mit Sandwiches vorlieb nehmen. Das Hotel „Victoria“ wurde geräumt. Ich zog in das ehemalige „Hilton“, wo wir zu viert in einem Zimmer auf Klappbetten untergebracht waren.

Die Koffer hatten wir unmittelbar vor dem Essen mit Tito unserem Sicherheitsdienst gegeben und nur das Handgepäck behalten. Das entsprach dem üblichen Vorgang. Unsere Gepäckstücke wurden nicht gefilzt, aber wir selbst waren angehalten, sie im letzten Augenblick noch einmal zu untersuchen und dann verschlossen den zuständigen Beamten zu überlassen. Das war auch unter „normalen“ Zuständen nicht einfach, wenn man am Abend im Smoking und gleich danach im Straßenanzug sein sollte – so habe ich packen gelernt. Aber jetzt waren die letzten Reste unserer Wäsche weg. In einem Tropengebiet!

Einmal während dieser tagelangen Warteperiode lud das kubanische Außenministerium Lončar, Jazić und mich nach Varadero zum Mittagessen ein. Ich konnte sogar ein wenig im noch immer aufgeregten Ozean baden. Sonst hatten wir nichts zu tun, überhaupt nichts, außer zu kombinieren, wie wir wegkommen könnten.

Die erste Möglichkeit, die geprüft wurde, war, dass uns die Kubaner nach New York fliegen würden, von wo uns eine jugoslawische Linienmaschine nach Hause hätte bringen können. Das hätte uns gut gefallen, ein oder zwei Tage in den

USA hätten uns hübsch in den Kram gepaßt, aber die Amerikaner wollten keine Landerlaubnis für eine kubanische Maschine geben. Dann dachte man daran, ein Schiff zu chartern und nach Mexiko hinüberzufahren, aber das wurde irgendwie zu kompliziert. Das Wasser auf dem Flugplatz zog sich langsam zurück, ein kurzer Teil der Piste war frei. Der Kapitän des jugoslawischen Flugzeugs entwickelte einen abenteuerlichen Plan. Er wollte allein mit einem Minimum an Sprit abfliegen und auf einem anderen kubanischen Flughafen landen, der nur über eine kurze Piste verfügte. Dorthin sollten wir mit Bussen gebracht werden. Dann wollte er von dort aus, jetzt schon mit uns allen an Bord, aber wieder mit relativ wenig Sprit, weil die Rollbahn für eine volle und schwer beladene Maschine zu kurz war, zu „einem Sprung“ nach Miami starten, dort normal auftanken und erst danach weiter Richtung Belgrad. Aber selbst seine Chefstewardess, die ich aus Belgrad kannte, warnte, wir sollten ja nicht einwilligen, er sei wegen seiner verrückten Ideen berüchtigt.

Nach einigen Tagen wurde beschlossen, was man gleich hätte tun können, aber vermeiden wollte, weil es die teuerste Variante war: Man charterte für uns eine kubanische Maschine, die von einem Militärflugplatz abflog, auf dem ausländische Maschinen nicht landen und starten durften. Unser Pilot wollte dann am Tag darauf seinen „verrückten Plan“ wahr machen und mit der leeren Maschine nach Belgrad fliegen.

Dank meiner literarischen Fantasie war ich fest davon überzeugt, dass eines dieser beiden Flugzeuge abstürzen würde – entweder die JAT-Maschine ohne Passagiere oder, was dramatischer gewesen wäre, wir würden in den Atlantischen Ozean fallen. Das Leben ist aber nicht immer so dramatisch wie ein Film oder ein Roman. Im Zusammenhang mit unserer Rückreise geschah nichts Denkwürdiges.

Epilog: Titos Tod

Vielleicht hätte ich nach der Gipfelkonferenz in Havanna mit meiner Dolmetschertätigkeit und dem Gastspiel in der Diplomatie aufhören sollen. Tito habe ich nie mehr gesehen. Damals schien mir meine Teilnahme als Komparse an dieser gigantischen Vorstellung aufregend. Heute halte ich das alles für einen großen, aber für das Publikum nicht existenten und wenig amüsanten Zirkus. Warum hat man Dingen mit so viel Neugier und Erwartung entgegengefiebert, die sich im Nachhinein als nicht viel bedeutender erwiesen als ein Urlaub an einem schönen Meeresstrand oder der erste Taifun, den man erlebt hat?

Tito war bereits schwer krank, als ich im Februar 1980 Ministerpräsident Veselin Djuranović in die DDR begleitete. Bereits am ersten Morgen rief Djuranović mich zu sich und sagte, Koliševski habe ihn aus Belgrad angerufen: Wir sollten den Besuch sofort abbrechen, Tito liege im Sterben. Lazar Koliševski nahm als Stellvertreter des Präsidenten des Staatspräsidiums interimistisch den Posten des Staatschefs ein. Ich sollte bitten, so schnell wie möglich noch eine kurze Begegnung mit Ministerpräsident Willi Stoph zu ermöglichen, dann würden wir abfliegen.

Soll ich mich dafür schämen, dass mir zum Weinen zu Mute war? Nur zu gut wussten wir, dass eine Epoche zu Ende ging. Hätten wir auch gewusst, wie schlimm es mit unserem Land weitergehen würde, hätten wir allen Grund gehabt, laut loszuheulen.

Djuranović und Koliševski hatten über eine offene Leitung telefoniert. Wir wussten also, dass die Dienste der Gastgeber mitgehört hatten. Demzufolge war die Begegnung nur eine Formalität und die Notwendigkeit, sich höflich zu verabschieden. Ministerpräsident Stoph drückte sein Bedauern aus und fragte, ob man behilflich sein, eventuell ein Flugzeug zur Verfügung stellen könne. Nein, danke, eine Regierungsmaschine sei schon aus Belgrad abgeflogen. Man versicherte einander noch unverbrüchlicher Freundschaft und was sich in solchen Fällen eben schickt. Die Übersetzung von Phrasen und technischen Details beruhigte mich. Der Alltag hatte uns alle wieder.

Draußen warteten die Journalisten. Djuranović teilte ihnen kurz mit, warum der Besuch abgebrochen werden musste. Unsere Journalisten erzählten mir gleich darauf, dass sie es bereits wussten, die amerikanischen Kollegen hätten es ihnen gesagt. So schnell geht das – auch US-Dienste hatten mitgelauscht und die Nachricht ihren Zeitungsleuten weitergegeben.

Dazu fällt mir ein: Als ich noch in Bonn Botschaftsrat spielte, rief mich einmal aus Berlin Mira Trailović an. Sie war eine wunderbare Theaterdirektrice und Regisseurin, kannte insbesondere Frankreich und das französische Theater bestens, hatte auch, als wir beide noch jung waren, mein erstes Hörspiel inszeniert – aber so intim waren wir doch nicht, dass mich ihr Anruf nicht überrascht hätte.

Sie erzählte: „Man bietet mir an, ich soll Leiterin des jugoslawischen Kulturinstituts in Paris werden. Was sagst du dazu – soll ich?"

Natürlich erwartete sie von mir begeisterte Zustimmung, aber ich meinte: „Auf gar keinen Fall kannst du das!"

„Wieso?", fragte sie entgeistert.

„Du rufst mich in so einer Sache ausgerechnet von Berlin aus an, sodass jetzt mindestens fünf Geheimdienste mithören. Das bedeutet, dass du zu naiv für dieses Geschäft bist!"

Sicher nicht nur deshalb – aber sie hat diesen Posten nicht bekommen oder nicht angenommen.

In dem Lear-Jet, der unseren Ministerpräsidenten abholen kam, war kein Platz für uns alle. Ein Sicherheitsbeamter und ich blieben zurück, um erst am nächsten Morgen mit der Linienmaschine nach Belgrad zu fliegen. Die Gastgeber boten uns freundlich an, für uns beide ein kleines Programm zu veranstalten – vielleicht einen Besuch im Theater? Wir hielten das jedoch in der gegebenen Situation für unangebracht und aßen allein im Gästehaus der Regierung zu Abend. Ich sagte:

„Zum ersten Mal im Leben habe ich einen eigenen Leibwächter!"

Der Beamte antwortete geistreich: „Und ich zum ersten Mal im Leben einen Leibdolmetscher!"

Das lange Sterben Titos zog sich noch hin. Warum quält man uns Menschen so lange mit allen diesen modernen Maschinen und lässt uns nicht in Ruhe und Würde, wenn auch mit so wenig Schmerzen wie möglich das Ende abwarten?

Als Tito tot war, war ich im Regierungspalast für die Besuche hoher ausländischer Gäste eingesetzt. Zu einer komischen Situation kam es, als Dolanc gerade neben Willy Brandt stand und jemand dachte, Dolanc sei Hans-Jürgen Wischnewski. So ähnlich sahen diese beiden Politiker einander.

Auch während des Staatsbegräbnisses stand ich im Dienst. Wir waren relativ wenige: einige Gardeoffiziere, einige Polizisten, Köche und Kellner, Putzfrauen und ganz wenige Beamte. In der großen Halle wurde ein Fernseher aufgestellt. Wir verfolgten den Trauerzug. Einige der sonst so martialischen Gardisten weinten wirklich. Ich dachte: Wenn wir jetzt einen Putsch machen hätten wollen, nichts wäre leichter gewesen – alles, was einen Rang hatte, war bei der Beerdigung.

Wie vergesslich die Menschen sind! Ein Vierteljahrhundert nach seinem Tod ist Tito in vielen Teilen seines ehemaligen Landes zur Unperson geworden. Bei uns in Belgrad nennt ihn so mancher einen Serbenfresser. Es heißt, die Zeit unter seiner Herrschaft wäre die böseste in der Geschichte Serbiens gewesen. Die Generationen, die seither erwachsen geworden sind, wissen es nicht anders. Nur ab und zu tauchen Graffiti auf: „Der Schlosser war besser!"

Ich habe versprochen, nicht zu politisieren, also möchte ich auch die Epoche Titos hier nicht verherrlichen. Es war sicher auch deshalb die beste Zeit meines Lebens, weil es, was meine eigene Lebensspanne angeht, ohne Rücksicht auf das Regime, eben die besten Jahre waren. Ich habe hier nur beschrieben, was ich erlebt, und manchmal, was ich gefühlt habe. Als Schlusssatz möchte ich deshalb nichts mehr sagen, sondern nur meinen Freund, den beliebten Schauspieler Rade Šerbedžija, zitieren: „Wer nicht weiß, wie gut er unter Tito gelebt hat, dem kann ich nicht helfen.“